文春文庫

臨死体験
上

立花隆

文藝春秋

臨死体験　上

＊

目次

臨死体験下　目次

臨死体験　上

初出　「文藝春秋」　一九九一年八月号〜一九九二年九月号
単行本　一九九四年九月　文藝春秋刊

第一章　臨死体験

臨死体験というのは、事故や病気などで死にかかった人が、九死に一生を得て意識を回復したときに語る、不思議なイメージ体験である。三途の川を見た、お花畑の中を歩いた、魂が肉体から抜け出した、死んだ人に出会ったといった、一連の共通したパターンがある。

臨死体験とはいったい何なのか。その意味づけと解釈をめぐってさまざまの議論がある。

一方には、これをもって死後の世界をかいま見た体験であるとし、臨死体験は魂の存在とその死後存続を証明するものであるとする人がいる。他方では、臨死体験というのは、生の最終段階において弱りきった脳の中で起こる特異な幻覚にすぎないとする人がいる。

臨死体験ということばを知っていたかどうかは別として、そのような体験が存在するということそれ自体は、洋の東西を問わず古くからかなり知られていたことである。この手の話の一つや二つ、誰でもどこかで一度は聞いた覚えがあるはずだ。しかし、普通は、そういう話をきいても、ややオカルトめいた民間伝承のたぐいと聞き流すだけで、真面目に研究してみようなどと思いたつ人は少なかった。

日本では「大霊界」という映画を作った映画俳優の丹波哲郎氏など、臨死体験に関して発言をつづけている人も一部にはいるが、その発言内容があまりにオカルトがかっているので、オカルト好きの人々以外からは、あまりまともに相手にされてこなかったというのが実情である。

しかしアメリカでは、一九七〇年代に入ってから、後述するキュブラー・ロスとレイモンド・ムーディの研究をきっかけに、臨死体験を真面目に学問的研究の対象にしようという動きが芽生え、現在では、心理学者、精神・神経医、脳生理学者、宗教学者、文化人類学者、哲学者など多方面の学者がこの研究に関心を寄せ、国際的な研究団体が組織され、研究誌まで発刊されるにいたっている。この動きはヨーロッパにも波及し、イギリス、フランス、北欧などでも研究が盛んになり、一九九〇年には、ワシントンのジョージタウン大学で、十三カ国から三百人の研究者と体験者を集めて、臨死体験研究の第一回国際会議まで開かれた。

二千万人をこえた視聴者

私はかねて臨死体験に興味をもっていたので、その国際会議に出席するとともに、NHKの協力を得て、一年間かけて、日本各地はもとより、アメリカ、カナダ、イタリア、インドにまで取材の足をのばして、『臨死体験』という大型ドキュメンタリー番組を制作した。

この番組は一九九一年三月十七日に「NHKスペシャル」の時間枠で放送され、幸い好評を博し、一六・四パーセントの視聴率（ビデオ・リサーチ調べ）を得た。また、その関連番組として、翌三月十八日から三日連続で、『臨死体験を探る』という番組を教育テレビで放送した。こちらのほうは、臨死体験がかかえるさまざまの問題点を、心理学者の河合隼雄《はやお》・京大教授、脳生理学者の伊藤正男・東大名誉教授などとともに掘り下げるという企画だったが、教育テレビだったせいか、視聴率は三本合わせて、四〜五パーセント程度だった。しかし、視聴率一パーセントは視聴者百万人に相当するので、全部合わせると、二千万人をこえる人たちにこれらの番組を見てもらったことになる。

しかし、私としては、これら番組を作ったあとも、かなり欲求不満が残った。これに限ったことでなく、だいたいテレビ番組を作ったあとはいつでも欲求不満が残るのである。活字で大きな作品を仕上げたあとのような充足感をどうしても味わうことができない。テレビは、時間枠の長さを十分にとれないことと、映像というメディアが本質的にかかえるさまざまの制約のために、どうしても思っていることの十分の一も表現できないままに終わってしまうのが常だからである。

あの番組で取材したビデオテープは二百三十巻に及び、私の取材ノートは九冊に達した。収集した資料は段ボール数箱になる。しかし、そうやって集めた材料のほとんどは番組で使われていない。使った材料はおそらく一パーセントにも満たないだろう。テレビでは、どうしても時間が限られているので、材料を削りに削らねば一本の番組をまとめることができない。

あの中で語られた言葉の全て（登場人物の発言からアナウンサーのコメントまで）を文字に書きおこしてみたら、四百字詰め原稿用紙でわずか五十六枚にしかならなかった。五十六枚というと、雑誌「文藝春秋」の紙面で、十八ページ分にしかあたらない。テレビというのは、映像情報は豊かだが、言語情報においてはかなり貧しいのである。

一人の人をインタビューする。一時間も話を聞くと、だいたいその言語量は原稿用紙五、六十枚分になる。しかし、テレビの場合、それだけ取材しても、使うのはせいぜい一人一、二分である。原稿用紙一、二枚分だ。ほとんど捨ててしまうのである。活字の場合なら、相手のしゃべったエッセンスだけをコンパクトにまとめるという形で、原稿用紙二枚の中にもかなりの量のインタビュー内容を濃縮することができる。しかし、テレビの場合はそれができない。使用時間二分なら、それはインタビューのどこかの部分を実時間で二分間分だけ切り出す以外にないのである。残りはすべて切り落されてしまう。

一例をあげてみよう。体験者の一人、大平満さん（四十一歳）のケースは、テレビでは次のように扱われただけだった。

まず、新潟県湯沢市で貸スキー業を営む大平さんの日常生活風景の映像にかぶせて、次のようなアナウンサー・コメントが流れる。

「新潟県に住む大平満さん（四十一歳）は胃潰瘍で、大量出血後、昏睡状態になり、呼吸が何度も停止し、二日間にわたって死線をさまよいました」

次に大平さん自身が画面に登場し、自分の体験を語る。

「自分はベッドに寝ている。自分の頭からだんだん抜けてでる。そうすると、自分の体がベッドに横になって寝ている。気がつくと、自分から見て斜め上からベッドまで糸でつながっているのです。上で、お医者さんがいて、兄弟がいて、おやじとおふくろがいるのが見える。おいおいと皆に声をかけるのだけれども、さわっても相手は気がつかない」

これだけである。時間にしてわずか一分。

大平満さんの「体外離脱」体験

しかし、実際には、大平さんの体験談というのは、実に豊かで、実に不思議な内容を持っており、これだけでは、その片鱗さえ伝えていないといってよい。

要約すると、それは次のようなものだ。大平さんの体験は、十六年前、二十五歳のときに起きた。胃潰瘍で下血、吐血をくり返し、病院に行くと、血圧が極端に下がっていた。すぐ入院し、絶対安静を命ぜられた。しかし、トイレに行くくらいならいいだろうと、トイレに行って戻ってきたら、ベッドのところでバターンと倒れて、そのまま意識がなくなった。それから、五日間にわたって、意識を取り戻したり、また失ったりという日々が続いた。その間に何度か臨死体験をした。臨死体験は、一度きりの体験とは限らない。重い病気で長期にわたって死線をさまよいつづける人の中には、何度も体験する人がいる。大平さんもその一人なのだ。大平さんの最初の体験は、水だったという。

「はじめ真っ暗になっていて、水の流れる音がして、なんとなく足元を見ると水があるんです。そのころ飲み食いを禁じられていましたから、喉がかわいていて、水を飲みたかったので、かがんで手ですくって飲んだんですね。味はありませんでした。甘くもなく、すっぱくもない。水は大きな広い流れで、向こうはなにも見えない。向こうに行きたいけど泳ぐのはいやだ。どこかに橋はないかなとウロウロしているうちに目がさめた」

これと同じような体験が、その後も二、三日間にわたってつづいた。

「二日目もまたいきなり川がボコッと出てくる。また水を飲む。今度は水がすごくきれいで、川底にきらきらかがやくダイヤモンドみたいな小石が沢山あるのが見える。暑かったので、水に入って泳いで向こう岸に渡る。そうすると先祖様に会うんですね。写真でしか見たことがない先代がいて、『お前はまだ来るな』とか、『向こうに橋があるから戻んなさい』というようなことをいって途中まで送ってきてくれる。すると、いきなりドーンと苦しくなって意識が戻る」

「三日目はまたいきなり、川がボコッと出てくる。今度は川の反対側がよく見える。草がしげって花が咲いている。向こうに行きたいなと思うと、今度は泳がなくても、水の上を歩くようにして自然にスーと歩いて行ける。下を見ると、またきれいな小石が沢山見える」

こういう体験に加えて、三日目から五日目にかけては、体外離脱体験が加わった。それが番組で引用した部分である。自分の肉体から自分が抜け出して、天井のあたりから自分と病室の様子を見ている、という体験である。大平さんの体験は典型的な体外離脱体験である。——体外離脱体験というのは英語の out of body experience の訳語だが、この言葉に対して、これまで日本ではしばしば「幽体離脱」という訳語があてられていた。これは正しい訳語とはいえない。幽体離脱という言葉は幽体という何だか訳がわからない存在を前提し、この体験において、体外に離脱するものはその幽体であるという前提に立つ。しかし、体外離脱体験の解釈はいろいろあり、体外に離脱する主体は何なのかについてもいろいろ議論がある。体外離脱というのは見かけ上の現象で、実際には何も離脱していないのだという解釈もある。解釈中立的に現象だけを記述しようとするなら、幽体離脱といった言葉は用いるべきでない。

大平さんの体験に話を戻すと、体から抜け出るときは、だいたい、頭から抜け出るという。よくオカルト的な図解に、横たわった体全体から上に浮き上がるように出ていく図があるが、ああいうものではないという。抜け出ると、三メートルくらいの高さに上がり、眼下に病室を見る。

そのころ、大平さんは呼吸がとまることが何度もあり、そのたびに医者が心臓マッサージをした。もう危篤状態だということで、両親や兄弟が毎日病室につめていた。

「まわりの人は、あ、また息を引き取った、これはやっぱりだめなんだと思っている。それで私は、上から、オレは大丈夫だよと肩を叩いたり、声をかけたりするけど、誰も気がついてくれない。私には、病室の人たちが話す声がみんな聞こえてるんですけどね」

体外離脱をしたのは、三日目、四日目、五日目の三回である。三日目は体外離脱と川を見る体験と両方したことになるが、この二つの体験の間に脈絡はないという。三回の体外離脱は、それぞれに内容が少しずつちがう。しかし、記憶は断片的で、どのときがどうと明確に覚えているわけではない。以下、断片的な記憶を拾ってみる。

大平さんは、体外離脱しても、何か糸のようなもので自分の肉体と結ばれていたという。これは、体外離脱において必ずしも一般的に見られる現象ではないが、かといって、ユニークというわけでもない。同じことを報告している体験者は他にもいる。

「それから今度は、すーっと真っ暗になってゆくんです。その暗闇の中を、何かが飛んできて糸を切ろうとするんです。切らせまいとして私は逃げる。その何かが追いかけてくる。すると、別の何かが私の後ろにやってきて、私を守り、糸を切ろうとする何ものかをおさえてやめさせようとする。そうこうしているうちに、真っ暗なところからほのかに明るいところに出て、それがだんだん明るくなって、突然お花畑になってしまう」

あるいは次のような断片もある。

「一度体を抜け出ると、障害物があってもそれを突き抜けて好きなところに行けるし、また、障害物の向こうが素通しで見えるんですね。大きな建物の内部が見えるように、天井や壁をプラスチックで作った模型があるでしょう。病院全体があゝいう風に見えるんです。まん中に廊下があって、両側に病室があって、ベッドに患者さんたちが寝ているのが、上から立体的に見えるんです。それで、上に浮いていて、どこかに行きたいと思うと、スーッとどんな障害物でも突き抜けてそこに行けるんです」

このあと、四日目、五日目になると、また全く別の体験をした。

「小高い丘のようなものがありまして、一面ずーっと花が咲いているんです。菜の花のような小さなきれいな花でした。丘の上にギリシアの神殿風の石造りの大きな建物がありまして、中に入ると虹みたいな光でいっぱいなんです。かといってまぶしいわけではなく、とても心地よい光なんです。そして、川のところで休験したような、喉がかわいたとか、腹がへったというような何か欲求が満たされていない感覚は何もなくなっていて、とにかくとても気持ちがいいんです。建物の中にはベッドがいっぱいならんでいて、そこには赤ちゃんがズラッと寝てるんです。そのまわりに赤ちゃんの子守をしている女の人が三、四人くらいいて、その一人が、『あなたはここから出ていった人なんだから、ここに戻ってきてはいけない』というんです。それで建物から出ると、またいきなりドーンと現世に戻ってしまうんです」

女の人の言葉から判断すると、それは生まれる前の赤ちゃんと思われる。これはとてもユニークな体験と聞こえるかもしれないが、生まれる前の赤ちゃんに会ったという体験報告は外国にもある。

大平さんは、この同じ場所に翌五日目も行っている。前日と同じように、赤ちゃんたちを見たが、今度は女の人と言葉をかわさずにきびすを返し、お花畑に足を踏み入れて、どこかちがう所へ行こうと歩いているうちに、またいきなり意識が戻ったという。

テレビではたった一分しかなかった大平さんの体験が、実際には、こんなにも内容豊かなのである。

テレビ・インタビューの限界

大平さんに限ったことではない。テレビで紹介した他の体験者にしても同じことだ。みな、使ったのはその体験のほんの一部でしかない。それだけではない。取材したけど使わなかったという例が使った例の何倍もあるのである。体験内容の質が悪かったからというのではない。とにかく時間が少なすぎたのである。少ない時間枠の中で体験者の話にそうそう時間を割けない。しかも、体験のヴァライアティを出すためには、できるだけ沢山の体験者を出す必要がある。するとどうしても一人当たりの時間は少なくなる。

カットしたのは体験者の話だけではない。それ以上にバッサリ切ったのが、研究者たちの話である。研究者たちの話というのは、どうしても思弁的になる。また語りはじめると長くなる。これまた一人しゃべりでは画面がもたないという理由で、ほとんどカットされることになる。特に、議論を深める部分は長くなるからまずダメである。使うのは単純な皮相的部分だけということになる。

あの番組の取材では、エリザベス・キューブラー・ロス博士（『死ぬ瞬間』〈読売新聞社刊〉の著者。ターミナル・ケアの問題にかけては世界の第一人者）、レイモンド・ムーディ博士（『かいまみた死後の世界』〈評論社刊〉の著者。臨死体験の科学的研究をはじめて行った人）など、錚々たる人々にインタビューしている。

どちらも話がはずんで、一時間以上は話を聞いている。その中身も実に充実したものだったが、番組に使用したのは、いずれもほんのちょっとである。ムーディはわずか一分四十秒。キューブラー・ロス博士は三カ所合わせて二分三十五秒である。しかも、その切り出した部分は、そこがインタビューの中で最も意味深い部分だったから切り出したというのではない。インタビューの流れからいうと、どちらかといえば月並なことをいっている部分なのである。番組全体の話の流れの中にうまくはめこまなければならないという構成上の制約で、どうしてもそうなってしまうのである。

この二人の場合は使ったからまだよい。せっかく長時間の取材をしながら、まるで使わなかった、貴重なインタビューも少なくない。たとえば、コネチカット大学のケネス・リング教授と、ブルース・グレイソン助教授の二人である。いま臨死体験研究の最も活動的な中心になっているのが、コネチカット大学の二人の研究室で、国際臨死研究協会（IANDS＝International Association of Near-Death Studies）の事務局もここにおかれている。ブルース・グレイソン助教授のほうは、臨死体験研究の国際的研究誌「臨死研究ジャーナル」の編集主幹でもある。また、ここには、数千例に及ぶ臨死体験者の体験記録が各地の研究者から寄託されて保管されている。この記録は、他の研究者たちも自由に利用することができる一種のデータバンクになっている。

コネチカット大学を訪ね、この二人にも長時間のインタビューをしたのだが、これも番組の話の流れにうまく乗らず、ついに全く使わないで終わってしまった。

日本での取材では、童話作家の松谷みよ子さんや、宗教学者の山折哲雄・国際日本文化研究センター教授などが、やはり長時間話をうかがっておきながら、構成の流れと合わず、番組では全く使えなかった例である。

松谷さんは、童話を書くかたわら、現代の民話を収集するという仕事を、ここ十数年にわたって、「日本民話の会」の人々とともにつづけている。その成果は、『現代民話考』全八巻（立風書房刊）に結実しているが、その第五巻が「あの世へ行った話・死の話・生まれかわり」で、その中には約二百六十例の臨死体験談ないしそれに近いものが、聞き書き、アンケート、文献資料引用などの形でおさめられている。必ずしもすべてが直接の体験談ではなく、伝聞も相当入っているが、体験のケースの多さではこれがいちばんである。

白髪のおばあさんに励まされて……

一例をひいてみる。「あの世へ行った話」の最初の例である。

「昭和四十四年頃のこと、何度目かの危篤状態で病院にかつぎこまれ、個室のベッドに寝かされていた。寝ている自分を、空中にふんわりと浮かんで、頭の先の斜め上から見下ろしている私は、下の自分の額のまん中あたりから、くもの糸のように細い糸でつながっていた。肉体の私は、目をあけることはもちろん、小指の先すら動かすこともできず苦しみもなく、身も心も水の底のようにシンと静かだった。誰かがふとその糸を横切ったら、おしまいになっていただろう。神奈川県・浜田晶子」

糸のようなもので、離脱した自分と残された自分がつながっていたというところが、先の大平さんの体験とそっくりである。ここが臨死体験の不思議なところで、個々の体験はそれぞれに個性的なのだが、同時にこのようにほとんど同じといってよい共通部分とか、明確に同じパターンとかが明らかに存在するのである。

松谷さんに話をうかがっているうちに、そういえばすぐ近所にも、体験者が一人いるといって紹介してくださったお宅にうかがってみると、それが本当に体験者だったということもあった。

その人も取材したけれど番組では使わなかったが、その内容はちょっと変わっていた。O・Mさんというその体験者は、二十歳のころから喘息をわずらっていて、ひどい発作を起こすと呼吸困難をきたすことがある。そのため、これまで三度死にかかったことがあるというが、体験はその二度目の発作のときに起きた。発作は四昼夜つづき、その間食事もできなければ、夜も眠れないという日がつづいた。そして、医者の診断を受けている最中に、呼吸が止まり、意識不明におちいった。診察した医者は、息が止まり、心臓も止まっているのを見て、「お気の毒ですが、ご臨終です」といい、家族を呼び集めるようにいった。家族がみんなそろったところで、医者がもう一度聴診器をあてると、心拍が間をおいていくつか聞こえた。断続的にではあるが、心臓がまた動きはじめたのである。

「そのときに夢みたいなものを見てたんです。私は大きな深い穴の中にいるんです。広さは十畳間くらいあったかな。深さは三メートルくらい。穴は全部赤土でできていて、上の方は木の根なんかがいっぱい垂れさがっている。その間から、藤づるの太いのが一本下がってきている。穴の上に、上も下も真っ白な服を着た白髪のおばあさんがいて、その藤づるにつかまって上がってこいというわけです。そのおばあさんはこれまで会ったことも見たこともない人です。そういわれて、藤づるにつかまって、足を壁にかけてよじ登るんですが、一メートルくらい上がったところで、足をすべらせて下にズズーッと落ちてしまう。それでまた登り始めると、今度は前よりも少し高く登れるんだけど、またすぐに足がすべって落ちてしまう。それを見ているおばあさんが、『早く上がって来い』とか、『男のくせに意気地がない奴だ。もっと踏ん張れ』とか、気合をいれるんです。それでこっちも、すべっては落ち、すべっては落ちしながら、何度も藤づるに取りつくんです。もうあとほんのちょっと、というところまでは行くんですが、どうしても最後のところで足がすべってしまう。おばあさんは、『早く上がって来い。上がって来ればいいところへ連れてってやる』というんですが、ダメなんです。前後二十回はやってみましたかね。それで急にハッと気がついて目を開くと、まわりに、親兄弟や医者がいて、こちらを見ている。こっちは、自分が『ご臨終です』といわれてたなんて知らないから、『みんな、何しにきたの』ときいたら、みんなにあきれられた」

ところで、こういう体験をした人が、自分自身ではそれをどう解釈しているかが、もう一つ興味深いところである。

先の大平さんの場合は、

「あれは夢ではなくて、現実の体験だったんだと思っています」

という。

「だから、あの世はあるのかときかれたらあると思うし、三途の川はあるのかときかれたら、あると答えます。今度また死ぬときも、あのときと同じように、頭から抜け出して行くべきところへ行くんだろうと思います」

という。臨死体験の前は、

「人間死んだら、何もかも終わりだ」

と考えていた。それがすっかり変わったのだという。

これに対して、O・Mさんのほうは、あの体験は夢のようなものだろうと思っている。

「それは意識がない状態で見たものだから、普通の夢とはちょっとちがうと思うよ。だけどまあ、一種の夢だろうね」

という。体験の前も後も、死んだら何もないと思っている。

「だって、火葬場へ行って、焼かれて骨になって……。死後の世界なんてあるわけないじゃないか」

体験者の臨死体験に対する解釈も、臨死体験から受ける精神的インパクトもさまざまなのである。この点については、また後で述べることにして、話を戻す。

死のイメージが変わった！

宗教学者の山折哲雄さんは、ご自身が臨死体験に近い体験を持っておられる。三十歳のころ、学生たちと酒場で酒を飲んでいるとき、突然、大量の吐血をして意識不明に陥り、救急病院にかつぎこまれた。若いときに患った十二指腸潰瘍が再発したのである。意識を失う時、体がふわっと浮き上がるような浮揚感を感じた。すると、目の前にいっぱい五色のテープを吹き流したような、光り輝く虹のような光が広がって、自分を包んだ。光に包まれて浮き上がりながら、「このまま死んで行けるなら楽だな。死んで行っても悪くないな」と思った。苦しさは何も感じなかったという。

体験としてはそれだけなのである。あまりにも単純な体験なので、これを臨死体験といってよいのかどうか山折さんは迷っているという。確かに、大平さんの臨死体験などとくらべると、内容はあまりに単純である。しかし、体験報告をいろいろ読んでみると、こういう単純な体験も結構あるのである。NHKの番組が放送されたあと、テレビ評論家の志賀信夫さんがどこかの新聞にそれを見ての感想を書いていたが、その中で実は自分にも体験があるのだといって、一年半前に交通事故で意識不明になったとき、「七色の鮮やかな色彩の光の中にわが身が飛び込んでいった」と感じたという話を紹介している。多分これなども山折さんの体験とほとんど同じようなものなのだろう。

山折さんの体験は、内容は単純だったが、それによって与えられたインパクトは大きかった。それによって死というものに対して持つイメージが大きく変わったという。

「その光を見てから変わったというわけじゃないんです。それよりもむしろ、光に包まれていたときの自分の意識ですね。そのとき、自分はこのまま死ぬのかもしれない、と思い、でも、それはそれでいいなと思ったわけです。自分がそういう場でそう感じていたということ、それがあとあとまでぼくにとっては大きな意味を持つんです。それまで僕は死にたくないと思っていました。死というものは恐ろしい世界であると思っていました。ぼくは人一倍臆病な人間ですから、常日頃、死からできるだけ身を離していたいと思っていたわけです。ところがそういう死を嫌悪する意識が、そのときになってみると、全然出てこなかったわけです。そこが自分でも不思議でした」

——うかがっていると、死を拒否するという姿勢が全くありませんね。むしろ受け入れようとしている。

「それ以来、死のイメージが変わりました。それまではやはり死の世界と生の世界とは、絶対的に断絶していると思っていました。西欧近代文化の考え方に従えばそうなるわけですよね。だからぼくにかぎらず、普通の人はみんないままでもそう思ってると思いますが」

——ということは、死後の世界があると思うようになったということですか。

「いわゆるあの世というものがこの世と同じように存在していて、死ぬとそちらに行くのかというと、多分そうではないでしょう。しかし、この世ではない何ものか、何らかの別の世界があって、そちらに移行していくのが死なのではないか、と思うんです」

——結局、何らかのアフターライフ（After Life）、〝死後の生〟があるだろうと。

「そう、何かあるだろうと思いますね。それがどういうものかと問われると分からないけど何かあるだろうと思います」

——その場合、意識の問題はどうなりますか。私がここにこうして存在しているというのは、私という意識を保有する主体としての私がここにいるということですね。そういう自意識を離れて私という存在はない。この意識が、死によっても消滅せずに継続していくということなんでしょうか。

「この世における自意識そのままが持続するかというと疑問ですが、何らかの意識の連続性はあるんじゃないかと思いますね」

——臨死体験の解釈の仕方にはいろいろありますが、アフターライフを信じる側の立場の人たちは、これこそが個体意識の死後における継続を示す証拠であるといいますね。「臨死体験者は、この世からあの世への道程を途中まで進んでいって、戻ってきた人々である。その報告によればその人たちがその道程において、つまりこの世を離れた後も意識を持続させていたことは明らかである」と主張する。

「おそらく、そういうことなんだろうと思いますね。本当にそうなのかどうか検証はできないでしょうが」

——それに対して、「臨死体験者というのは、死ななかった人間であって、死んでよみがえった人ではないから、彼らが伝える体験というのも、あくまでこの世にとどまっていた最後の段階の体験であって、この世を離れての体験ではない。だから、臨死体験は死後も意識が持続することの証明にはならない」とする主張もありますね。近代的な科学的世界観によると、人間の意識というのは、結局のところ、脳のなかで起きている神経細胞の電気的活動、あるいは化学的活動に還元できる、ということになっている。そこから、「臨死体験というのも、死の間際まで追い込まれた人の脳で起きている神経細胞の特異的な活動の所産なのであって、それ以上のものではない。従って、臨死状態にひきつづいて、本当の死が訪れ、神経細胞も死んでしまったら、意識も残るはずがない」こういう主張がありますが、それについてはどうお考えですか。

「半分以上はそうなんだろうと思います」

——ほう。

「半分以上、三分の二くらいかな、生命現象というのは、そういう風に科学的に説明されるんだろうと思います。やっぱりぼくもそういう近代教育を受けてきてますから、そう思います。だけど、生命現象のあとの三分の一はね、やっぱり闇につつまれてるんじゃないかと思います。科学はどうしたって科学的に測定可能なものだけからしか説明をつけられないでしょう。だけど、科学には測定できない、目に見えないものが、人間の生命体の中では働いていると思うんです。だから、科学者が何といおうと、彼らにはわからない闇につつまれた領域があると。そこはやっぱり最後まで留保したいですね」

——臨死体験によって、それまでの生と死の絶対的断絶という世界観が、そういう風に変わったというところが面白いですね。

「例の『死ぬ瞬間』のキュブラー・ロスね。彼女もそうなんですよ。彼女も最初は、死ということは、生の世界との完全な断絶であると考えていた。彼女の有名な死にゆく過程の五段階というのがありますね。〝否認〟、〝怒り〟、〝取り引き〟、〝抑鬱〟、〝受容〟の五つ」

死は繭から蝶への旅立ちである

キュブラー・ロスの五段階説を簡単に説明しておく。

自分が死に直面しているということを告げられた患者は、まず、その事実を「否認」しようとする。「そんなはずがない」、「それは事実ではありえない」として、事実そのものを直視しようとしない。第二段階では自分が死に直面していることは認めるが、なぜ自分が死ななければならないのかという怒りと憤りで胸がいっぱいになり、それを人にぶつける。あるいは神にぶつける。第三段階では、死を少しでも先に引き延ばそうと、神と何らかの取り引きをしようとする。「子供が大きくなるまで」、「いま手がけている仕事が終わるまで」……なんとか生き延びさせてもらいたいと願う。それもダメと分かると精神的に落ち込み、抑鬱状態となる（第四段階）。そのあとにはじめて、死を静かに受け入れようとする「死の受容」がやってくる、とキュブラー・ロスは説明している。

「あの〝受容〟の最終段階を表現するのに、彼女は〝デカセクシス〟ということばを使ってたんですね。これは、この世のもの一切、人も物も含めてあらゆるものから執着をなくし、関心も持たなくなる状態なんです。そういうこの世からの完全な断絶が『死ぬ瞬間』を書いた当時の彼女の死の受容のイメージだったわけです。そういう完全な断絶へ向かう手助けをしてやるのがターミナル・ケアの原点と考えていたわけですね。ところが彼女は、その後、いろいろの臨死体験を知ったことと、多くの子供たちの死をみとる体験を得たことによって、その考えを根本的に変えてしまうわけです。その辺のところは、『新・死ぬ瞬間』という本に書かれていますが、子供たちは、デカセクシスで死を受容するんじゃないんですね。子供たちにとって、死は別の世界への旅立ちなんです。繭《まゆ》から蝶になって飛び立つようなものだという。向こうの世界では、死んだお祖母さんとか友達に会える。それを楽しみにして死んでゆくのです。こういうくだりを読みまして、ああ、ロスさんは人間の死について根本的に考えを変えられたんだなと思いまして、実に感慨が深かったですね」

山折さんがここでふれているように、キュブラー・ロスは、ある時期からはっきりと、自分は魂の不死と死後の生を確信するようになったと語りはじめた。そして、その考えを変える契機になったのは、臨死体験を知ったことであるというのである。

『新・死ぬ瞬間』では、次のように書いている。

「さらに研究が進み、いろいろな研究書が出版されてくれば、われわれの肉体は、じつは繭にすぎず、人間存在の外殻にすぎないことを次第に信じるというより、それが事実であることがわかってくるだろう。われわれの内なる本当の自己、すなわち『蝶』は不死であり、不滅である。そして死と呼ばれる瞬間に自由となるのである」

　蝶は西欧ではギリシア時代から魂のシンボルとして用いられている。彼女もそういうコンテクストで用いている。魂が肉体に縛りつけられた状態が生であり、魂の肉体からの解放が死であるという考え方は、ギリシア哲学からキリスト教にいたるまで西欧思想の底流を一貫して流れている考え方である。

　プラトンの『パイドン』において、ソクラテスは死刑執行の前夜、師の死を嘆き悲《いまし》む弟子たちを前にして語る。知を求める人間は生涯をかけて、魂が肉体という縛めから解き放たれ、純粋にそれ自体としてあるべきものとなることを求めてきたのではなかったか。ところで死とは、魂の肉体からの解放と分離ではないか。それなら、なぜ死を恐れることがあろう。それこそ知を求める者の生涯をかけた望みの実現ではないか。

　この「知を求める者」というところを、「神を信ずる者」とすれば、キリスト教の教えになる。キュブラー・ロスの考えは、基本的にはこの伝統思想と同じなのである。

　彼女のこの考えは、テレビでもちょっと紹介した。短い場面なのでわかりにくかったかもしれないが、彼女はいつも大きな繭のぬいぐるみを持って歩いていて、彼女の考えをそれで表現する。ぬいぐるみの繭の背中には上から下まで長いチャックが走っている。それを開くと、全体をクルリと裏表にすることができる。すると、中から、蝶が出てきて、繭は裏側に姿を隠して消えてしまうのである。

　死の床にある子供たちにそれを見せて、「あなたはいまはまだ繭なのよ。でも、もうすぐ蝶になって飛び立つことができるのよ。蝶になるのは繭のままでいるよりずっと素晴らしいことなのよ」と説明するのだ。

彼女は死にゆく子供たちを慰めるための便宜的な話としてこのような比喩を用いているのではない。後に、彼女とのインタビューをそのまま出してもう少し詳しく述べるが、彼女は本気でこの通り信じているのである。

彼女とこういう話をしたところで、インタビューの終わりに、

「じゃあ、あなたは死ぬのが恐くないどころか、楽しみでしょう」

ときいたら、彼女は顔全体を喜びにかがやかせ、ニッコリ笑って、

「イエース！　アイム　エクスペクティング！（ええ、心待ちにしています）」

と大きな声で答えた。

『往生要集』の臨終行儀

山折さんに話を戻すと、臨死体験のあと、専門の宗教関係文献の本を読んでいくうちにはっとする場面に出会うことが何度かあったという。それまで軽く読みすごしていたことの中に、自分の体験と引きくらべることで新しく解釈し直されることがいろいろあったのだという。

たとえば、平安時代の浄土信仰の時代、人々の最大の関心事は、いかに死ぬかであっ

た。極楽に往生できるのか、それとも地獄に堕ちて、永遠の責め苦を受けるのか。

　当時広く読まれた、名僧源信の『往生要集』には、地獄と極楽の諸相が詳しく描かれ、さらに極楽往生するための信仰生活の実践的方法が具体的に述べられている。その中に、「臨終行儀」という章があり、臨終の迎え方が書かれている。それによると、臨終の床の前に、阿弥陀仏の仏像ないし仏画をおき、仏の手に五色の糸を結び、その糸の端を死なんとする病者ににぎらせ、皆で一心に念仏をとなえよとある。死なんとする者は阿弥陀仏の額の中央にある白毫《びゃくごう》と呼ばれる一点に思いをこらしながら、念仏を唱えつづける。すると白毫から強い光が発し、その光が病者を包む。病者はその光の中で、阿弥陀仏が自分を浄土につれていくために迎えにやってくる姿を見るという。

「源信が『往生要集』を書いたあと、それをその通りに実践して、極楽に往生しようとする人たちが沢山でてくるわけです。その中で、当時の社会の上層部にいたエリートたちが源信を中心に集まって、二十《にじゅうご》五三昧衆《さんまいしゅう》という念仏結社を作るわけです。死ぬとき、てみな無事に極楽往生できるよう、お互いに助けあおうという結社なんです。二十五というのは二十五人のメンバーが集まったからなんですね。毎月十五日、満月の日に集まって徹夜で念仏をとなえる。やがてそのメンバーの中から、病気になって死を迎える人が出てくる。そういう人のために往生院という草庵を建て、そこにいれてやる。同志が二人ついて、二十四時間看護をし、念仏をとなえ続ける。そして、いよいよ死を迎える時がくると、五色の糸で仏の手と結んでやり、みんなで念仏をとなえる。そのとき、本当にその人が極楽往生できるかどうかを確かめるために、死に行く者の耳に口をつけて、『いま何が見える?』と聞くことになっていました。聞かれた者は正直にそれに答える。それを克明に記録したんですね。それが『二十五三昧根本結縁衆過去帳』という文献にのこってるんです。どういう死に方をしたかによって死後の供養の仕方が違ってきます。だからみんな正直に答えるんですね。光明に包まれて阿弥陀仏がやってくるのを本当に見る人もいる。みんな阿弥陀仏を見られればいいんですが、必ずしもそうではないんです。『何も見えない。真っ暗闇だ』といった人もいる。あるいは、地獄のイメージなのか、自分はいま火炎に包まれている。体が火で焼きつくされそうだといった人もいる。そのときはみんなで大念仏をとなえたとあります。この人たちは、やっぱりこういうイメージを本当に見るんですね。キリスト教でも、死の床で、キリストとかマリアとかの具体的なイメージが現われたり、天国的な光明が現われたりということがあります。こういう現象を臨死体験と考え合わせると、人が死ぬときに何らかのイメージを見ながら死に導かれていくというのは、人間の意識現象として、かなり普遍的なものではないかという気がします」

先に述べたように、臨死体験をめぐる論点の一つに、臨死体験は本当に死んでいく人の体験と同質の体験なのか、それとも死にかかったけど生き返ったという人に特有の体験なのかという問題があった。この疑問は、一見検証しようにも検証の方法がない永遠の謎であるかに見える。

しかしここに謎ときの一つの手がかりが見えてくる。

臨死体験と臨終時体験

ここで山折さんが語っている二十五三昧衆の体験は、臨死体験ではなくて、本当に死んでいった人の臨終の床におけるイメージ体験である。このような臨終時体験は、いまの世の中にもあるのだろうか。そして、その体験内容は、臨死体験との間に共通性があるのだろうか。もし共通性が強くあるとすれば、臨死体験は、本当に死んでいく人の体験と同質の体験らしいと推論することができるだろう。

あの番組を放送した後、視聴者の方から沢山の手紙をいただいたが、その大半が自分にもこんな体験がある、あるいは身近にこんな体験をした人がいると報せてくるものだった。その大半は、臨死体験に関するものだったが、臨終時体験も幾つかまじっていた。

幾つか例を引いてみる。

●杉本房江さん（四十七歳）　神奈川県相模原市

「私が中学生のとき、祖母が自宅で亡くなりました。多分老衰だと思います。七十六歳でした。亡くなるとき、娘や息子（私からすると叔父、叔母にあたる）がまわりを取りかこんでいました。祖母の意識が弱まると、〝おばあちゃん、しっかりするのよ〟と声をかけていました。何度かこういうことを繰り返していると、祖母が目を開けて、

〝もう呼ばないでおくれ。白い蝶がたくさん飛んでいて、花もたくさん咲いている。そこへ行こうとすると、お前たちが呼ぶから、また戻ってきてしまった。もう呼ばないでくれ〟と息もたえだえにいいました。

叔母たちは、〝天国へ行くんだね〟といって、呼びかけをやめました。まもなく臨終になりました」

●T・Iさん　愛媛県松山市

「テレビを見ていて、五十八年前に二十二歳で亡くなった兄の臨終の有様がまざまざと思い浮かびました。私は九人兄弟で、その兄は三番目の兄でTと申しました。T兄は熱心なクリスチャンで毎日曜日教会に通っておりました。牧師になるつもりで、同志社大学の神学部に入学致しました。とても元気な兄でしたが、春休みに帰ってきたときは、げっそり痩せていてびっくりしました。病院で結核と診断され、両親の悲しみは大変なものでした。次兄と私はその頃神戸におりましたが、夜中に電話で起こされ、夜行で帰って参りましたが、あと何日という命でした。結核の人は、最後まで意識がはっきりしているといいますが、T兄もその通りでした。

二日目の夕方、次兄がお医者さんを呼んでくるといって出かけたあと、T兄はお祈りをはじめました。全部は覚えていないのですが、いまもはっきりと耳に残っている所だけしたためます。

『……神様、もしも、もう一度元気になりましたら、立派な牧師になり、人々のためにつくしたいと思います……ああ、だんだん上へ昇って行く。川原が見える。いや、野球場だ。皆元気に野球をしている。ああ、今度はお花畑が見える。きれいだ。本当にきれいだ。本当にきれいだ』と繰り返し、声がしなくなったと思ったら、亡くなって居ました。その後で次兄が医者と帰ってきましたが、すでになすすべもなく、次兄は男泣きに泣きました。六十年近く前のことで、当時のことはウロ覚えですが、死の直前のお祈りと、天に昇って行く有様をいった言葉だけは今もハッキリと覚えています」

●S・Mさん　大阪府吹田市

「私の姉は六歳で病死したのですが、最後の言葉は、『オ母チャン、捕マエテイテ。穴ヘオチル、オチル、捕マエテイテー』といって死んだそうです。母は何度も私にそのことをいい、人間は死ぬとき、穴に吸い込まれるようになるらしいと申しておりました」

●U・Tさん（六十一歳）　新潟県新潟市

「私が十五歳の折、昭和二十年一月二日に十八歳で亡くなりました次兄の死に立会いました。臨終間近な兄の口から『臨死体験』を聞きました。

兄の場合は、広い野原と河、そしてその橋のたもとに白い衣服をまとった白いひげの老人がいて、この橋を渡るな、渡ると帰ってこれなくなる、との言葉に、急に母に逢いたくなって帰ってきたということでしたが、そのあと兄は息を引き取りました」

●小野寺千寿子さん　埼玉県新座市

「三十四年前に父が死の間際に臨死体験者と同じようなことをしゃべったのです。

『いまとてもきれいな花畑が見える。川があって、舟が待っているんだよ。そして誰々が迎えにきているんだよ』

といったそうです。その〝誰々〟というのは、身内の人です。病室には三歳の妹と母だけだったのですが、そのときに、妹が、『知らないおばさんが来て座っているよ、恐いよ、恐いよ』と泣き出したそうです。母には見えなかったそうですが、知らない人というのは父の身内で、父も、『そうだよ、いま迎えに来てるんだよ』といったそうです。それ以来私は、死後の世界はお花がいっぱい咲いていてきれいな場所だと信じています」

こうしてみると、臨死体験と臨終時体験とは、内容的にかつ質的にほぼ同列にならべてみてよい体験であるということが分かるだろう。

なぜ人物の幻像を見るのか

だがもちろん、だからといって、臨死体験が死後の世界の存在を証明しているということにはならない。臨終時体験も、まだ死にいく者が死んでいない段階で、表現能力が残っている間に周囲の者に伝えた体験である。その向こう側、つまり本当の肉体の死が訪れるときに、彼が何を体験しているかは知りようがないのである。

さて、ここでやっかいなのは、いま引用した例の最後のケースである。

ここで、死のうとしている父親は、自分を迎えにやってきた身内の幻像を見ている。幻像を見るという現象それ自体は、臨終時体験において珍しくない。

臨終時体験のいちばん包括的な研究書は、アメリカのカーリス・オシスとエルレンドゥール・ハラルドソンの共著、『人は死ぬ時何を見るのか』（日本教文社刊）である。この本は、アメリカとインドで行われた大がかりな調査をもとに書かれたものだが、これを見ると、末期患者がそういう幻覚を見た例が沢山でてくる。たとえば、次のようなものである。

「突然患者は眼を開きました。そして（亡）夫の名を呼んで、今あなたのもとへまいります、と言うんです。まるで大好きな相手の腕にとびこむ時のように、安心しきったきれいな顔をしていました。『あなた、今まいります』と言ったのですが、私がその場にいることにはどうも気づかない様子でした」

「患者さんの視線は、私の頭上を通り越して、向こうの方に行きました。それから、名前（亡妻）を呼んだんです。『メアリ、裏口に出て、トマトをひとつもいできてくれないか』それから、私の方を向いてこう言いました。『女房と話してるなんて、わしなんざ狂人だとお思いでしょうな。けど、わしはあいつを見たんだ』」

「冠状動脈に病変があった五十歳の男性ですが、昔死んだ旧友を見たのです。『あれ、（名前を呼んで）、こんなところで、何やってんだ、お前』これが患者の最後の言葉でした」

「その方はいきなり、部屋の中のあるきまった場所を見たがるようになって、そちらを向いたのです。そして、晴れ晴れとしたお顔でほほえんで、表情がパッと明るくなりました。『ああすてき、すてきだわ』と言うので、『何がそんなにすてきなの』と聞いてみましたら、『私の見ているものがですわ』と、低い声でしたが強い口調で答えたのです。『何が見えますの』『きれいに輝やいているんです――すばらしい方たちです』。その様子がどれほど真に迫っていたかはとても口では言い現わせません」

「(あの世に行って神に会うという体験をした患者が)あの世にもう一度行きたがって、行かせてくれるようまわりの人たちに頼みました。『たのむから、あっちへ行ってくれないか。これから俺は死ぬんだから』というわけです。神を見て、患者はすごくうれしそうでした。こういう幻覚を二回見ましたが、患者は、これは幻覚なんかじゃなくて、本当のことだ、と言っていました」

松谷みよ子さんの「あの世へ行った話」にも、こんな例が出ている。

「佐賀県多久市多久町。昭和五十三年、連れ合いが危篤になった時のことです。病院のベッドに寝ている夫が急に『お母さん(母親のこと)、ここに寝んしゃい。ここに寝んしゃい』と言うのです。夫は、齢とってから生まれた子で、身体も弱かったから、両親が目に入れても痛くないほど、かわいがっていたのです。きっとあの時、亡くなった母親が迎えにきていたのだと思います」

オシスとハラルドソンは、このような人物幻像の出現が、臨終時体験において実によく見られるということを実地調査をもとに明らかにし、この現象を"apparition"と名づけている。これに対して、邦訳は「霊姿」という何とも奇妙な造語を訳語にあてているが、このような訳語はあまりにオカルト的で感心しない。この本がもともとオカルト的というならともかく、これはそうではなく、あくまでこの問題に科学的調査と分析で迫っていこうとしている学者の著書なのである。

さて、先の例にもどると、このような人物幻像の出現自体はよくあることで不思議ではない。しかし、(ここに引いた例でわかるように) 普通は、このような幻像は本人だけに見えるもので周囲の人には見えないのである。本人にしか見えないから、それは客観的な存在ではなく、本人のみが見る主観的な映像といい得るのである。

しかし、先に引用した例の場合は、妹も見たというのだ。先にこの例がやっかいだといったのは、これが本人以外に幻像の目撃者がいた例になるからである。するとこれは、幻像ではなくて、何らかの意味で客観的に出現した像ということになるのだろうか。しかし、客観的に存在したとするなら、母親に見えなかったのはなぜかという問題が出てくる。

ではどう解釈すればいいのだろうか。

いちばん簡単なのは、この話の信憑性を疑うことである。たしかに、ずいぶん昔のできごとの伝聞であるから、本当に事実がその通りに伝えられているかどうか疑わしい。それに三歳の子供の発言をどの程度真にうけて良いかという問題も残る。

二人同時に同じ夢を見る

だが、いちおうこの話に信憑性ありとした場合はどうか、どのような解釈が可能だろうか。

一つはオカルト的解釈である。現世の客観世界とは別の次元で霊的世界というものが存在しており、死後はこの世から、そちらの世界に移行するのだと考えるのである。生きている人でも、特別に霊的能力がある人間にはその霊的世界が見えるし、子供のように邪心がない人にもその世界が見えるのだと考えれば、このできごとの説明はつく。

この手の話というのは、たいていオカルト的解釈が可能である。一般にオカルト的解釈を許せば、どんな不思議なことでも説明がついてしまう。しかし、オカルト的解釈には客観的説得力がない。オカルトを信じる人には説得力があるが、信じない人には無意味である。

この話の場合、オカルト的解釈以外に説明の方法がないのだろうか。

もう一つ可能な説明は、父親と妹が同じ幻覚を見ていたのだとすることである。幻覚というのは本来主観的なものであるから、複数の人間が同じ幻覚を見るはずがないと思われるかもしれない。しかし、それは心理学的にはありうることなのである。多人数の人間が共同幻想、共同幻覚を持つこともあれば、二人の人間が同じ幻覚を見ることもある。

あの臨死体験を取り上げたTV番組にも出演してもらったカール・ベッカーさん（現・京都大学教授）は、仏教思想史の専門家であるとともに、臨死体験の研究家でもある。先だって、ベッカーさんとある雑誌で対談したおり、二人の人間が同じ夢を見るという現象があって、それを intersubjective dream（間主観的夢）というのだと教えてもらった。

「実は私もそれを何度か体験したことがあるんです」

とベッカーさんがいうので、思わず、エッと驚いてしまった。

「弟と同じ部屋で寝てたときの夢なんです。夕方、弟といっしょに海岸を歩いてるんですね。それで、私がカニを拾っていじめた。すると、弟が、やめろ、やめろ、可哀そうじゃないかという。私がいいじゃないかといって、しばらく議論する。しかし結局、私はカニを海に放してやる。そういう夢なんです。翌朝話をしているうちに、弟も同じ夢を見ていたということがわかった。『どうして兄貴はいつも動物をいじめるんだ』というので、『いつもいじめてるわけじゃない。夢の中でいじめただけだ』といってロゲンカをした」

——それで、夢の内容が本当に一致してるんですか。

「合ってる。会話まで合ってる」

——大ざっぱにじゃなく。

「細かく合ってる」

――へえー。そういうインターサブジェクティブ・ドリームというのは、他にも事例があるんですか。

「カリフォルニア大学デービス校にいるチャールズ・タートという宗教学者が、意識の変容状態（altered states of mind）の研究をしていて、その人がこういう研究もしてるんですが、双生児とか、精神的に親しい夫婦同士の間なんかでよくそういう夢を見ることがあるといってますね」

――ベッカーさんは弟さんとだけなんですか。他にも例があるんですか。

「長いこと同室で暮していた友達との間でありましたね。なんか日本の柔道場みたいな大きな畳敷きの部屋で、蹴り合ったりして遊んでるんです。ほんとじゃなくて、夢の中ですよ。それで、私が大変強く彼の胸を蹴った。もちろん、まだ夢の中ですよ。ところが、それと同時に二人とも目を覚まして、彼は私の胸をつかんで、『痛いじゃないか』と文句をいった。聞いたら同じ夢を見ていた」

――不思議ですね。どうしてそんな現象が起きるんだろう。

「よくわからないけど、テレパシーみたいなもので二つの脳がつながれて起る現象かもしれない。あの世というのも、客観的実在なのではなくて、そういう脳と脳の結びつきの中で共有されている共通のイメージだというような考えもありますね」

――ユングの考えなんかはそれに近いんでしょうね。彼は、オカルトや心霊現象に興味を持っていろいろ書いたりしたけど、結局、それは人類が共通して持つ普遍的無意識から発している現象だと考えた。

「だけど、臨死体験の持ついろんな側面が、そういうことで全部解釈可能かというと、そうでない部分もある」

ベッカーさんのいう通り、この現象、なかなか一筋縄ではとらえきれないのである。ここまでのところを読んだだけでも、臨死体験というものが、あのテレビ番組で提示したより、いかに大きな広がりを持つ現象であり、またその解釈にあたっては、いかに多面的な接近と思考が必要とされるかということがわかっていただけると思う。

これから、臨死とはそもいかなる現象であり、これをどうとらえたらよいのかを論じていこうと思うが、まずは、臨死体験そのものの具体的諸相をもう少し念入りに見ていくことからはじめたい。何事もまず論議の前に具体的事実を正しくつかむことが大切である。

推古天皇の時代にも

取材した体験例を紹介する前に、まず、明らかな臨死体験が日本の歴史的文献にもちゃんと出ているのだということを示しておきたい。体験それ自体は昔からあったのである。

最初は『日本霊異記』である。『日本霊異記』は、平安時代初期に編まれた上中下三巻からなる仏教説話集である。仏教説話といっても、要するに、日本各地で起きた珍しい話を集めたものである。

推古天皇の時代、難破《（ママ）》に住んでいた屋栖古《やすのこ》の連《むらじ》の公《きみ》という聖徳太子の侍者をしていた男が聖徳太子が死んで四年後に死んだ。

ところが、「屍《しかばね》異香有りて馚馥《かお》れり」という。死体が普通の死臭を出さず、いい香りがしたというのである。

「逕《ふ》ること三日乃《すなわ》ち蘇《さ》め甦《い》きたり」。三日間死んだ状態だったが、突然生き返ったのである。生き返ってから、妻子に次のように語った。

「五つの色の雲有り。虹の如く北にわたれり。そこよりして其の雲の道を往くに、かぐはしきこと名香をまじふるが如し」

五色の雲の中を歩いていったのである。このくだりは山折さんの体験を思い起こさせる。いいお香のような香りがしたという。

「観《み》れば道のほとりに黄金の山有り。すなはち到れば面に炫《かがや》く」道ばたにあった黄金の山に近づいてみると顔に照りはえた。

「ここに、薨《かく》りましし聖徳太子待ち立ちたまふ。共に山の頂に登る」

連の公は聖徳太子の信が厚かった人物である。臨死体験で、最近死んだばかりの友人、知人に出会うというのはよくあることである。

「黄金の山の頂に、一《ひとり》の比丘《びく》居り。太子に敬礼《きょうらい》して曰く『是《こ》れ東の宮の童《わらわ》なり、今よりのち、逕《ふ》ること八日、夜、銛《と》き鋒《ほこのさき》に逢はむ。願はくは仙薬を服せ』といひて、比丘、環《たまき》の一つの玉を解きて授け、呑み服せしめて、是の言をなす。『南無妙徳菩薩』と三遍誦礼《ずらい》せしむ」

山の上に僧がいて、これから八日後に剣難に遭うから、今から薬を飲んでおくようにといって、数珠から一つの玉をとって呑ませたのである。

このあと、聖徳太子から、はやく家に帰って仏を作る場所を掃除せよといわれる。

「然《しか》して先の道より還り、すなはち見れば驚き蘇《さ》めたり」

という。ここで、八日後に剣難に遭うといわれたのは、実は、蘇我入鹿の乱の予言だったのではないかと霊異記の選述者は解説を付け加えている。蘇我入鹿の乱はこのときからちょうど八年後に起きたのである。

『日本霊異記』には、他にも六つばかり臨死体験例が記されている。この他、平安時代の『今昔物語』、『日本往生極楽記』、鎌倉時代の『宇治拾遺物語』にも臨死体験が沢山出てきますよとベッカーさんに教えられて、それらの文献のページを繰ってみると、なるほどその通りだった。宇治拾遺物語から一例をひいてみる。

因幡《いなば》の国の高草郡にある国隆寺という寺で起きた物語である。この寺であるとき仏師をよんで地蔵菩薩像を彫らせていた。ところが、寺の別当（長官）の女房が間男と出奔してしまい、別当はその捜索で忙しく、仏師の世話はほったらかしになってしまった。途方にくれていた仏師を救ったのが、その寺で雑役をしていた身分の低い僧、専当法師である。

「その後、この専当法師、病ひつきて命終はりぬ。妻子、かなしみ泣きて、棺にいれながら、捨てずして置きて、なほこれを見るに、死にて六日といふ日の未《ひつじ》の時ばかりに、にはかにこの棺はたらく。みる人、おぢおそれて、逃げさりぬ」

死体を棺に入れても、野辺送りしないで置いておいたら、にわかに棺が動いたのだ。

「妻、泣きかなしみて、あけてみれば、法師よみがへりて、水を口に入れ、やうやう程《ほど》へて、冥途《めいど》の物語す。『大なる鬼、二人きたりて我をとらへて、追ひたてて、ひろき野を行《ゆく》に、しろき衣きたる僧いできて、〃鬼ども、この法師、とくゆるせ。我は地蔵菩薩なり。（この法師は）因幡《いなば》の国隆寺にて、われをつくりし僧なり。仏師等、食物なくて日比《ひごろ》へしに、此《この》法師、信心を致して、食物を求めて、仏師等を供養して、わが像をつくらしめたり。この恩忘《わすれ》がたし。かならずゆるすべき者なり〃とのたまふ程に、鬼どもゆるしをはりぬ。ねんごろに道教へてかへしつとみて、生きかへりたるなり』といふ」

プラトン・『遠野物語』にみる死生観

西欧の古典にも、臨死体験は出てくる。中でも有名なのは、プラトンの国家篇である。第十巻の十三に次のような話がある。

これはひとりの勇敢なる戦士であった、パンピュリア族の血筋を受けるアルメニオスの子、エルの物語である。

　そのむかし、エルは戦争で最期《さいご》をとげた。十日ののち、数々の屍体が埋葬のために収容されたとき、他の屍体はすでに腐敗していたが、エルの屍体だけは腐らずにあった。そこでその屍体は家まで運んで戻された。そして、死んでから十二日目に、これから葬ろうということで、野辺送りの火の薪《まき》の上に横たえたとき、エルは生き返った。そして、あの世で見てきたというさまざまの事柄を語ったのである。

　彼が語ったのは次のようなことであった。

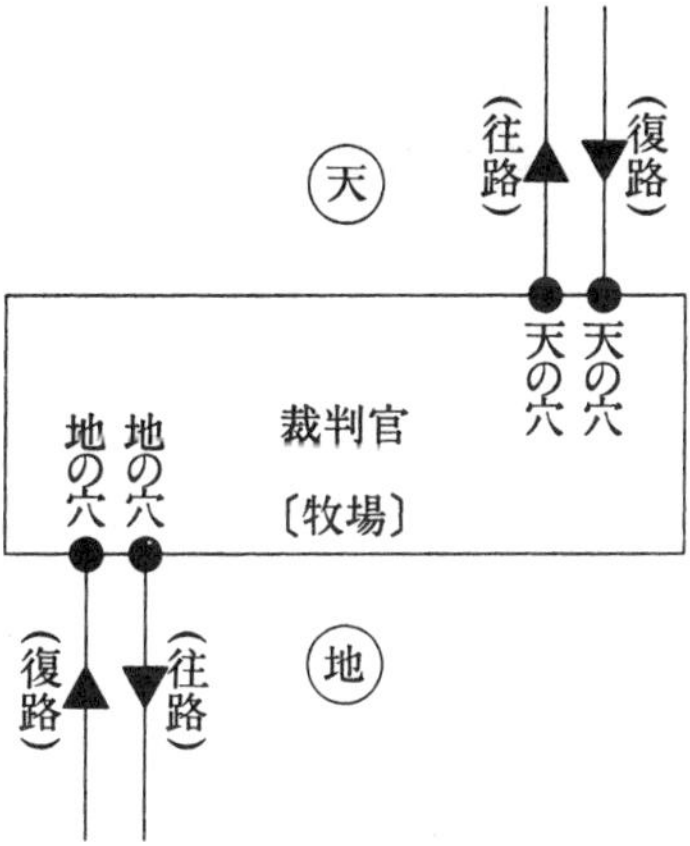

「——彼の魂は、身体を離れたのち、他の多くの魂とともに道を進んで行って、やがてある霊妙不可思議な場所に到着した。そこには大地に二つの穴が相並んで口をあけ、上のほうにもこれと向かい合って、天に別の二つの穴があいていた（上図参照）。
　これらの天の穴と地の穴とのあいだに、裁判官たちが坐っていた。彼らは、そこへやってくる者をつぎつぎと裁いては判決をくだしたのち、正しい人々に対しては、その判決の内容を示す印しを前につけたうえで、右側の、天を通って

上に向かう道を行くように命じ、不正な人々に対しては、これもまたそれまでにおかしたすべての所業を示す印しをうしろにつけて、左側の下へ向かう道を行くように命じていた」（藤沢令夫訳　『プラトン全集』第十一巻　岩波書店刊）

エルの物語はまだまだ数ページにわたってつづき、あの世とこの世がどうつながっているかが語られていく。一口にいうと、それは輪廻転生の世界である。人も動物も同じように魂を持つ。死んで魂が天に上ってくると、生きている間にどのような生活を送ってきたかによって天国あるいは地獄での賞罰を受ける。賞罰はいずれも千年間つづく。それが終わると、再び地上に戻らなければならない。そのときがくると、運命を導くダイモーン（神霊）の前でクジを引き、クジの順に自分の運命を選択する。人間から動物になる者もいれば、その逆もある。

運命を選択すると、この世への旅路を進む。まず「忘却の野」をすぎ、次に「放念（アメレース）の河」を渡る。この河を渡るとき、すべての魂は一定量の水を飲まなければならない。そしてそれを飲んだとたんに、それまでのことは一切忘れてしまう。全てを忘れて新しく誕生するのである。

「エル自身はといえば、彼だけは先に河の水を飲むことを禁じられたのであるが、ただ自分がどこを通り、どのようにして肉体の中へ帰ってきたかは、分からなかった。しかし不意に、目を開いてみると、明け方に自分が火葬のための薪の上に横たわっているのを見出したのだという」

この他、ヨーロッパの古い文献に残る臨死体験を詳しく調査したキャロル・ザレスキー『あの世への旅』（オックスフォード大学出版局　本邦未訳）によると、五世紀から十六世紀にかけてだけでも、数十の記録があるという。

もっともこのような古典にあらわれた臨死体験の記録をそのまま事実と受け取るのは誤りだろう。こういう古い文献では、誰も原体験者の証言をできるだけ客観的に記述しようなどとは考えていない。作者が事実に適当に手を加えているのが常である。

プラトンの場合は、プラトンの哲学的世界観に合うようにエルの体験は手を加えて記述されているはずだし、仏教説話の場合も、仏の教えにそって大衆を導くことができるように手が加えられているはずである。最初の『日本霊異記』の例にしても、あの引用部分のあとに、いかに仏教はありがたいものかという記述がつづくのである。

だからといって、すべてが作った話と考えるのも誤りだろう。これらの話の素材になった原始的事実は事実としてあったにちがいない。古い文献の臨死体験を丹念に読み合わせていくと、現代の臨死体験のパターンがほとんど出てくるのである。

近代の文献で臨死体験が豊富に出てくるのは、なんといっても、柳田国男の『遠野物語』である。

「飯豊《いいで》の菊池松乃丞といふ人傷寒を病み、たびたび息を引きつめし時、自分は田圃に出でて菩提寺なるキセイ院へ急ぎ行かんとす。足に少し力を入れたるに、はからず空中に飛び上がり、およそ人の頭ほどの所をしだいに前下りに行き、また少し力を入るれば昇ること始めのごとし。なんとも言はれず快し。寺の門に近づくに人群集せり。何ゆゑならんといぶかりつつ門を入れば、紅《くれない》の芥子《けし》の花咲き満ち、見渡す限りも知らず。いよいよ心持よし。この花の間に亡くなりし父立てり。お前も来たのかといふ。これに何か返事をしながらなほ行くに、以前失ひたる男の子をりて、トッチャお前も来たかといふ。お前はここにゐたのかと言ひつつ近よらんとすれば、今来てはいけないといふ。この時門の辺にて騒しくわが名をよぶ者ありて、うるさきことかぎりなけれど、よんどころなければ心も重くいやいやながら引き返したりと思へば正気付きたり。親族の者寄り集ひ水など打ちそそぎてよび生かしたるなり」(『遠野物語』)

「佐々木君の友人某という人が、ある時大病で息を引取った時のことである。絵にある竜宮のような門が見えるので、大急ぎで走って行くと、門番らしい人がいて、どうしてもその内に入れてくれない。するとそこへつい近所の某という女を乗せた車が、非常な勢いで疾《はし》って来て、門を通り抜けて行ってしまった。口惜しがって見ているところを、皆の者に呼び返されて蘇生した。後で聞くと、車に乗って通った女は、その時刻に死んだのであったという」(『遠野物語拾遺』)

『遠野物語』というのは、よく知られるように、柳田国男が遠野村の佐々木鏡石という青年から聞き書きしたものをまとめたものである。柳田は、「鏡石君は話上手にはあらざれども誠実なる人なり。自分もまた一字一句をも加減せず感じたるままを書きたり」と序文に書き、「要するにこの書は現在の事実なり」といっている。

しかし、柳田がいかに佐々木鏡石のことばを忠実に書きとったとしても、原体験者の原供述がどれだけ忠実に佐々木鏡石に伝えられたかは不明である。そして、佐々木鏡石がどれだけ忠実に自分が聞いたことを柳田に伝えたかも不明である。

だから、引用の最後の部分の、「後で聞くと、車に乗って逝った女は、その時刻に死んだのであったという」という箇所などは、そのまま信用するわけにはいかない。実は、臨死体験の調査をしていると、こういうオカルトめいた不思議な話に出会うことがよくある。しかし、オカルトになるかどうかの境目のポイントの事実関係を綿密に吟味してみると、どうも曖昧になってくるという例が多いのである。

こういう例では、ポイントの部分が客観的真実かどうかの吟味が必要である。その人は本当に最初に見たときからその女を「近所の某」と認識していたのか。それともはじめははっきりしていなかったのに、後から死んだと聞いて、じゃああの女はそれだったのだと頭の中で符合させてしまったのではないか。「その時刻に死んだ」と言うが、本当のところその時刻はどれくらい一致していたのか。こういった点の吟味がぜひともほしいところである。

石原裕次郎も体験者

ごく最近の文献で原体験者と記述者の距離がもっとぐっと近いものがある。石原慎太郎の『わが人生の時の時』（新潮社刊）がそれである。

「私の仲間にもその川を見たという男がいる。結局は癌で死んだ議員の玉置和郎はその以前重症の糖尿病だったが、病気を甘くみて死にそこなった時、病院のベッドの上でやはりその川を見たという。

昏睡で見た夢の中に、天《あま》の川のようなほの白い帯のようなものを見たそうな。

彼の夢の中に何度となく、以前死んだ、彼を可愛がってくれた長兄の姿が現れてきた。病室の壁の前に立ったその兄が、しみじみ愛しそうに、『和郎、そんなに苦しいなら兄さんと一緒に向こうへいこう。兄さんが手をひいてやるよ』と招く。

その兄の姿の後ろにほの白い川のようなものがかかって見えた。何度も兄のさし出すその手にすがろうとしたが、なぜか最後はその気になれず、まだこちらにしなくてはならない用事がのこっているのだといい訳してベッドにとどまりつづけたそうな。

『何が私をひき止めてくれたのかは知りませんが、あの時兄貴の手にすがってあの川のようなものの向こうにいっていたら、多分それで終りだったんでしょうな。白く光った帯のような川でしたが、自分がそのすぐ間近までいったことだけは覚えていますよ』

彼はいっていた。

私の弟も、その川のすぐ近くまでいって帰って来たようだ。

剝離性動脈瘤という、名前も初めて聞く厄介な病気の発作に見舞われ、彼は文字通り地獄の入口までいって来た」

石原慎太郎の弟というのは、いうまでもなく、石原裕次郎である。

裕次郎は、九時間に及ぶ大手術のあと、一命は取りとめたが、それから一週間にわたって意識は朦朧としたままだった。意識を取り戻したあと、二人はこんなやりとりをした。

「『ひどく痛がっていたそうだが、自分が痛かったこともよく覚えていないよ。要するに手術の後長い間、俺は半分眠っていたみたいなものなんだな。痛かったことより、意識が戻ったなと自分でわかるまで、いろいろな夢ばかりを見ていた、ということだけは覚えているよ。(中略)『その中でもな、一つだけ、長い間にわたって何度も見た夢がある。今考えても妙な夢だった』

『どんな』

『どこかの川の夢なんだ。川というより川原だな。何か時代劇のロケーションで、最初は馬に乗って、そのうちいつの間にかスタッフの連中と一緒にジープに乗って広い川原を走っているんだ』(中略)

いつまでたってもつかぬ段取りに業を煮やして、ジープを運転している誰かに命じて車で川を向こう岸へ突っ切らせようとするのだが、車がハンドルをきり返そうとする度、なぜか他の誰かがそれを止めて車はまた元のこちら岸へ戻ってきてしまう。

そんな夢をきりなく見つづけていたことだけはよく覚えているといった。

『あれが三途の川というやつだったんだろうな。(中略) しかし、川原の石も、水も、すすきの穂も、みんなまぶしいように白く光って何かとても透明な、とにかく俺が今までどこで見た川よりも奇麗な川だったよ』」

これなどは、かなり信頼できる報告だろう。しかしまだ、原体験者と記録者が別の人間という不満が残る。体験者の原体験そのものとその口頭での言語表現との間には通常深い落差がある。その落差がどれくらい大きいかは、その人の言語表現能力、記憶力、観察力、内省能力などにかかってくることだから一口には何ともいえない。

青い地球をユングは見た

しかし、ここに、このすべての能力をかねそなえた原体験者自身が記録者になったという稀有の体験例がある。それは、ベッカーさんとの対話の中でも話に出た、精神医学の巨人、C・G・ユングその人である。ユング自身が臨死体験をしているのである。それが彼の自伝（邦訳、みすず書房刊）の中に詳細に記されている。

「一九四四年のはじめに、私は心筋梗塞につづいて、足を骨折するという災難にあった。意識喪失のなかで譫妄《せんもう》状態になり、私はさまざまの幻像《ヴイジヨン》をみたが、それはちょうど危篤に陥って、酸素吸入やカンフル注射をされているときにはじまったに違いない。幻像のイメージがあまりにも強烈だったので、私は死が近づいたのだと自分で思いこんでいた。後日、付き添っていた看護婦は、『まるであなたは、明るい光輝に囲まれておいでのようでした』といっていたが、彼女のつけ加えた言葉によると、そういった現象は死んで行く人たちに何度かみかけたことだという。私は死の瀬戸際にまで近づいて、夢みているのか、忘我の陶酔のなかにいるのかわからなかった。とにかく途方もないことが、私の身の上に起こりはじめていたのである。

私は宇宙の高みに登っていると思っていた。はるか下には、青い光の輝くなかに地球の浮かんでいるのがみえ、そこには紺碧の海と諸大陸がみえていた。脚下はるかかなたにはセイロンがあり、はるか前方はインド半島であった。私の視野のなかに地球全体は入らなかったが、地球の球形はくっきりと浮かび、その輪郭は素晴らしい青光に照らしだされて、銀色の光に輝いていた。地球の大部分は着色されており、ところどころ燻《いぶし》銀のような濃緑の斑点をつけていた」

このあと、彼が宇宙から眺めた地球の姿の記述がつづくのだが、それを読んで私は驚いた。それが客観的な宇宙から見た地球像とよく合っていたからである。これが現代の記述なら私も驚かない。我々はみなアポロが撮った地球の写真を見ているから、ユングと同じように地球を描写できるだろう。しかしユングは、これをアポロ以前どころか、ガガーリン以前に書いているのである。ガガーリンが宇宙から地球を見て、「地球は青かった」というまでは、誰も宇宙から地球を見ると青く見えるなどということは知らなかったのである。しかもユングは、ガガーリンが見た位置（一八一～三二七キロ）よりはるかに高いところから見た地球の姿を正しく描写しているのである。

「どれほどの高度に達すると、このように展望できるのか、あとになってわかった。それは、驚いたことに、ほぼ一五〇〇キロメートルの高さである。この高度からみた地球の眺めは、私が今までにみた光景のなかで、もっとも美しいものであった。

しばらくの間、じっとその地球を眺めてから、私は向きをかえて、インド洋を背にして立った。私は北面したことになるが、そのときは南に向いたつもりであった。視野のなかに、新しいなにかが入ってきた。ほんの少し離れた空間に、隕石のような、真黒の石塊がみえたのである。それはほぼ私の家ほどの大きさか、あるいはそれよりもう少し大きい石塊であり、宇宙空間にただよっていた。私も宇宙にただよっていた」

ユングのこの記述は、私に、松谷みよ子さんの「あの世へ行った話」の中に出てくるこれとよく似た体験を思い起こさせた。

「〇福岡県小郡《おごおり》市。昭和五十一年二月のこと。急性劇症肝炎と急性腎不全が併発し、生と死のはざまへ引きずりこまれていた。私は闇の中へ入り自分の体からすうっと抜け出すのを感じた。走りつづける救急車の担架に横たわる自分の姿が、そして頭をかかえてうずくまる夫の背が目の下にあった。病院についた私は急を聞いて、私の枕辺をかこんだ夫の上司や同僚の姿を見おろして漂い続けた。人の輪の中に、一歳四カ月の長女美和、そして産後二カ月をむかえたばかりの美恵の顔もあった。この時になって、はっきり私は死んだのだという想いに胸を塞がれ、ジンと鼻の頭がしびれるような悲しみと悔恨の波がどうと渦巻くように私を押し包んだ。この時ほど、この子らの住む世界へ戻りたいと痛切に願ったことはないであろう。突然、私は宇宙の奥へと引きこまれてゆくのを覚えた。だんだん地球が遠のいてゆくのが見えた。まわりには人工衛星や汚れた衛星の破片がいくつも漂っている。もうこんなに遠くへ来たんだなあ、地球ってきれいなんだなあ、広い闇の中で、サファイヤのようにキラキラ輝いている、まるで宇宙のオアシスのようなところに私は住んでいたんだなあと思っていた。突然『どこへ行くの』と姿は見えないがなつかしい弟の声がする。だけどどうしてここに弟が」

この体験者は、このあと弟の声で現実に引き戻されてしまうのだが、ユングの体験はまだまだ深みに入っていく。

ユングが宇宙空間で出会った黒い大きな石塊は、その中がくり抜かれて、ヒンズー教の礼拝堂になっていた。その中にユングは入っていく。

「私が岩の入口に通じる階段へ近づいたときに、不思議なことが起こった。つまり、私はすべてが脱落して行くのを感じた。私が目標としたもの、希望したもの、思考したもののすべて、また地上に存在するすべてのものが、走馬灯の絵のように私から消え去り、離脱していった。この過程はきわめて苦痛であった。しかし、残ったものもいくらかはあった。それはかつて、私が経験し、行為し、私のまわりで起こったすべてで、それらのすべてがまるでいま私とともにあるような実感であった。それらは私とともにあり、私がそれらそのものだといえるかもしれない。いいかえれば、私という人間はそうしたあらゆる出来事からなり立っていた。私は私自身の歴史の上になり立っているということとを強く感じた。これこそが私なのだ。『私は存在したもの、成就したものの束《たば》である』」

このようにして、ユングは臨死体験を通じて、人間存在の本質を洞察するにいたるのである。

人は死ぬとき、この世に属する一切のものを捨てていく。それと同じことが、臨死体験でも起こる。捨てられて消えていくのは物質的存在だけではない。この世に属する思いの一切が捨てられ、欲望や我執の一切が、希望さえ含んで消えていく。全てを捨てて捨てていったとき、最後の最後にギリギリ残るものは何なのか。これこそが私、といえるものは何なのか。それは私のまわりで起きたできごとの総体であり、私自身の歴史であり、私の成就したものの総体であるとユングはいう。

臨死体験というのは、体験する人によっては、このような深みにおいてとらえられる体験なのである。三途の川とお花畑だけが臨死体験なのではない。

ユングのみならず、体験者に話を聞いていくと、臨死体験によって世界観が全く変わったという人や、認識の新しい地平が切り開かれたという人がかなりいるのである。

第二章　「至福」の光景

もう少し臨死体験の具体例をひいて、この体験の持つさまざまの側面を考えていってみよう。

このような体験を調べていて、いちばん困るのは、その体験者の報告をどの程度信用してよいのか分からないということである。何しろ、ことが純粋に主観的な体験で、他に目撃証人もいないし、客観的な証拠もないから、何らかの手段でその報告の信憑性のウラを取ろうと思っても取れないのである。

作り話ではないとしても、記憶に誤りはないか。体験事実をふくらませたり、修飾したりといった、改変が加えられてはいないか。体験事実を事後的に自分の世界観に合わせて解釈し直して合理化してしまったというようなことはないか。そういった疑問を抱いても、それを検証する術がない。とりあえずは、その報告者の人間性から、どれだけ信用してよいかを決めるよりほかない。

そこでこの章でまず医者の体験談を幾つか取りあげてみたい。医者がすべからく人間的に信用できるというわけではないが、一般的には、医者は医学的、科学的トレーニングを受けており、自分の身体や意識の上に起きたことを、できるだけ客観的に報告することに通常の人よりたけているはずだから、それだけ報告内容に信頼性がおけるだろうと思うからだ。

まず、茨城県水戸市の医師会報第九十四号（昭和六十三年二月）にのった片山龍男氏（開業医）の、「ノンフィクション再生記〝狭心症→心筋梗塞→あの世→この世〟」から引用してみる。

片山氏は昭和五十六年に狭心症を起こした。そのときは、三日ほど不整脈がつづいただけで回復した。それから三年して、突然、心筋梗塞の発作に襲われた。

「九月二日は午後五時五十分頃、入浴。浴槽に入った途端、例の背後がピリッ、ピリッと無数のひび割れ（貫入）の感じがしてきた。

之はかねて恐れていた、三年前の狭心症の時と同じである。慌てて裸体のまま二階の居室に入った。時すでに全胸部に激烈な症状が襲いかかってきた。それは言語に絶する苦しい症状で、疼痛ではなく、言うなれば、昔、急性肺炎の時よくやった西洋芥子《からし》の湿布を直接、肺臓にしたら、こんな感じになるだろうか。兎《と》に角、えがらっぽく、むせぶ様な感じと呼吸困難を伴う圧迫感である。まさに、断末魔とはこの事で、畳の上を七転八倒、流汗淋漓、畳をびっしょり濡らす。（心筋梗塞の特徴）」

間もなく病院にかつぎこまれ、すぐに手当を受けた。梗塞の血栓を溶かす処置をし、血流が再開した直後の八時三十五分頃、「頻脈→不整脈→心拍停止の緊急事態となる」。しかし、三回に及ぶ電気ショックで、心拍は再開。九時十分、危機を脱した。臨死体験をしたのは、この間のことである。

「次に、私自身が体験した、表題の心筋梗塞→あの世→この世をこれから申し上げる。①(イ)血栓が流出したあと頻脈になった時、眼の前に心電図が鮮かに流れ出した。モニターの心電図像だろうと加畑先生は言われるが、私としてはどうも生の心電図を見ていた様な感じであった。次々に眼前に現われるのは心室細動の図形である。『ああ、これぁ駄目だ！　もう死ぬなぁ』と思った。然《しか》し、心の動揺はなく、冷静で、又、死に対する恐怖心は全然なかった」

写真がつくるイメージ体験

頻脈、不整脈の段階で、すでに意識の変容状態が起こり、外界の自然な客観的認知が出来なくなり、視覚に映ずる像は実在がデフォルメされたものになってしまっているわけである。

次いでさらに進んで、非現実の世界に入っていく。

「(ロ)心電図ペーパーに続いて、同じ幅の写真が現われた。それは何と！　唐招提寺の全景で、やがて全視野に広がった。

(ハ)唐招提寺はすぐに消えた。途端に、身が軽くなり、直立となり、ベッドより離れた。そして、白光（極めて明るい、但し眩しくはない。気持ちのよい温度）の中を猛烈なスピードで上昇し、更に頭上の密度の濃い白光（おかしな表現だが）のかたまり（その中がトンネル状になっていた）の中に入っていった。

②それから、自分がどうなったか、しばらくは判らなかった。

③微かに気がついた時は真っ暗な闇であった。そのうち移送車が動き出した。（九時十分）。

この八時三十五分↕九時十分（三十五分間）がこの世→あの世→この世ということである」

ここで、唐招提寺の写真という妙なものが登場してきたが、これは直接うかがってみると、はじめは絵はがきのような写真として出てきた。と思うと次の瞬間、自分がその風景の中に入ってしまっており、すぐ近くで唐招提寺を見ている感じになったのだという。唐招提寺は前に行ったことがあるので、すぐに直感的に唐招提寺だとわかった。この体験をしたあと、もう一度唐招提寺に確かめにいってみた。自分が見た風景と同じように見える場所があったので、ああ、あのときここに立っていたのかと思ったという。

この体験のうち、強烈な光の中に入るという体験と、トンネル状の空間の中に入るという体験は、多くの臨死体験においてしばしば報告される要素体験で、それぞれ、光体験、トンネル体験と呼ばれている。後述するように、一般に臨死体験を構成する要素体験には、もっといろいろのものがあり、ここではむしろ、要素体験の種類からいうと少ないほうなのだが、現実界から非現実界への移行が、心電図が唐招提寺の写真に変わっていくという変化を通じて、段階を追って具体的に語られている点がユニークである。(イ)では目の前の現実のデフォルメが起き、(ロ)では目の前にある現実ではないが、記憶の中の現実がまず客観的映像として出現し、次いでそこに自分が入り込んでしまう。そして、(ハ)では客観的現実界と全く離れてしまうわけである。

ここで面白いと思ったのは、写真が出てきた事である。

臨死体験というのは、基本的にイメージ体験であるが、そのイメージが何であるかが問題なのである。それが、あの世的な体験なのか、あの世とまではいわないまでも、この世を超越した何ものかの存在を示唆するものなのか。それとも、病める脳が生みだした幻覚の一種にすぎないのか。ポイントはここにある。

どの解釈が最も妥当なのか。これからさまざまの材料を提示して繰り返し論じていくことにするが、ここに出てきたように、かつて見た光景がそのままイメージとしてあらわれてきたということになると、脳内現象説が有利になってくる。

ここで、写真ということで思い出したのが、テレビでも登場してもらった中原保さん

（福岡県豊津町。四十一歳）の体験である。

中原さんは、昭和六十三年四月、急性膵《すい》炎で倒れ、手当が遅れたこともあって、二カ月間昏睡状態で生死の境をさまよった。

「沼か川みたいな場所で、あたり一面ピンク色の蓮の花が咲き乱れていました。そのまわりをかすみかもやみたいなものがたちこめていました。そのはるかかなたに、亡くなった祖母の顔があるんです。で、私は祖母のところに行こうとしてるんですね。ところが祖母が遠くから私に向かって、『こっちにきてはまだダメだ。向こう岸にかえりなさい』と、大声で叫んでいるんです」

覚えているのは、この場面だけという。

中原さんの祖母は、八年前に九十三歳で亡くなっていた。中原さんを子供のころからよく可愛がってくれたという。

中原さんは、全共闘世代ということもあるが、基本的世界観は唯物論的で、神とか宗教は昔から毛嫌いしているほうだという。だから、この体験も「単なる夢か幻覚みたいなもの」と考えている。

中原さんにおばあさんの話をいろいろうかがっていると、

「実は、出てきた祖母のイメージというのが、この写真そのままなんです」

といって、大きな額に入った写真を出してきた。

「この写真が、私が寝起きする部屋に飾ってあって、それをいつも見ていましたから、それでこれが夢の中にでてきたんじゃないかと思うんです」

という。祖母の声ははっきり聞いたが、祖母が口を動かしてしゃべっているのを見たわけではない。写真そのままのイメージで、全く動かなかったという。

写真のイメージがそのまま出てくるということになると、それはあの世からの呼びかけとは考えられなくなる。そう考えて、それから体験者にインタビューするごとに、その人が臨死体験中に、誰か人に出会う体験をしたと聞くと、その人はどういう姿をしていたか、その姿はかつて写真などでみたことがなかったかということをしつこく聞いてみた。

しかし、中原さんのようにスチール写真そのままの動かない映像が出てきたという話は、他からは出てこなかった。体験の中で誰かと出会う場合、その人が動きかつしゃべるというのがむしろ普通である。そして、全く見たことも聞いたこともない人に出会ったという体験も珍しくない。だから、片山さんや中原さんなどの例を根拠に、臨死体験で見るものは過去の記憶のよみがえりであるなどと結論づけたりするのは早計である。

死にそうな自分を見ている自分

もう一つ別の医者の体験を紹介しよう。東京田無市の開業医、松本武さん（五十九歳）のケースである。

昭和二十六年、横浜医大（現横浜市立大学医学部）を出て、医者になったばかりだった松本さんは、重い結核にかかり、同大病院で肋骨切除の手術を受けた。

「肋骨切除というのは、肋骨を切ることによって、肺に圧迫を加え、結核の病巣の空洞をつぶしてしまおうという発想で、当時、アメリカから入ってきたばかりの医療法で、日本ではまだ実験的医療の段階だったですね。横浜医大でも、ぼくの前に二、三例あるらしいけど、生存例はぼくが最初になるらしいですよ。ぼくの場合、四本切って、まだ足りないというので、さらに三本切って、七本切除しました。切ったあと、胸部を圧迫して出血を止めるために、胸の上に砂袋をのせて絶対安静にしていなければならない。しかし、そうなると、看護婦さんにおしっこを採ってもらわなくちゃならない。それがいやでね、若かったし、同じ病院だったから、看護婦さんをみんな知ってるわけですよ。それで、自分で勝手に砂袋をとってトイレに行ってしまったわけです。おしっこをしたところまでは覚えてるんですが、そのまま意識不明になってしまいました。後でわかったんですが、胸部内で大出血したんです。そのまま四日間意識不明でした。毎日大量輸血をつづけて、今日意識が回復しなければもう絶望だというときになって、やっと意識が回復して助かったわけです」

　この間の意識不明中に臨死体験があった。

「病室の天井のあたりから、下を俯瞰《ふかん》する形で見てるんです。ベッドの上には、若い顔色の悪いやせた男が死にそうな様子で横たわっている。それが自分なんですが、そのときはまだ、自分で自分を見ているということに気づいてないんです。医者の卵ですから、客観的に患者の様子を観察して、これはどうも助かりそうもないな、なんて考えている。患者のそばでは、白髪のおばあさんが泣いている。泣きながら何かいっている。よく聞いてみると、『お前も私をおいて先に死んじゃうのかい』なんていうことをいっている。そのおばあさんをよく見ると、それはぼくの祖母なんです。あれえと思って、患者をよく見ると、それが私なんですね」

——それじゃあ、びっくり仰天。

「そう思うでしょう。ところが、そうじゃないんですね。別に驚きも何も感情的な反応がないんです。すごく冷静に第三者的に見ている。当事者として見ていない。テレビか映画をさめた目でみている感じです。ただひとつ感情が動いたといえば、おばあさんが泣いていて可哀想だなという気持ちです。それはぼくのおばあさんのわけです。そのときぼくの両親はすでに死んでしまっていたので、おばあさんが母親がわりをしてくれていて、そのときもずっと看病をしていたわけです。おばあさんにとっても、ぼくが唯一の身よりで、ぼくの母である娘に死にわかれ、いままた孫とも死にわかれて、一人ぼっちになってしまうのかと思って泣いていたわけですね。それでぼくは、『おばあさん、大丈夫だよ。僕は死なないよ』と一所懸命話しかけたわけです。だけどそれがおばあさんには聞こえない。それで、天井の高いところからだんだん降りていって、おばあさんに近づいていった。『おばあさん、死にはしないから大丈夫だ』といいつづけてね。その声が自分に聞こえたんです。そしたら意識を取り戻していた」

——そのとき、ベッドの上の自分はどうなってるんですか。

「それはそのままそこに寝てるわけです。そして、おばあさんに近づいていくということは、そこにある自分の体に近づいていくということでもあるんですね。おばあさんに近づいていくに従って、自分の姿がどんどんクローズアップされてきて、それを見ている自分と、そこにある自分の体との区別がつかなくなって一体になったときに意識を取り戻したという感じですね」

——一体になる前の、見ている自分のほうはどうなんですか。肉体はないにしろ、何か姿はあるんですか。

「それはないですね」

——じゃあその何というか、いわば視点だけ。

「そうです」

ここは体験者によって説がわかれるところである。自分に何らかの姿があったという人もいるが、視点だけしかなかったという人もかなり多い。前出の中原さんもそうだったが、彼は面白い表現をした。

「テレビカメラを正面に向けてどんどん前方へ歩いていったときの映像を見ていると、まるで、自分が前に進んでいるような気がしますね。そういう映像をみている感じで自分が動いていくんです。自分がカメラのレンズになったみたいなんですね」

体験中の自分に姿があるのか、それとも自分は視点としてしか存在していないのか。これは臨死体験とは何かを考える上で、一つの重要な手がかりになると思うので、後にまた考察することにする。

天井から見たおばあさんのハゲ

松本さんの体験に話を戻す。結局、松本さんの体験は体外離脱体験にとどまっていて、そのあとトンネルに入るとか、まばゆい光を見るといった体験はない。

体外離脱体験の場合、本当に何か（それが魂であるかどうかは別として）が肉体を離れて自分自身を見るのか、それとも、肉体を離れたという感覚が生じるだけで、実際には何も離れていないのかという問題がある。

これは臨死体験においても、最も激しく議論がわかれるところなので、体外離脱をしたという体験者には、そこのところを丹念に聞くことにしている。

この点についてただしたところ、松本さんは、そのとき確かに自分は肉体の外に出ており、天井近くの高いところから下をみていた証拠があるというのである。

「実は、上から下を見下ろしているとき、おばあさんの頭のテッペンにハゲがあるのを見つけたんです。明治時代の女の人はハイカラといって、髪を頭のてっぺんによせて強くしめあげ、小さいまげを作り、そこにかんざしをさしたりする髪型をよくやったんです。だけど、これを長くやってると、頭頂部の髪のところに力がかかりすぎてハゲになることがある。うちのおばあさんもそれだったんです。それまでそんなこと知らなかったんですが、そのとき上からおばあさんの頭を見下ろしていたもんで、そのハゲが見えたわけです。それで、病気が回復してかなりたってから、そのことをふと思い出して、『そういえば、おばあさん、頭のまん中にハゲがあるね』といったんです。すると、おばあさんがキッとなって、『どうしてお前はそんなこと知ってるんだ。見っともないから、誰にもわからないように隠していたのに』というんです。『すぐ近くの真上からでも見なければ絶対わからないようにしてある。お前にみせた覚えはない』といわれました。それを聞いて、そうか、やっぱり自分はあのとき本当に上から見おろしていたんだと思ったわけです」

さてこれが、体外離脱がリアルな離脱体験であるという証拠になり得るだろうか。信じやすい人にはこれでも十分な証拠になるだろうが、懐疑的な人は、これでは納得しないだろう。松本さんとおばあさんがそれだけ近い関係であったのなら、何かの拍子に、偶然おばあさんの頭のてっぺんをすぐ近くから見る機会があって、そのときそれを見たという事実は忘れたけれど、潜在意識の上ではそれが記憶に残っていたのではないかとも考えられるからである。

結局この問題は、本当に体外に離脱しなければ見えないものを体験者が見たかどうかがポイントになる。とはいっても、個々のケースを具体的に検討してみると、この例に見るように、体験者の証言を本当にその通り信じていいのかどうか迷うケースが少なくないのである。自分は、どんなに懐疑的な人も信じざるを得ないケースに出会ったことがあると主張する研究者もいる。しかし、それを他の研究者、あるいは私のような取材者が、後から行って追試できるような客観的証拠がいまも残っているかというと、たいてい残っていないのである。たとえば、この松本さんのケースにしても、では我々がこの話のウラをとるために、松本さんのおばあさんを取材して、そのときどうであったかを語ってもらえるかといったら、もうおばあさんは亡くなっているので、それはできない。

結局、この例の場合、松本さんの話をどれだけ信ずるかということになってしまうが、松本さんが人間的にウソをつくような人柄ではないというところまでは信じられても（松本さんを直接知らない懐疑的な人はそれも信じないというかもしれないが）、先に述べたように、本人は忘れていても潜在意識に残っていた記憶という仮説がでてくると、それを否定することは困難である。

魂が抜けて母の実家へ

もう一つ別の例をあげてみよう。秋田県の伊藤貫次郎さん（建設労働者。五十六歳）のケースである。

伊藤さんは、昭和四十三年に建設現場で、土留めの杭を抜くときにウインチのワイヤーロープがきれ、それにはじきとばされて、首の骨を折るという重傷を負った。その傷害で、それから今日にいたるまで二十余年にわたって、病院で寝たきりの生活をつづけている。いまでも首から下が麻痺していて、下半身は針を刺されてもわからないという。首を折ってすぐ気を失い、そのまま一週間くらい意識不明だったが、そのときのことは何も覚えていない。

それからさらに一週間ばかりして、急に高熱が出て、また二、三日間意識不明になった。高熱の原因は、首の骨が折れたことによって広範な神経障害が出たこと、特にそれによって起きた腎臓の機能不全が大きいという。

この意識不明の間に臨死体験をした。

「なんというか、全然この世にないようなところへいったという感じの、なんというか夢みたいなものなんですね。まず第一番に野原があって、花畑だ。一面みな白。菜の花のようなそうでないような白い花がずっとどこまでもつづいている。端がどこにあるかわからないような広さだ。そこを歩いていくんだけども、自分の腰から下がわからなくて、フワフワ浮かんでいるような感じで、行っても行っても行きつけねえ気がする。そのうち川筋が見えてくる。川の向こうもまだずーっと花畑になってるんだね。それで青空がある。これが普通の青空とちがって、なんともことばにあらわせない青なんだね。川の向こうに、親とか親戚とか、自分が巡り合った人がいる。ひいじいさんや、ばあさんなんかもいた。それがみんな手を振って、こっちに来いっていって手招きしているんだ」

このときは、これだけで意識を取り戻した。それから五、六年して、再び高熱を発して昏睡状態におちいった。

「それでまた前と同じような情景が出てきたんだよね。菜の花のような花畑がずーっとつづいているし、雲ひとつない青空も同じように一面に広がっている。そこをやっぱり体に足がついていない感じでドンドン行くと、また川があって、またひいじいさんやばあさんがならんで手招きしている」

まったく同じ体験が二度くり返されることもあるのである。

この後も、高熱を発して数時間にわたって昏睡状態になるということが、何度か起きた。そのとき、今度は体外離脱がはじまった。

「今度は空を飛んでしまうんだね。飛んで自分の家に行くんだけど、家が新しくなってしまっていて、自分が全然住んだことのない家だから、中に入れない。入る道がない。それで、飛んだまま家のまわりをまわって、近くにあった松の木の枝の上に座って家の中をながめたけれど、何も見えなかった。そういうことが二度もあった。どうにも入れないもんで、次のときは、母親の実家にいった。そっちは何百年もつづいた古い家だったから、中に入っていけるんだね。それで、家の中へ入って仏さん（仏壇）の鉦《かね》を叩いたりした」

――どうやって入るんですか。

「玄関からは入らないで、天井の欄間のところから入る。その入るときに欄間をあける音が家の人には聞こえていたらしいんだね」

——えっ、家の人に聞こえていた。

「そうらしいんだね。次の日、向こうから病院に電話がかかってきた。来たらしいなって。欄間あける音がしたんでわかったたって。どっか悪いのか、苦しくてきたのかっていうから、いや、大丈夫って答えた」

——それ誰なんですか。

「じいさん」

——欄間をあける音って、どういう音なんですか。

「バジャバジャっていう、風で荒れたような音だね」

——欄間から入って、家の中をあちこち飛びまわったんですか。

「いや、ただ天井裏をまわって、それから仏さんのところへ降りて、それだけだね」

——向こうで来たのを感じたといっても、何か姿を見たわけじゃないでしょう。何で来たってわかるんですか。

「やっぱし昔の人なら、魂が来た、魂が来たというじゃないですか。何かわかるんじゃないですか」

——それで、伊藤さんのほうでは、それをどう解釈したんですか。やっぱり自分の魂が本当に行ったんだと——。

「やっぱりそんな気がしたね。向こうから電話がかかってきたからね。こっちからは何もしらせてないんだよ。向こうからかかってきた。それと、普通に見る夢とちがうのはね、そうやって行って帰ると、体が疲れてすごく苦しくなって、先生に注射打ってもらったりした。普通の夢ならそういうことは全然ない。それから、夢ならすぐ忘れるけど、これは忘れようとしても頭から離れない」

——すると伊藤さんとしては、魂というものがあって、人間死んだら、魂が肉体から離れると——。

「あんまりそういう風にも考えないんだ。死ねば焼かれて、灰が塚に葬られてそれで終わりじゃないかと。昔のように土葬だったら何かあったかもしれないけど、火葬だと焼かれて煙になって、あとはゴミになってしまう。宗教とかそういうのはわし全然信じてないから」

——でも、実家をたずねたのはやっぱり自分の魂だと——。

「やっぱり体から何かが抜けてあっちに行ったんだろうと思うね」

まるで、民話の中にそっくりそのまま出てきても不思議ではないような話である。ともかく、にわかには信じがたい話で、伊藤さん自身も、この体験をどう解釈してよいのかとまどっている様子がありありだが、問題はまず、この体験の実家への訪問が伊藤さんの幻覚ではなく、本当に客観的にあったことなのかどうかである。この点に関しては、今度は伊藤さんの来訪を感じて電話をかけてきた祖父という関係者がいることだから、あるいはウラが取れるかもしれないと思ったが、とっくに亡くなっていた。しかし、その祖父の連れ合いだった祖母がまだ生きているから、あるいはその話を覚えているかもしれないという伊藤さんの話だったが、電話をしてみると、もう八十歳をすぎて寝たきりになっており、とても話をきける状態ではないというので、取材は打ち切りになった。

伊藤さんという人は、東北人の典型のような実直かつ純朴な人柄で、会ってみれば作り話をするようなたぐいの人間ではないということがすぐわかるが、かといって、全くウラがとれないままで、伊藤さんの言葉だけで、さあ信じて下さいというわけにもいかない。懐疑的な人がこういう話を聞いても、祖父が聞いたのは、単なる風による欄間のきしみで、それと伊藤さんの夢が一致したのは単なる偶然だといって片づけてしまうだろう。

このように、体外離脱に関しては、ウラは取れないが、体験者のことばをそのまま信じれば、不思議きわまりないという話は、他にもいろいろある。この問題については、もう一度先に進んだところで詳細な考察を加えることにして、話を先に進めよう。

生命エネルギーは不滅か

松本医師の話で、もうひとつふれておきたいのは、彼がこの現象をどう解釈しているかである。

「体験した当座は夢だと思ってましたね。だいたいぼくは医者だったから、魂だの死後の世界だのって話をしたら笑われる世界にいたわけです。だけど、考えがハゲの一件に及ぶと、どうも夢じゃないなと。夢では見るはずがないものを見たと」

――そのころは唯物論的世界観を持ってらしたんですか。

「いや、実をいうとキリスト教徒だったんです。ただかなりいいかげんなところがありましてね、人が死んで天国にいったあとはどうなるんだろうとか、そういうことを考えだすと、キリスト教の教えにも半信半疑というところがありました」

――いまはご自分の体験をどう解釈してらっしゃいますか。

「だいぶ本なんかで臨死体験のことを読みましたんで、そうか、自分の体験もそれだったんだなと。そして、川とか花とか見ていないわけですから、そのごく初期段階のところで止まったんだなと」

――臨死体験や体外離脱の解釈に二つありますね。魂の離脱説と脳内現象説と。どちらをとりますか。

「ぼくはいまこう考えてるんです。人間というのは、肉体という物質だけで生きてるんじゃありません。生命のエネルギーがあってはじめて生きる。そういう生命エネルギーの主体を魂というなら、人間というのは、肉体と魂が混然一体となって生きているものだ。それが死んだらどうなるか、物理学の第一法則はエネルギー不滅ということです。エネルギーは突然発生することもなければ、突然消滅することもない。だから人間が死ぬときも、その生命エネルギーが消滅してしまうということはない。形をかえてどこかに存続しているにちがいない。それを魂と呼ぶかどうかは別問題として、何らかの生命エネルギーの存続はある。釈迦が生命は永遠だといったのは、その意味だろう。そしてさらに考えてみると、生命エネルギーの根源というのは動物、植物を含めて食物だ。そして、動植物のエネルギーの根源を考えると太陽にいきつく。太陽のエネルギーの根源は宇宙だ。結局、全宇宙を満たす巨大なエネルギーの流れの中に人間もいる。人間の生も死も、その大きなエネルギーの流れの中の形態変化でしかない」

こういう考え方というのは、実は臨死体験解釈の新しい流れとして、欧米では最近よく聞く発想である。詳しくはまた後で紹介することにするが、エネルギー不滅の法則というのはたしかにある。そして、物質もエネルギーの一形態とみなすことができるから、全宇宙を一つの巨大なエネルギーの流れとみるエネルギー一元論もたしかに成り立つ。そして、あらゆる生命体もそのエネルギーの流れの中にあるということも事実である。ここまでは正しい。その流れの中で、個別生命体の持っていたエネルギーも形を変えて存続していくという考えも正しい。しかしそれが、何らかの形での魂の存続的なものを意味するかといえば、そうではない。生命体が死んで分解するとき、そのエネルギーの大半は熱エネルギーに転換して周囲の空間に拡散してしまうはずである。生命体が存続していたときに持っていた個別性はその段階で失われてしまう。そういう形でエネルギーが存続しても意味がないではないか。臨死体験は個別生命体が個性を保持したままで体験する体験であるからこそ、魂の体験説が出てくるのではないか。エネルギーが拡散して個性が失われてしまったら、それを誰々の魂などとは呼べないではないか。――こういう疑問が生じてくるので、この理論もにわかには首肯できない。

この問題については、また後でふれることにして、もう少し先に進もう。

三つの夢と一つの「奇妙な事態」

医者の臨死体験例をもう一つ紹介する。

広島の開業医、松尾公三さんの体験である。「暮しと健康」（昭和四十年九月号）にのった長文の手記「爪跡」から引いてみる。これはきわめて長文なので、要約しながら紹介する。

松尾さんは原爆の被爆者である。原爆が落ちたとき、西部第二部隊九中隊の幹部候補生として、爆心地からわずか一キロの地点にいた。

「背中の焼けつくような熱感。手をやってみると、何とカーキ色の上衣が焼けて、きなくさい煙を出している。あわてて上衣をぬぎ、くすぶっている火を消す。痛いので背中に手をやると、つるりとうすい皮がはげた。火傷だ。首も両手もひどい火傷。首は一面に第二度の火傷でずるずると皮がはげる。両手も同じ」

ようやく近くの川の河原にたどりつき、水を飲むと倒れて動けなくなった。ときどき水を飲むだけでそこに三日三晩ひっくり返っていた。あたり中に同じような負傷者がごろごろいて、「水をくれ」「痛いよう」「苦しいよう」と呻き声をたてている。うなり声がやむと死体になっている。救援隊がきて、死体を集めてガソリンをかけて焼いている。

「三日目になると全身の倦怠感、熱感が出てきた。首の回り、手や背の疼痛、うずきもひどくなる。火傷、これに伴う混合感染による化膿、此れだけでも熱発の原因になる。少し寒気がする。いよいよ危いか。あまり水も呑みに行きたくない。首の回りはあかと土と髪の毛と膿で固い痂皮《かひ》ができているがその下から、膿がたれる。たれた膿はまたあかと土で固まる。全く首がまわらない。頭がぐらぐらする」

五日目になってようやく家族と連絡がつき、翌日、陸軍病院に入院した。目と鼻と口のところだけ穴をあけ、あとは顔全体が包帯でグルグルまきになった。そのとき、耳を洗滌してもらうと、右の耳の中から、うじ虫が二匹洗滌水といっしょに出てきた。

左の耳は化膿が軟骨に及び、軟骨膜炎を起こしていた。するどい歯を持った小さなアリが耳の中にいて軟骨をガシガシとかじっていくような疼痛がいつまでもつづいた。毎日耳からぐじゅぐじゅ膿が出た。

原爆症特有の脱毛がはじまった。数十本ずつ束になってごそっと取れた。鏡を見たかったが、誰も見せてくれなかった。白血球数は常人の十分の一に落ちていた。

終戦翌日の八月十六日から原爆症はいよいよ激しくなり、三十九度を越す熱、悪寒、頭痛、関節痛などがあり、リンゲル液皮下注射と輸血が毎日つづけられた。

「しかしいっこうに熱は下がらない。四十度近い熱がつづく。発熱後四日目の夜、遂に脳症を起こす。天井がぐるぐる回る。白いベッドシーツの上に小虫がはう。こんなはずはない。しっかりしろ。目をすえてよく見ると、天井は動きを止め、動いていた小虫はゴミやたばこの灰になる。しばらくすると、また天井がぐるぐる回り、シーツの上のゴミが、小虫のようにはい回る」

こんな一夜をすごした翌朝、看護婦さんがやってきてリンゲル注射器の太い針をズブリと左の大腿部に刺したところまでは覚えているが、あとはそのまま意識を失ってしまった。このあと七時間にわたって人事不省状態におちいり生死の間をさまよう。この間に松尾さんは臨死体験をした。体験は三つの夢と一つの「奇妙な事態」とからなっている。

三つの夢は、いずれも知人の死を目撃する夢である。まず友人の死。

「深い深い井戸の中に落ちこんで、はるか上のほうに小さく明るい口が見えるが、とても上がれそうにない。上がろうとしてけんめいになるが、足場がすぐくずれ、何回上がろうとしても、どうしても上がれない。『助けてくれ』と大声で叫んでも、その声は山彦みたいに自分に返ってくるだけで、反応はない」

そういう絶望感にさいなまれながら、友人は力つきて死んでいった。

次は従兄弟の死の場面。

「戦争、それも戦国時代の鎧《よろい》、兜《かぶと》の戦争で、近づいてきた馬上の侍に、大きくよくとがれた陣太刀で、あっという間にすぱっと首を切られ、血しぶきが数間も飛んで血だらけになった」

次は自分の兄弟の死。

「船が台風で難破して海上を漂流し、大波にもてあそばれ、そのたびに塩からい水を飲み、泳ぎを全く知らないで、バタバタ手足を動かしながら、大波で海底に沈んでいった」

三つとも非業の死である。この三つの場面を目のあたりに判然と見たという。

「これらの死の場面を遠望したのではなく、すぐ前で見ており、しかも完全な第三者的立場で眺め、死んだ人は私の姿を意識した形跡は全くない」

という。この三つの死は、どれも事実では全くない。このとき死んだと見えた三人、いずれもそのとき生きていた。その後三人がこのとき夢に見たような死に方で死んだということもない。

ということは、結局、この夢は、松尾さんがこの当時持っていた死への恐怖心が作りなした幻覚というほかないだろう。

この三つの他者の死を目撃する体験のあとに、今度は自分自身の体験がやってきた。

「私はそのとき、ちょうど一寸法師のように小さくなり、小さい笹舟に乗って、岸にススキの生えた川を流されており、その川がまさに大きい海に流れこまんとする所まで流されていた。川底は白い真砂がきらきらと光っており、海辺から小さい波がざわざわと打ち寄せてくる。ススキの葉がザワザワと鳴る。

私の乗っている小さい笹舟がまさに海に流れこまんとしている。『助けてくれ、海に流されて死んでしまう』。いくら叫んでも、だれも相手にしてくれない。

だれかが近寄ってくる。その足音がだんだん近くなる。『おれだよ』『ここに居るんだよ』、いくら叫んでも気がつかない。その人は、私の乗っている小さい笹舟のすぐそばにきて止まった。見上げると、その人の足がすぐ近くに見える。『ああ、どうして気がつかないんだ』『おい、ここだよ』。手を伸ばそうとするが十分に伸びない。起き上がろうとしても、すぐ倒れる。その人の足にさわったと思っても、空をつかんでいる。いくら手を伸ばしても、その人にさわれない。

こんな状態がどれだけ続いたか見当がつかないが、かなり長かったように思う。そのうちその人はようやく気がついて、『しっかりしろ』『これにつかまれ』と手を伸ばしてくれた。しかし、いぜんとしていくら手を伸ばしてもその人の手には届かない。『手をかしてくれ』『この手につかまれ』しばらくそんなやりとりをしているうちに、意識を取り戻した」

この松尾さんの体験は、珍しい体験である。原爆被爆者の体験だから珍しいというのではない。体験内容の暗さが珍しいのである。

ネガティブ体験の捉え方

普通の臨死体験では、体験者は心理的にハッピーなのである。何ともいえない心のやすらぎ、心地よさ、満足感、幸福感、くつろぎ、解放感といったものを報告する人がほとんどである。一言でいえば、いい気持ちなのである。恐怖、不安、不快感、あせりといったネガティブな感情は普通はないのである。

NHKの番組の終わりで、私はこの番組を取材しての感想を次のように述べた。

「もう一つ私が印象深く感じたことは、体験者たちがすべて、この体験を語るときに、そこに何か恐ろしいものがあったという人は一人もなく、むしろ、それは素晴らしい体験であった、自分たちの人生を根本から変えるような体験であった、あるいは、この体験のあと、死を恐れることがなくなった、とすら語っていることです」

これに対して、何人かの視聴者から、そんなはずはない、恐ろしい体験をした人もいるのではないかという手紙をもらった。なかには、自分の体験を書いてきた人もいる。

●Y・Fさん(山形市。五十歳)は昭和四十八年に長男を出産するとき、帝王切開の手術中に急に血圧が下がって、そのまま意識を失った。

「息子のオギャーという産ぶ声と、『血圧を測って!』『六〇、四〇です』という医者と看護婦のやりとり、それにバタバタと人の走りまわる足音をおぼえています。私の体が上から下へだんだん冷たくなっていきました。冷たさが、胸、胴、ひざと下がっていき、このまま足の先まで冷たくなったら、自分は死んじゃうんだと思いました。それから、とても美しいオレンジ色の世界に入っていきました。広々とした景色の中を飛んでいました。ふと右側を見ると、家具のようなものが配列されていました。と次の瞬間、グリーンの世界へと画面が変わり、そのあとテレビのチャンネルを切りかえたときのように、二つの世界の画面がパッパッと何度も切りかわりました。一つの世界では、画面いっぱいに何だかよくわからない物体が沢山あり、それがグルグルまわりながら自分に迫ってきて押しつぶされそうになります。もう一つの画面では、トンネルのような大きな空洞がまわりながら迫ってきて、そこに吸いこまれるような感じになります。そのとき、そこに吸いこまれたら死ぬんだと思って、そこに吸いこまれないように、声を出して必死に念じました。そのとき心の中は、死に対する恐怖と無念さでいっぱいでした。無念で無念でならないという思いは、いまも消すことができません。意識を取り戻して開眼したとき、生き還ったんだ！　という思いで涙が止まりませんでした。

立花氏は、死を迎える人は幸福な思いで死の世界に行くとおっしゃいましたが、そうなのかなあ、と私は思います。私の体験からいうと、死にいく人の思いは無念の思いなのではないかと思うのですが……」

たしかに、すべての臨死体験者がハッピーな思いをしたというのは正しくない。数は圧倒的に少ないが、ネガティブな思いの体験者もいるにはいるのである。

もっとも、ネガティブといっても、いろんなタイプがあり、いろんなグレードがある。単純にネガティブといいきれないケースもある。いずれにしても、死に対する強い恐怖心をかきたてられて、それ以後、死ぬのは絶対いやだと思うようになったという強いネガティブのケースはほとんどないのである。

先の松尾さんにしても、内容的にはかなりデスパレートな体験と見えるが、本人は、「死への恐怖はありません。あんな風に死ねるのなら、死は恐くありません」とはっきりいいきっている。

あるいはこれは、松尾さんが、

「私は唯物論者で、死後の世界とか、魂の存在といったものは信じません。人間は死ねば、単なる無機物、有機物のかたまりになると思っています」

といいきれる人だということに関係するかもしれない。死後の世界とそこにおける魂の存続を信じている人がデスパレートな臨死体験をしたら、自分の魂は、これから永遠に死後の世界でデスパレートな状況を生きつづけなければならないと思って、沈鬱になるだろう。死後の世界はないと信じている人なら、デスパレートな状況も一瞬のイメージ体験にすぎないということで、受け入れやすいのかもしれない。

「苦」のない地獄

幾つかのネガティブ体験を紹介して、ネガティブ体験について考えてみよう。どのケースも百パーセントネガティブというわけではない。先に述べたように、百パーセントネガティブというケース、たとえば地獄の業火に焼かれる体験をして、死への恐怖でいっぱいになったというような体験は、外国の文献には若干例の報告があるが、日本ではいまのところ見つかっていない。とりあえず、臨死体験一般に広く見られるハッピーな感覚がないという意味のネガティブ体験を拾い出してみる。

●市川清美さん（川崎市。三十九歳）

　昭和五十四年に交通事故で頭蓋骨骨折。硬膜下血腫。脳挫傷。両下肢打撲で、三週間意識不明だった。十中八九は助からない、万が一命を取りとめても植物状態になると医者はいったが、奇跡的に回復した。

「三週間の意識不明のうちのどこでその体験が起きたのかわかりませんが、一種の臨死体験と思われるものを体験しました。私のは川も出ませんし、お花畑もありません。仏や神の姿もなければ、明るい光もありません。ただ、ただ暗いのです。暗い中に自分がいます」

　ここまで読むと、これはいかにも暗い暗い体験のように思われるかもしれないが、さらに読み進むと、そうでもなくなってくる。

「しかし闇は閉じた闇ではありませんでした。息苦しさや狭苦しさを感じさせる闇ではありません。闇を見つめる私の心はおだやかで、それでいて自身が死にいく立場にあることを認識しているのです。悟りの境地の何たるかは知りませんが、それがピッタリの気持で闇を見つめているのです。時おり誰かの話し声が聞こえますが、何と言っているのかわかりません。そのうち『これで死ぬのならそれでも良い……』という声がきこえました。……の部分、『良いよね』だったか、『良いじゃないか』だったか、思い出せま

せん。それに対して私は、

『私はこれ迄、生きたい様に生きてきたから（これで死んでも）良いよ』

とハッキリ答えました。で気がついたら、病室でベッドの上に横になっていました。

あのとき私は、自分を第三者的に見ていたわけではなく、自身が死んでいく身であることをはっきり自覚していました。そして、自分自身の死を受け入れたら、意識が戻ってきたのです。

お花畑も川も神も仏も無い、ただ真っ暗闇の無の世界が私の見た死の世界です。ただし心はやすらかで一切の苦のない開かれた世界でした。私はそんな死の世界をかいま見てから、死ぬ事を恐れなくなりました。私は死ぬ時、どんな人よりもジタバタせずに死ねると思います」（傍線原文）

ここまでくると、これはネガティブな体験というよりは、進んで虚無を受け入れんとするニーチェ的な意味でのポジティブ体験といってよいだろう。

次のT・Tさん（東京都目黒区。七十八歳）の体験も、体験内容は暗いが、その解釈によって、ネガティブなものがポジティブなものにかえられている。

T・Tさんは十八歳のときに腸チフスを患い、高熱が一カ月間つづいた後、肺炎を併発し、意識不明となり、医者は家族にもう駄目ですと宣告していた。体験はそのとき起きた。まず、ベッドの上で、病室の壁面、天井から伸びてくる無数の紐か糸のようなもので全身を縛り上げられ、ぎゅうぎゅう引っ張られ、筆舌につくせない苦しみを味わわされるという幻覚を持った。次いで、今度は突然、暗い暗い鉱道《(ママ)》のようなところに引き入れられて、そこをずっと歩いていった。すると向こうのほうから二年前に死んだ姉が鉱員が使うような龕燈《がんどり》をぶら下げて、

「チーちゃん、チーちゃん」(T・Tさんの呼び名)

と呼びながら近づいてきた。不思議なことに、画面全体はモノクロなのに、龕燈の先だけは赤く光っていた。

T・Tさんは、これは多分、地獄をかいま見た体験だろうと解釈している。しかし、それで死の恐怖を抱くようになったかというとそうではない。

「あの世に行くと亡くなった家族が迎えに来てくれるから、会いたい人に会うこともできるし、死ぬ前はひどく苦しいけれども、意識を失って死に入れば、何にも苦しいことはないので、死を心配することはないし、死を一寸も恐れることはなくなりました」

驚きと恐怖から安らぎと静寂へ

ネガティブな世界とポジティブな世界を行き来した人もいる。

東京田無市の小西玲子さんである。彼女は二十五年前に胸椎血管腫瘍の摘出手術を受けたが、出血多量のため、摘出をできず、また縫合してしまった。しかし、体内出血がつづき、昼夜連続の大量輸血が行われたが、何度か昏睡状態に陥った。体験はそのとき

起きた。

「幅一・五メートル程の暗い水路のような中に、白いドレスをまとい手を胸に組み静かに水に浮いていました。音もなく水の冷たさも全く感じませんでした。とても充たされた、安らかな気持ちでした。どの位そうしていたでしょうか。ふと気付くと私の前後に同じように静かに横たわっている人がいました。やはり白い着物を着ているのは判るのですが、何故かその人たちの顔の部分は、暗い水の中に溶けてしまったように、見えないのです。そしてそれまでは気付かなかったのですが、私も彼らもほんの少しずつ一定の方向に流されているようでした。

そのうちに流れの先端の人からまるで穴の中に吸い込まれるように視界から消えていくのです。私はそれまでの安らかな気分から一変して焦りました。このままではやがて私も何処かへ陥ちてしまう。ここから脱けださなければ。でも手足に全く力が入らないのです。もがきました。そしてもう直ぐ私の番という寸前にフワーと身体が浮き上がったのです。そして無重力状態の中でこわごわ周囲を見廻すと先程までの闇の世界から明るい春の世界に変っていました。

淡い春霞がかかったように一面に薄絹が天女の羽衣のようにたなびきそれはそれは美しい眺めでした。足元を見るとそこには色とりどりの小花が咲き乱れその中程に一本の径がゆるやかに何処へともなく続いていました。何とも云えぬ幸せな満ち足りた気分でした。これ程静かで落ち着いた気分はそれまでの私の生涯には一度もありませんでした。

薄絹の中を宇宙遊泳のように手足を動かしながら白く細い径の先を見るとそこにぼんやり人影があることに気付きました。誰かしら。ふわりふわりと近付くとその人は裾の長い白い着物をまとい両手を後ろに組みニコニコと笑いかけています。おじいちゃん？私は思わず声をかけました。その声が聞こえたかどうか解らないのですがその老人は、うんうんと首を動かしながら相変わらずニコニコしています。おじいちゃん、ともう一度呼びかけながら手を伸ばすと次ぎの瞬間その姿はスーと消え、同時に辺りが真っ暗になり私の身体も急に重くなりズズッと落ちたのです。

足の着いた場所は何やら不気味な感触でまるで泥沼のようでした。爪先立ったまま目を凝らすと何とその不気味な闇の中に無数のネズミの死骸が転がっています、元来私はネズミというものに嫌いと云うよりひどい嫌悪感をもっていましたので、おもわずヒィーと声をあげました。おもわず引き抜いた足を次におろす場所がない。無数のこの醜悪な状況からなんとか逃げ出したいと二度三度その汚泥から足を踏み出すことを試みている内に更に悪いことに何時の間にかそのネズミの死骸が人間の死骸に変っているのです。

驚きと恐怖で息を呑んでいますとその中の幾つかはまだ緩慢な動きを見せていました。死体も恐ろしいには違いないのですが、その泥沼に半身をとられながら、もがき苦しむ姿は正視に堪えられるものではありません、その時です。その泥だらけの苦痛に歪んだ手の一つが私の足に絡みついたかと思うとズルズルと泥沼の中に引きずりこもうとするのです。

もうその手を振りほどく気力もなくへなへなと座り込みそうになりながら天を仰ぎました、するとその私の視線の彼方に今まで無限の闇であったはずの一角からスーと一条の光りが延びているのが見えました、諦めかけていた私に不思議な力が沸きズルズルとのめり込みそうになる身体を立てなおし、絡みつく不気味な物体を引きずりながらその光りの近くへとよろめいて行きました。と、目の前に大きな大きな門が建ちその光りは扉の隙間から漏れているのです。

もう一歩で扉に手が掛かると思った時非情にも音もなく扉は閉まり又真の闇に変ってしまったのです。私は有るだけの力を出して扉を叩きました。何度も何度も……。開きません。最後の力を振りしぼった時です。その大きな門が開くどころか私の頭の上にゴーと倒れかかってきたのです、うわぁーと叫びながら両腕で支えようとしたのですがそのままものすごい力で押し倒された時です。急に辺りにざわめきが聞え、我れに返りました」

実に内容が豊かで、実にドラマチック、かつ不思議な体験である。

こうして意識をとりもどしたあとも、小西さんはもう一度昏睡状態におちいることがあった。そのときは、ドラマチックな要素はいささかもなく、「ただ深い安らぎと静寂の中で空中に漂っていた」という。

小西さんは、このとき得た神経障害のために、その後の人生は下半身麻痺の障害者となって今日にいたっている。しかし、この臨死体験のおかげで、心理的には大きなものを得たという。

「死への不安はほとんどありません。むしろ生きている間どれ程の苦しみがあろうとも一所懸命生き抜けば最後にはあの安らぎの境地になれる、そんな保証を得ているような気がします」

と、長文の手記を結んでいる。

臨死体験は、その内容がネガティブのものであっても、このようにポジティブなインパクトをその体験者に与えることができるのである。

第三章　末期の音

医者の臨死体験例をもう少し紹介してみよう。

前東大医学部神経内科教授の豊倉康夫氏（東京都老人医療センター名誉院長）も体験者の一人である。

「一九五六年、三十三歳の夏、扁桃腺炎の高熱の中で実験を終えた後、治療室で立ったまま気楽にペニシリンの注射をしてもらった。注射が済んで間もなく気分が悪くなり、突然激しい目まいに続いて、視界が一面に黒灰を撒いたように暗くなり、みるみるうちに視野が狭くなった。同時に間断のない閃光と耳をつんざく爆発音に襲われ、突然息ができなくなった。そのまま転倒したが、そのとき見た自分の指のチアノーゼをはっきり覚えている。てんかん発作にしてはどうもおかしい。とっさに思ったことは原子爆弾みたいなものが落ちたのではないかという途方もない錯覚だった。しかし、まだそのときにははっきり意識があった。いま意識を失ったらこのまま死んでしまう、なんとしても頑張らなくては駄目だと自分にいいきかせながら、それはもう死の恐怖に対する必死の格闘だった」（医学書院「精神医学」三十三巻六号）

豊倉氏は、ペニシリン・ショックに見舞われたのである。当時、東大法学部の尾高朝雄教授がペニシリンでショック死するという事件が起きたばかりで、医学関係者もその事件を通してはじめてペニシリンでそういうことが起きうるということを知ったところだったが、まだそれに対して臨床現場で的確な対策が講じられていなかったのである。ショックというのは急激な循環不全症で、重篤な場合はそのまま死にいたる。

「遂に刀折れ矢尽き、ああこれで我が一生は終わる。それにしても短い生涯だったなと一瞬思った。それから先が問題である！　なだらかな坂を下るように（決して突然ではなかった）、そして地面に吸い込まれるように意識がなくなったのだが、問題はその短い間に味わった何ともいえない恍惚感（ユーフォリア）のことだ。先ず頭に浮んだのは御茶ノ水の聖橋あたりの光景、結婚後間もなかった河田町の狭い借家の中の様子、あとはただ極楽の花園をさまよい、天上の光を浴びるといったような恍惚の境地だけである。もはや呼吸停止の苦しみも死の恐怖も、一切感ずることはなかった。もし死んでいれば伝えることのできなかった不思議な体験である。倒れてからここまでの時間がどれほどであったのか、その記憶も実感もまったくない」（同前）

簡潔な表現ながら、「恍惚感」、「人生の回顧」、「花園」、「天上の光」といった典型的な臨死体験の要素が登場している。

ここで私が注目したのは、頭の中で爆発音がしたということである。臨死体験における音は、重要な考察対象の一つである。

ムーディの「音」の研究

臨死体験を最初に本格的に研究したレイモンド・ムーディは、『かいまみた死後の世界』の中で、典型的な臨死体験は次のようにはじまるとしている。

「わたしは瀕死の状態にあった。物理的な肉体の危機が頂点に達した時、担当の医師がわたしの死を宣告しているのが聞こえた。耳障りな音が聞こえ始めた。大きく響きわたる音だ。騒々しくうなるような音といったほうがいいかもしれない。同時に、長くて暗いトンネルの中を、猛烈な速度で通り抜けているような感じがした。それから突然、自分自身の物理的肉体から抜け出したのがわかった……」

これはムーディがさまざまの体験者の体験例から共通要素をひき出して構成した、仮想的な典型ケースの叙述である。

このあとさらに、すでに亡くなっている人と出会ったり、まばゆい光をみたりという臨死体験に特徴的なさまざまの体験の叙述がつづいていく。

ムーディは、臨死体験の主たる構成要素として、次の十一要素をかぞえている。

(1)体験内容の表現不可能性
(2)死の宣告を聞く
(3)心の安らぎと静けさ
(4)異様な騒音
(5)暗いトンネル
(6)体外離脱
(7)他者との出会い
(8)光との出会い
(9)人生回顧
(10)生と死の境界線との出会い
(11)生還

臨死体験の主たる構成要素として、何と何を勘定にいれるべきかは研究者によってかなり見解を異にするので、これを金科玉条とはしないでいただきたいが、おおむねこのような要素が入っているものである。ただし一人の人の体験に全部の要素が入っているということではない。人によって、どの要素とどの要素を体験するかはちがう。一つの要素しか体験しない人もいる。

とりあえず、ムーディの要素分類に従って話をすすめてみると、ムーディは、臨死体験の入口に「異様な騒音」があるとする。その実例として、ムーディは、「わたしの頭の中で、ものすごくいやな、ぶんぶんうなるような音がしはじめました」「響きわたるような大きな音でした。ぶんぶんうなるような音といってもいいかもしれません」といった体験者のことばを紹介し、さらに、「カチッ、カチッという大きな音」「ごうごうと燃えるような音」「どしんと物がぶつかったような音」「風のようにひゅうひゅういう音」といった事例もあったと伝えている。

ムーディの研究の基本的な方法論は、臨死体験例を広範に集め、その内容を分析することによって、臨死体験の構造的な特徴を抽出していくというものだった。その分析にあたって、データを統計的に処理するというようなことはしなかった。だから、臨死体験はどのような頻度で起きるのかとか、臨死状態にいたる原因（病気、事故など）と体験内容に関係があるのか、臨死体験の各要素体験の頻度はどの程度なのかといったことは、いっさい論じられていない。体験は常に定性的に論じられ、定量的には論じられていない。その点が、科学者、医学者から批判を招き、なかには、ムーディの研究はエピソード集にすぎないなどと酷評する人もいた。

ムーディ以後の研究者は、このような批判をさけるため、いずれも科学的により厳密なデータを集め、それに統計的処理をほどこすことで、定量的な議論を展開するようになっている。

はるかに多い「静けさ」の体験

最初にそのような科学的研究を行ったのは、コネチカット大学のケネス・リング教授（心理学者。現在、国際臨死体験研究協会会長をつとめている）で、その著『いまわのきわに見る死の世界』（原題 Life at Death）はすでに邦訳されている（講談社刊）。ケネス・リングの研究は、百二名の体験者に対する聞き取り調査をもとにしたものだが、その中で、ムーディのいう「異様な騒音」について、次のように述べている。

「ムーディによれば、多くのニア・デス（臨死）生還者は、自分たちの経験が不愉快な音——風がひゅうひゅう鳴る音だったり、耳の中でぶんぶんいう音だったりする——で予告されたと述べていることになる。しかし、われわれのデータでは、そういう聴覚的現象を裏付ける事例は、ごくわずかしかない、われわれの回答者のほとんどは、そういった特徴を全く思い出せないか、この点についてはっきり説明できないか、どちらかである。なんらかの騒音あるいは音を覚えているというのは、わずか十四人で、その内訳は、コア経験非体験者四人にたいして、コア経験体験者が十人である。また、その人たちが述べている聴覚的刺激があまりにもさまざまで、多くは不確かなことを考えると、それが持つ重要性および正当性は疑わしくなる」

ここでリングが用いているコア経験体験者、非体験者という用語について説明しておく。リングは、独自の調査をもとにして、臨死体験の要素を分類し直し、かつそれぞれの項目に重要性の比重に従って点数をつけ、〝コア経験比重指数〟というのを作った。要素分類と点数は次の通りである。

(1)自分は死んだという主観的実感　1点
(2)安らぎ、気持ちがいいなどの感じ　2〜4点
(3)身体と分離した感じ　2〜4点
(4)暗いところへ入っていく感じ　2〜4点
(5)誰かに会う／誰かの声を聞く　3点
(6)自分の人生をふり返る　3点
(7)光を見る、あるいは光に包まれる　3点
(8)美しい色を見る　1点
(9)光の中に入る　4点
(10)目に見える〝霊魂〟に会う　3点

(2)、(3)、(4)の項目については、その度合いの強さに応じて、2〜4点が与えられる。

点数の合計が六点以上のものをリングはコア経験体験者と呼び、五点以下のものを非体験者と呼んだ。そして、十点以上の人を〝深い体験者〟と呼んだ。

これはあくまでリング独自の分類と点数であり、研究者の間で広く用いられている指数というわけではない。また、コア体験という言葉は、この後も多くの研究者によって

使われるが、それは、必ずしもケネス・リングと同じ意味で使っているわけではない。臨死体験の中核をなす体験という程度の意味あいの曖昧な概念として使っている人が多いから注意していただきたい。

リングの要素体験の分類をムーディの分類と比べてみると、ほぼ重なり合うが、少しずれている。両者をあわせてみると、一般に臨死体験と呼ばれているものの、具体的内容の大枠がわかるだろう。リングの分類による要素別の体験率については、第十一章を参照していただきたい。

ここで問題の異様な騒音に話をもどすと、ムーディは要素のひとつに入れているが、リングは先の理由によって要素から外している。もちろんリングも、そのような体験事実があるということを否定しているわけではない。リングの集めた事例の中にも、さまざまな音の表現がある。

「ものすごい殺到するような音でした。最も近いものは、おそらく竜巻、ものすごい勢いで吹き出る風の音です」「シューッと音がするような……霧が通り過ぎているみたいだったんです」「耳の中にブンブンいうものが入ってるんじゃないかっていう感じでした」「サイレンのような音と、何か木の葉が激しくこすれ合っているような音がしたんです」

しかし、このような音を聞いたという報告は少数で、むしろそれとは正反対に「これまでに感じたことのない最高の静けさだった。なんの音もしなかった」「何もかも静かでした。針が落ちても聞こえるように思いました」と、静けさを強調する体験者のほうがはるかに多かったという。

これは、私の手元に集まっている約三百の症例についてみても同じである。ムーディのいうような異様な騒音を体験している人は、豊倉氏のほかにたったの三例しかない。それに対して、静けさを強調したものは幾つもある。

たとえば前に紹介した小西玲子さんの体験にも、「音もなく水の冷たさも全く感じませんでした。とても充たされた、安らかな気持ちでした。……これ程静かで落ち着いた気分はそれまでの私の生涯には一度もありませんでした。……ただ深いやすらぎと静寂の中で空中に漂っていた」というくだりがあった。

静けさの例をもう一例、福井県小浜市の塚本るみ子さん（四十歳）の例で紹介してみる。塚本さんの体験は、六年前、流産して病院で手術をうけるために麻酔を注射されたときに起きた。

「少し朦朧としてきたとき、突然暗いトンネルの中へ入ったようになり、上へ上へとどんどん登って行きました。暗い先の方に紫色が見え、その次は言葉ではとても表現できない美しい、鮮明なピンク色、ブルー色がみえました。あたり一面がピンク、そして同じくブルー。とても静かでシーンとしており、私の心は大変やすらいでいて気持ちが良く、何て素晴らしい所だろう、ずっとここに居たいと思いました」

塚本さんの体験は、本人もいっておられることだが、そのとき本当に死に瀕していたわけではないので、臨死体験とはいいきれないケースである。しかし、体験内容としては、臨死体験そのものといってよいくらい同質である。

実をいうと、臨死体験の周辺には、死に瀕していない状態でも、臨死体験と同じような内容の体験をしたという報告がかなりあるのである。

そこから、臨死体験とはそもそも何なのかをめぐって、次のような議論が生まれてくる。

死に瀕していなくても臨死体験と同じ内容の体験が可能ということになると、それは、死後の世界をかいま見た体験などとはとてもいえないのではないか。臨死体験というのは、要するに、麻酔薬などの向精神薬の薬理作用によってもたらされる意識の変容状態において体験されることと同質の体験にすぎないのではないか。つまり、それは単なる生理的な体験であって、超越的体験ではないのではないか。あくまでもこの世的な体験なのであって、あの世的体験ではないのではないか。

これに対して、臨死体験はこの世的世界を超越した体験であるとする側からは、真の臨死体験と、臨死の類似体験とは、似て非なるものであり、両者の間には厳然たる質的ちがいがあるという反論がある。

では、具体的にどのようなちがいがあるのか（あるいはないのか）という点をめぐって両者の間に厳しい議論が展開されているが、それについては、また先にいって述べることにする。

音に話を戻すと、臨死体験は一般に音が無い静寂の世界だといったが、といっても、もちろん、すべてが全くの無音の世界というわけではない。むしろ、静かは静かだが、聞こえるものは選択的にはっきり聞こえている状態といったほうが正しいかもしれない。早い話、体験の中で、死んだ身内に出会ってことばをかわすという例がかなりある。そのとき、向こうが語りかけることばは聞こえているのである。しかし、それが、この日常世界において人の声を聞くときと同じように聞こえるのかというと、どうもそうではないらしい。相手のしゃべる声が空気の波動として物理的に空間を伝わってくるわけではなく、頭の中に直接相手の声が聞こえてくるという、まるでテレパシーのような聞こえ方だったという報告が多い。

その他、環境音を聞いている例もかなりある。たとえば、日本人の場合、〝三途の川〟との出会いがよくあるが、そのとき、全く無音だったという報告もある一方、水の音を聞いたという報告もまた多い。野原や花畑に出たとき、鳥の声を聞いたという報告も幾つかある。

変わった例では、僧侶の読経の声を聞いたという報告もある。静岡県磐田郡の増田雅男さん（六十三歳）の例である。増田さんは九年前に心臓の僧帽弁置換手術を受けたが、合併症を併発して、重体に陥った。その間の体験である。

「フト気がつくと、私は川を跨いで立っていた。両岸はとりどりの花が文字通り百花繚乱に咲き誇っていた。上流にマス目の大きな壇があり、斜《ななめ》に区切られており、右側ひな壇には盛装して金無垢《むく》の有帽の僧侶、左側には同じような服装で無帽の僧侶がぎっしりと着座していた。何名ぐらいかわかりませんが、私には数百名か数千名に思えました」

増田さんは、手紙に添えて絵図を書き送ってきてくださったが、それで見ると、僧たちがいるひな壇というのは、きわめて巨大なもので、川の上流のほうに、川の何倍もの大きさで川をまたぐように立っている。ひな壇は、東京ドームの観覧席のように席が何十段にもわかれていて、そこにぎっしり僧たちがいる。その絵図にそえて、〃景色はオールカラーで、まるで今朝がたのできごとのように鮮明に記憶に残っています〃とあった。

「その僧侶の読経（有帽組は念仏、無帽組は題目）が始めは静かに、徐々に声量が拡大され、川を跨いでいる私（その時私の足は右、左と交互に足踏みをしていたようです）に早く決めよという感じでおおいかぶさってきたのです」

という。つまり、お前は念仏側に組するのか、題目側に組するのか早く決めよと迫られているような気がしたが、どちらにしたものか、なかなか決心がつかず、右岸にかたむいたり、左岸にかたむいたりして、左右の足を交互に上げ下げしていたというのである。

これは増田さんがその当時仏教の二つの宗派の間に板ばさみになって煩悶していたというような事情でもあって、それが体験内容に反映したのではないかと思って、直接うかがってみると、そういうことは全然ないということであった。増田さんの家は代々の日蓮宗（念仏ではなく題目のほうということになる）だが、特に熱心な信者というわけではなく、法事を普通にとりおこなう程度という、日本のどこにでもいる葬式仏教徒である。だから、自分でもどうしてあんな場面に遭遇したのかわからないということであった。

増田さんは自分の見たものを、夢、幻のたぐいとは思っていない。あれは一つの現実だったのだと思っている。それは、夢、幻というにはあまりにリアルであったからだ。ひな壇のます目の様子など、今にいたるまで細部をきちんと覚えている。現実の体験でなければ、あれほどの細部の記憶はないだろうという。しかし、だからといってその体験以後、特に信心深くなったということはない。

臨死体験の解釈の一つの立場に、心理学的解釈がある。臨死体験で見るイメージは、夢と同じように、その人の心理状態の反映だとする説である。その人の心の中にかくされた密かな願望、欲求、不安、恐怖などが夢にイメージ化してあらわれてくるように、臨死体験にもそういうものが形象化され具体的イメージとなってあらわれてくるという説である。この説に従えば、天国に行きたいという欲求がその人に天国に行くイメージを見させたということになる。

増田さんの場合、もし、増田さんが見たものが増田さんの心理状態を反映するものであったなら、つまり、増田さんが浄土宗と日蓮宗の間で迷っていたなどという事実があったなら、いかにも、この心理学的解釈説にピッタリのケースだったのだが、そういう事実は全くないということなので、心理学的解釈はこの場合成り立たない。

ショパンのエチュードを聞く

臨死体験中に音楽を聞いたという報告もいくつかある。その場合、具体的にこのような音楽というはっきりした指摘はなく、〝えもいわれぬほど美しい音楽だった〟というような印象的記憶で語られるのが普通だが、なかには、はっきり曲名まで記憶しているケースもある。

長野県諏訪市の宮本幸典さん（五十六歳）の体験である。

「小生二十歳のときでした。風邪をこじらせて咳がひどく、止まらなかったので近くの医師に往診を頼み、注射をしてもらいましたら、確かに咳は止まりましたが、同時に突然呼吸困難に陥りました。そして自分でも分かる程度に、みるみる身体が硬直していくのです。身体がまるで胎児のような恰好でまるまっているのです。医師の、身内や知らせるところがあったらという少なからず焦っている声、父母の狼狽の様子が遠くに聞こえました。ああ俺も一巻の終わりか、それにしてもあっけないものだったナ、とぼんやり考えながら意識が薄れていったようです。そして画面が一転するように小生は、それはみごとな花の原っぱに佇《たたず》んでいたのです。百花繚乱と表現したいところですが、確かに百花は咲き乱れていても、なにかしら寂しい雰囲気でした。しかし、暖かな陽ざしが降りそそぎ、おだやかそのものでした。そして果てし無く広がる花園のかなたに、アズキ色の大きなグランドピアノが輝いているのです。メロディーはショパン、弾き手はいませんでした。ノクターンのようなゆっくりとしたテンポでした。ところが我にかえる直前だと思うのです。そのショパンがエチュードの『木枯し』に変わったのです。実際の曲よりも激しいテンポに聞こえました。嵐のような旋律に目覚めたかのように意識を取り戻したのです。そして『木枯し』のテンポのように、激しく喘ぐような呼吸を繰り返していました。心臓がキリキリ痛みます。十分に息が吐き出せないのです。十分に息が吸えないのです。医師と両親は小生の手足を懸命にマッサージしていました」

宮本さんにうかがってみると、クラシック音楽が好きだったことは確かだが、特にショパンが好きだったわけではないし、特にピアノ曲が好きだったわけでもないという。そして、お花畑の情景はショパンのノクターンよりはむしろワルツがふさわしいものだったという。ここでも、心理学的解釈は必ずしも成立しないわけだ。

話を異様な騒音のほうに戻すと、先に紹介した豊倉氏が聞いたという耳をつんざく爆発音というのは、外国の報告でも聞いたことがない。臨死状態になる原因と、臨死体験の体験内容との間には相関があるという説があるので、これはペニシリン・ショックになった特有の現象ででもあったのだろうかと思って、同じペニシリン・ショックになった、岐阜県高山市の木村いよ子さん（五十六歳）のケースを検討してみた。

「三十三年前のことです、死にかけた原因はペニシリン・ショックです。注射を受けて間もなく、心臓は激しく動き、頭の中で爆発が起きた感じがし、下顎呼吸になったので、『死ぬのだろうか』と自分でも思った。そのときか、その少し前に、私の周囲に何とも言いようのない、いやな気がただよった。それに包まれたといったらいいだろうか、真暗になった（トンネルではなかった）。その闇の空間はじきにまぶしい白光に変わった。意識だけがそれを見ている。目ではなく意識全体で見ているのだとわかった」

「頭の中で爆発が起きた感じがした」というので、爆発音を聞いたのかと思ったら、そういう感じがしただけで、音は聞かなかったという。同じ病因なら同じ現象があらわれるというわけではないのである。

ペニシリン・ショック以外のショック症状で臨死体験をした人もいるが、いずれも異様な騒音の報告はない。たとえば、輸血ミスでショック症状に陥った東京杉並区の仁杉とよさん（六十九歳）の場合である。昭和二十三年、仁杉さんが二十六歳のころ、十二指腸潰瘍と診断されて近くの病院に入院した。入院して二、三日目に、貧血がひどいからということで輸血を受けることになった。

「注射針が入ったとたん、何ともいえずいやなしびれるような感じがしました。『先生、変ですよ』とすぐ申しましたところ、『そんなことないでしょう』といいながら、約二〜五ccの血液が入ったのではなかったでしょうか。たちまち私の体の中にまるで大嵐が起こったようなショックが湧き起こりました。さすがに様子がおかしいと思って、先生は注射を止めました。その時にハッとして、自分は輸血ミスで死ぬのだと判ってしまいました」

仁杉さんの血液型はO型だったのに、B型の血液が輸血されたのである。

「次の瞬間から私は自分がどんどん上空に昇ってゆくことを感じました。自分の体から魂だけが抜け出して昇ってゆくと思ったかどうかは今になるとはっきりしませんが、とにかくどんどんどんどん、上へ、上へと昇ってゆくのでした。頭上には眩しく光るものが輝いていて、私はその光の中を目指して昇ってゆきました。辺りは暗く、私は目を見開いて、光り輝く上の方を見上げて昇ってゆきました。この上に何があるのだろうと思う余裕があったのかどうか、その時は少しもこわいとも悲しいとも思いませんでした。自分が上空に昇りはじめた瞬間から、これは死ぬのだと実感して、さよなら、さよなら、と叫んでいました」

頭の中の爆発音といった異音は聞いていない。

恍惚感と脳血流の低下

異音を聞いたもう一つの例は、東京大田区の笠原弘さん（五十一歳）のケースである。このケースも、真正の臨死体験とはいい難いケースである。笠原さんは高校二年のときに、柔道の地区大会に出場し、締め技を決められて失神した。そのときの体験である。

「何とも広々とした大平原に赤青黄緑と鮮かな無数の草花が平原一杯に咲きつくし、その美しさたるや何とも口や筆で表現できるものではありません。あたりの空間全体をまばゆい昼光色がおおっていました。はるか彼方はかすかに霧がかかっており、それだけに目の前の草花は一層色あざやかに見えました。その素晴らしい光景の中に、ただ一人自分がいたのです。

はるかかなたからピアノの一番高いキーの音が、長い間隔をおいて、キン！――キン！――キン！――キン！――キン！――キン！――キン！―キン！―キン！―キン！―キン、キン、キン、キン、キン……とますます高い音で、間隔がだんだん短くなっていき、やがて耳元ではじけるような音になったとき、師が私の背にカツを入れ、我に戻りました」

この他にも、柔道の締め技が決まって落ちているときに、臨死体験と同様の体験（特に恍惚状態）をしたと書いてきた人がいる。締め技が決まった状態というのは、下手をしたら死んでしまうかもしれない状態なのだから、臨死体験同様の体験が起きても不思議ではない。通常はこのような一時的な失神状態は臨死のカテゴリーに入れられていないが、これを同じものと見なす考え方もある。

臨死体験の一つの解釈として、これは、低酸素状態に陥った脳で起きる幻覚症状だとする考えがある。人が死に瀕すると、最後は血行が不全になって、脳に血がまわらなくなる。脳細胞は低酸素状態になって機能不全を起こし、現実と幻覚が入りまじるようになるという解釈である。

普通の死に方の場合は、脳血流不全というのは、死の最終段階において起こるが、柔道の締め技の場合は、頸動脈を締め上げて脳への血流を妨げることによって、それと同じ状態を作るわけである。だから、脳の低酸素状態が臨死体験の原因であるとする説に従うと、臨死体験と、柔道の締め技で落ちた状態との間に大きなちがいはないということになる。

私も中学時代に柔道をちょっとかじったことがあるが、そのとき先輩から、落ちるというのは気持ちがよいものだという話を聞いた記憶がある。「あんまり気持ちがよすぎて、ヨダレをたらしちまう奴だっているんだぜ」という話だった。ヨダレのほうは一種の失禁状態だろうから、必ずしも気持ちのよさと関係があるかどうかわからないが、首を締められて恍惚状態になるという話は他にも聞いたことがある。

首つり自殺の場合も、苦しいのは一瞬であとは気持ちがよいと聞く。あれも、首つり自殺に失敗して生還した人の体験談をもとにしての話なのだろう。

このような例を見てくると、脳血流の低下と恍惚感というのは、確かに関係がありそうである。しかし、臨死体験の他の要素もまた、脳血流の低下によって説明され得るのだろうか。

「太陽の何倍もの白光」を見た

笠原さんの場合は、柔道で〝お花畑〟体験も〝まばゆい光〟の体験もあった。しかし柔道で、体外離脱体験とか、人生パノラマ回顧、〝死んだ人に会う〟体験、〝神的存在に会う〟体験まであったという話は聞いたことがない。もちろん、正確なところは、実際に調査でもやってみなければ何ともいえないが、全ての要素体験が柔道にもあるとはいえそうもない。

つまり、臨死体験は脳の低酸素状態説で説明できる部分もあるだろうが、それだけで説明しきれるものではないということである。人が死に瀕するとき、脳は最終的に必ず低酸素状態になるのだから、臨死体験の中に、低酸素状態説で説明できる要素があるのは当然のことである。だが、それで説明できる要素と説明できない要素とは、どの辺で線引きされるのか。そして、説明できない要素についてはどういう解釈が可能なのか。

その辺のところが、これから臨死体験を考えていく上での重要な鍵になる。

ともかく、臨死体験というのは、単純な現象ではなく、複合的な要因によって起きる複合的な現象である。現象の諸相と、それをもたらす諸要因の複雑なからみ合いを腑分けしながらゆっくり考えていくことが必要である。

話を戻す。もう一人の異音を聞いたという体験者は、山口県宇部市の小森浩さんという七十歳の老人である。この人は、自分で自分の肉体をコントロールして、自分を準臨死状態に追い込み、臨死体験と同じ体験をすることができるという不思議な能力を持つ人である。

どうやってそんなことが可能になるのかというと、要は、自分の意志の力で呼吸を止めるのだというが、常識的にはそんなことはできるはずがない。人間生きている限り、いくら息を止めようと頑張っても、数分間以上長つづきするわけがない。

小森さんも、普通の状態ではそれは不可能という。まずその前に一週間程度の断食をするなどの準備をととのえる必要があるという。それから天井を向いてあおむけに寝る。そして、息を吸っても吐かないようにして、次第に呼吸を止めていくのだという。といっても、誰でもすぐにそんなことができるというわけではない。小森さんも十年ぐらいかけてやっとできるようになったのだという。

それを聞いて、私はなるほどと思った。それならあり得ることである。断食をすると、人間の基礎代謝量は、どんどん落ちていく。断食が何日もつづくと、それは劇的に落ちる。それにともなって代謝に必要な酸素の必要量も著しく低いレベルになる。その分呼吸を止めていられる時間も長くなる。あるいは、自分でも自分が呼吸しているのかどうかわからぬくらい低レベルの呼吸で生命を保っていられる状態になり得る。小森さんの場合も、自覚的には肺臓が動いていない状態で、自然換気による肺胞での微小呼吸が持続していたと考えれば、これはまんざら非科学的な話ではない。小森さんだけでなく、インドのヨガの行者の中にも、自分の意志の力で呼吸を止め、その状態を持続できるとする人々がいる。

小森さんによると、呼吸を止めるとともに、胃の動きも止まり、腸の蠕動も止まり、ただ心臓だけが動いているという状態になる。すると、まず「太陽の何倍もの白光」が見え、つづいて、体外離脱が起こる。自分の体が二つにわかれて、一方は上昇していく。

「天に昇って行く、天井も屋根も何の抵抗もなく抜けて上って行きます。春夏秋冬が一時に現われた下界が見えます。天女もいます」

という。

この現象を小森さんがどう解釈しているかというと、これは幻覚にちがいないという。なぜなら、そのとき登場してくるのが、天女だけでなく、

「時には映画女優が裸体で浮遊してきます（高峰秀子が出た）。だから幻覚と思います」

というのである。

小森さんは、こういう不思議な能力を身につけながら、自分の能力をクールに見ている。

「私が何か宗教の勉強をしたとか、禅の修行をしたとかしてこういう体験をしたというなら立派なものなんでしょうが、私の場合は、安直に呼吸を止めるという肉体的練習だけで得たものですから偉そうなことはいえません。これは何人《なんぴと》でも、身体を清浄に保って練習すればできるものと思います。いろんな現象は、身体の機能がそうさせるものだと思います」

そういう立場から解釈すると、「太陽の何倍もの白光」を見るという経験も、「呼吸を

止めて仮死状態に入ったときに、瞳孔が散大するので無限光を感じるのだと理解しています」という。

この段階で、他にもいろんなことが起きる。人の声が聞こえてきたり、文字が浮かんだりして、いろいろ教えられることがある。山よりも大きな人物が立っていて両手を広げているのを見たこともある。それとともに、「体悦」と小森さんが表現する肉体的快感が出てくる。それは、

「皮膚の表面ではなく、体の奥の方、筋肉か骨か骨髄かわからないが、ずっと奥の方からあふれてくる何とも表現しようのない気持ちのよさ、居ても立ってもおられぬほどのすごい気持ちのよさで、そのときちょっとでも体を動かすとズンと突きさされるようでとても耐えられないので、微動だにできません」

というほどの快感だという。この強烈な快感に耐えていると、次に、小森さんが「澄」と名づける段階に入る。それは「明澄としかいいようがない、何もかもが澄みきった世界」だという。その段階に入るのには、呼吸停止だけでは十分でない。心臓が止まる必要があるという。

「心臓がパタッと止まります。その瞬間、間髪をいれず澄んだ中に入ります。そこは無で、ただ澄んでいます」

という。そこにいたると、自分の体から光があふれ、それが矢のように発していく。そのとき、自分の望みがすべてかなえられたような気持ちになり、宗教でいう、「大悟

を得た」という心境になる。

「神も仏も友達のような気になります。神や仏と一体となり、自分がその一部になってしまったような気です」

という。小森さんの解釈では、臨死体験もこれと同じもので、昔の偉い宗教家が苦しい修行の末に得た悟りというのもこの境地だろうという。

小森さんの話にあった、心臓が止まっても生きているなどということは、あり得べからざることと聞こえるかもしれないが、これも、あり得ないことではない。正確にいえば、心臓が完全に停止して、血流が完全に停止してしまえば、人は死なざるを得ないが、動脈を触診してすぐわかるような拍動が停止しても、心臓細動による一定の微小血流が確保されていれば、人間は一定期間生きていることができるのである。実際、ヨガの行者の中には、心臓（の拍動）を止めてみせる男がいる。どの程度の微小血流で、どの程度の時間生きていられるかは、代謝水準によってちがうが、代謝水準がギリギリまで下がっていれば、三十分くらい血流が事実上停止した状態でも生きていられる。代謝水準さえ低ければ、そして、少しでも微小血流が確保されていれば、人は意外に長時間生きていられるのである。臨終と宣告されて、かなりたってから生き返る人があるのは、このためである。

肉体の極限状況で見るもの

小森さんに話を戻すと、小森さんがこういう能力を開発するようになったのは、二十七、八歳のころ、金縛り状態の中で、死んだ恋人の幽霊に会うという体験をしたことがきっかけだという。それは幽霊というより、生きた人間そのままだった。体温もあり、呼吸をしているのも感じた。金縛り状態の中でその人をじっと抱いていた。その人の髪が自分の頬にふれていたという。

この体験をしたあと、何とかしてもう一度その恋人に出会いたいと思った。それは幻覚だろうとは思ったが、幻覚でもよいから、もう一度そのときと同じように、生きた彼女そのままを自分の腕に抱く感覚を得たいと思ったのである。どうすればその夜と同じ体験ができるかわからなかったので、とにかくいろんなことを試してみた。多分、金縛り状態になるのがカギだろうと思ったが、それも求めて得られるものではなかった。そのうち呼吸を止めることを思いついた。体を一切動かさず、無の境地になって、呼吸を意識的に止めることを繰り返す。苦しくなると少し息を吸うが、吐くのはとことん止めるようにする。そのうちに、目の前に紫色の棚があらわれてそれが開くのが見えてくる。体がしびれ、稲妻のような光がピカピカしてくる。その光に驚いて手を握りしめたり、体を動かしたりすると、意識が覚めてしまって、それ以上はいけない。

三十四、五歳のころ、結核で一年ほど入院していた。暇だったので、その練習を毎晩やっているうちに、どんどん上達し、ある日、ついに屋根を突き抜けてどんどん天に昇っていく感覚を得るようになった。そこまでは努力すればいつでもいけるようになったが、その先の心臓の拍動が止まって、絶対的に澄みきった世界に足を踏みいれるというところまでいったのは、一度きりだという。

六十五歳ころまでは、ときどきこの体験を試みていたが、何しろこれは死と紙一重のところまで行くことで、命の危険もあるので、最近はずっとやっていないという。

にわかには信じ難い話と思われるかもしれないが、私はこれはありうることだと思っている。実は、血中の二酸化炭素濃度が過剰になると、幻覚を見ることがあることは昔から知られている。先に、臨死体験の生理学的解釈の一つとして、脳の低酸素状態説があることを紹介したが、これとならんで、血中二酸化炭素濃度過剰説も有力な解釈の一つとしてあるのである。小森さんのやった呼気をできるだけ止めるという努力をつづければ、確実に血中の二酸化炭素濃度は上昇していく。そして、小森さんがいっていた、体のしびれや閃光を見るという現象も、そういう状態の中では起こり得ることなのである。

小森さんの話を聞いて私が思い出したのは、以前に山折哲雄さん（国際日本文化研究センター教授）にうかがった、中世の行者の断食死の話である。前に、山折さんが臨死体験をした話を書いたが、そのとき山折さんは断食も体験している。

「十二指腸潰瘍の再発で吐血したわけですから、そのまま入院させられて、その間十日間くらい強制的に断食させられたわけです。最初の三、四日は大変な飢餓の苦しみがありました。ところが、五日目、六日目くらいから意識が澄んでくる。聴覚や嗅覚が非常に鋭敏になってくる。五感全体が活性化してくる、ということを体験したわけです。死が間近になり肉体的エネルギーのレベルが下がったときに、人間の内奥の生命力がそれに反撥して逆に活性化するみたいなことがあるんじゃないでしょうか。それで思い出したのが、平安末期から中世にかけての往生伝に登場してくる、比叡山、高野山などで修行して往生した有名、無名の行者たちの死に方なんです。彼らは日常、山を歩いて修行をしているわけですが、自分の死期を悟った段階から修行の形態が変わってくるんです。まず、木食《もくじき》の行《ぎょう》に入るんです。五穀断ちといって、穀物をいっさい食べない。木の実か、木の根、草の根くらいしか食べない。栄養水準をどんどん下げていって、自分の肉体を枯れ木のようにしていく。その最終段階で、断食に入る。もう木の実も食べない。行者によっては、これに不眠不臥の行をセットにする。眠らず、横たわらずの行です。こうして、肉体を生理的に極限の衰弱状態に追い込んでいく。肉体を無限に死体に近づけていくといってもいいと思います。そうすると、不思議なことに、断食の行に入って一週間ないし十日くらいすると、きまってその行者たちは、何らかの奇跡を体験するんです。たとえば、阿弥陀如来や般若如来が目の前にあらわれる。来迎するわけです。そして自分のほうに近づいてきて、手をさしのべて頭をすっと撫でてくれる。これを摩頂といいます。これは、如来からの、お前の極楽往生はこれで決まったよというサインなんですね。来迎と摩頂のサインを得て、その翌日に息を引き取る、という往生のパターンが実に多いんです。こういう行者たちは死ぬときだけ断食するわけじゃなくて、ふだんでもときどき断食の行をする。それによって死の間近まで接近するという体験を彼らは何度も重ねるわけです。死にギリギリ近づいては引き返してくる。死にギリギリ近づくことで、五感を活性化させ、悟りを深める。最期の臨終の場面では、こちらに戻らずに向こうに突き抜けていかねばならないわけですが、それがこのような行の積み重ねによってよりよくできるようになるということなんじゃないかと思うんです」

断食をはじめて一週間から十日で阿弥陀仏の来迎という奇跡が起こるという話と、先の小森さんの、呼吸を自分で止めて準臨死状態を体験するためには、一週間程度の断食が必要という話を重ね合わせてみると、肉体を生理的な極限状態に追い込むことが、両方の体験の共通の基盤になっているということがわかる。この場合はどちらも、意識的に自分の肉体を極限状態に追い込んでいくわけだが、普通の臨死体験の場合は、病気や事故によって強制的にそこに追い込まれるわけである。

臨死体験問題の両義性

話が長くなったが、異音に話をもどすと、小森さんはこの体験の中で、異音を聞くことがあるというのである。

「いちばん初期の段階に、体が金縛りみたいになっている状態のときなんですが、耳鳴りみたいな、ガー……という大きな連続した音がするんです。そこを意志の力で脱け出した時に不思議な体験がはじまるんです」

という。ここで注目していただきたいのは、異音は体験の最初の段階というよりは、不思議な体験がはじまる以前のところで聞こえてくるということである。前に紹介した豊倉氏のペニシリン・ショックの場合もそうだった。音がしたのは、まだ日常的な意識が若干残っている段階である。もう一人、「グワングワンという飛行機の騒音のような音」を聞いたという体験者がいるが、これも最初の入口の段階である。

実をいうと、外国の例においても、異様な音が聞こえたというのは、もっぱら臨死体験の入口の部分、日常的な意識と超常的な意識の境目の部分なのである。(先に紹介した笠原さんのケースは、臨死体験の入口ではなく出口の部分だが、やはり、日常的な意識と超常的な意識の接点部分といえる)

それに対して、何ともいえない静けさとか、美しい音楽とかが出てくるのは、臨死体験の中核部分である。

このちがいを最初に発見したケネス・リングは、結局この異様な音というのは、肉体から脱け出る状態が起ころうとしているという合図の音なのではないかと述べている。ここで何が肉体から脱け出るのかという問題があるが、とりあえず、臨死体験の体験主体とでもしておこう。その主体が肉体から完全に外に出てしまうと、肉体に基礎をおいた感覚刺激がいっさい無くなってしまう。だから完全な静けさに支配されることになるというのだ。つまり、いわゆる体外離脱というプロセスがあったかどうかは別として、臨死体験というのは、すべて主体が肉体から離れて経験するものだというのがリングの考えである。

ではその体験主体の実体は何なのか。いわゆる霊魂なのかというと、リングは、霊魂ということばは、あまりに宗教がかっていて科学的研究にふさわしくないので使いたくないというが、そのいわんとするところを聞いていると、ほとんどいわゆる霊魂に近い何ものかが存在しているのだというのが彼の主張である。リングにいわせると、そういう肉体から離れる能力を持った体験主体、意識主体が客観的にまず存在しているからこそ、それに宗教的な解釈を与えた霊魂という概念が誕生したのだという。心霊学の世界では、そういう霊的存在には、何か漂う雲のような物理的実体（ふだんは肉体と一体になっているが、死ぬと肉体から分離する）があるのだとして、それにアストラル・ボディ（星気体）なる名称を与えたりしているが、これも、そのような体験主体の存在を背景として生まれた概念であるという。

霊魂というか、アストラル・ボディというか、その他もろもろどんな名称をつけるにせよ、臨死体験は、肉体から分離した何らかの体験主体によって体験されているものなのかどうか、結局、ここのところが、解釈論の最大の争点になってくる。それはとりもなおさず、肉体から完全に離れて存在する意識主体というものがあるのかどうかという問題でもある。この論点は繰り返しこれからも出てくるが、とりあえず、この音をめぐっていうと、リングは、これこそ、そのような意識主体が物理的肉体から離れて存在する証しの一つになるというのである。

「(意識が肉体から分離すると) その人は、突然、肉体の判断に基づくあらゆる入力情報から解放される。その人は、肉体から離れた意識として存在するか、肉体のない意識として存在するのである。多くの人たちが、異常な安らかさ、軽さ、無痛、静けさなどという感じを述べているのは、間違いなく、その人たちの肉体に基づくあらゆる感覚がなくなったことを意味する」(『いまわのきわに見る死の世界』)

しかし私は、感覚入力情報がゼロになるという事実は、必ずしもリングの解釈する方向が唯一の解釈とは思わない。

感覚入力がゼロになるということは、意識主体が物理的肉体から分離したということの十分な証拠にはならないと思う。物理的分離がなくても、神経系の感覚入力系がなんらかの理由で遮断されれば、感覚入力はゼロになるのである。そして、そのようなことは、人の死のプロセスの最終段階においては、十分起こり得ることなのである。

つまり、こう考えることも可能なのである。意識の中枢はあくまで脳にある。しかし、その意識中枢に、感覚情報がいっさい入力しなくなったとき、意識中枢は自己が肉体から分離したと誤って判断してしまう。

ケネス・リングの立論はこの可能性を排除するものではないのである。

結局、この問題は、どちらでも解釈可能なのである。臨死体験問題の難しさはこのような両義性にある。だからこそ、問題の一つ一つの側面においてどういう解釈が可能かということを丹念に検討していくことが必要なのである。

ということで、次の問題点に進むことにする。

ユーフォリアとは何か?

はじめに引いた豊倉氏の体験記録に戻ると、氏は、この論文を次のように結んでいる。

「さらに現在、私がもっとも強い関心を抱いているのは、死直前のユーフォリアのことである」

ユーフォリアというのは、なんともいえない幸福感、陶酔感、恍惚感で、それが臨死体験中に感じられたということは、先の引用に記した通りである。このユーフォリアというのは、ムーディの十一要素には出てこないが、臨死体験の最も普遍的にみられる心的特質の一つで、体験者の多くがそれがあったと言明していることは、これまでに引いた体験例でも見てきた通りである。このユーフォリアについて、豊倉氏は次のような推測が可能だと述べている。

「これは筆者だけの体験ではなく、すべての人間や動物の臨終にも起ることではないかという推測である。自然界の動物のすべてに死を運命づけた神も、臨死にはその恐怖からの解放と安楽を用意していたのだといえば、もはや宗教の域に立ち入ることになってしまう。ただし私には、一つだけ科学的な挑戦があるように思えてならない。それはこのユーフォリアをもたらすものはある種の内因性の『物質』であり、脳内にはそれを一斉に受容するレセプターがあるのではないかという仮説である。たとえば、エンドルフィン様の物質が死戦期の果てに突如放出されるのか、あるいは脳内のレセプターが一斉に活性化されるのか、そんなことは勿論わからない。しかし将来、ヒトでの測定、または、ある種の動物実験による研究と検証が可能かもしれない」

実は、ここで述べられている、臨死体験におけるユーフォリアとエンドルフィンという脳内物質の関連については、すでに臨死研究においていろいろの議論がなされている。それを紹介してみたいと思うが、その前に、この話題と深い関わりがあるもう一人の医者の臨死体験をここで紹介しておきたい。

名古屋で内科医院を開業しておられる毛利孝一さん（八十二歳）は、名古屋内科医会名誉会長をつとめられると同時に、愛知医大、名古屋大学で教鞭もとられている高名な医師だが、これまで実に三回も死にかかったことがあり、そのたびにちがう内容の臨死体験をしたという珍しい方である。その詳細は、二冊の著書『生と死の境』『脳卒中再体験記』（どちらも東京書籍刊）に詳しいが、ここでは直接毛利さんにインタビューしたときの記録から、その概要をお伝えしてみる。

はじめの体験は、昭和二十五年、四十歳のときだった。久しぶりに会った戦友と痛飲してから駅に送り、駅のブリッジを渡るときに心筋梗塞の発作を起こした。酒に酔っていたので、軽い不整脈だろうくらいに考えて、家に帰って寝たが、翌朝不整脈はもっとひどくなり、診察を受けて心筋梗塞とわかった。

「このときは本当に死にかかったわけではないので臨死体験とまではいえないと思うんですが、目が覚めたとき、気持ちがすごく落ち着いて、本当に穏やかなんですね。何というか、非常に静かな安楽な気持ちだったわけです。それで、最高血圧が八十くらいまで落ちてましたので、時々、スーと意識が消えていくようになるわけです。そのとき、このまま死ぬかもしれないけど、これで死ねるなら、死ぬということは楽なことじゃないかなと思いました。そういう状況の中で自分がそんなにも落ちついているということが、自分でもすごく不思議でした」

一回目の体験はこれだけである。心の平静という心理的体験のみである。二回目は、昭和五十二年、六十八歳のときだった。自宅から診療所に行く途中で脳卒中の発作が起きた。

「診療所に入って、最初の患者を見ようと思ったところが、舌がもつれて呂律がうまくまわらない。それから相手のいうことが聞こえることは聞こえるんだけどよくわからない。カルテも書いたつもりでしたが、あとになってみたら、ミミズが這ったような字でした。とても眠くなったので、これはダメだと思って、奥に入ってお茶を飲んだら、もう右手が麻痺していて、お茶をこぼしてネクタイをよごしてしまった。そこまでは覚えてるんですが、そこで意識がなくなり、昏睡状態におちいりました」

——そのとき体験があったわけですか。

「次の日、目がさめる直前のことなんですが、何かボウッとして雲にでも乗ったような気持ちでした。ふわふわした羽蒲団にでも包まれて無重力の状態で浮いているみたいでした。寝ている自分の両脇や足のところまで、ズーッとオレンジ色の雲がおおっているんです。そういうところをもう一人の自分が見ている。ちょうど山藤章二さんの漫画で、ヒゲの小人が下から見上げている絵柄があるでしょう。あんな感じで下から見ている」

——下から上を見てるんですか。普通の体外離脱では、上から下を見下ろしますよね。

「そういわれてますね。しかし私の場合は、下からでした。そして、ふわふわした感じを感じているのが、下の自分なのか、上の自分なのかよくわからない」

——ところで、そのときの心理状態はどうなんですか。

「なんともいえずゆったりとした、安楽な気分でした。何の苦痛もなければ、不安もない、なんとも楽な気分でした」

——前のときと同じように、これで死ねたら楽なもんだなみたいな気持ちですか。

「あ、それはなかったですね。その最中は、死ぬなんてことは全然考えにないんです。しかし、あとから考えて、あのとき、死ねたら楽だったろうな、あれで死ぬなら、死ぬというのは楽なことだと思いましたが」

――そのオレンジ色の雲というのは、ずーっと一面に広がっているんですか。

「いや、そんなに広くはないんです。自分のまわりにあるだけなんです。しかし、全体的な空間の広がった感じはあるんです。広々と、ゆったりした、漱石のいう縹渺《ひょうびょう》たるという感じですね。それはありました」

恍惚感のエンドルフィン説

ここに漱石が出てきたのは、実は夏目漱石もまた、臨死体験の体験者の一人だからである。漱石四十三歳のとき、胃潰瘍のために伊豆の修善寺温泉で転地療養中に五百ccに及ぶ大吐血をして、生死の境をさまよった。

「大吐血後五六日――経つか経たないうちに、時々一種の精神状態に陥つた。それからは毎日の様に同じ状態を繰り返した。遂には来ぬ先にそれを予期する様になつた。さうして自分とは縁の遠いドストイエフスキーの享けたと云ふ不可解の歓喜をひそかに想像して見た。それを想像するか思ひ出す程に、余の精神状態は尋常を飛び越えてゐたからである」(『思ひ出す事など』)

漱石はこの特別の精神状態をさまざまに表現しているが、その中に、「縹渺とでも形容して可い気分」という表現が出てくる。毛利さんはこれを引用したわけである。さらに漱石は、こうもいっている。

「魂が身体を抜けると云つては既に語弊がある。霊が細かい神経の末端に迄《まで》行き亘つて、泥で出来た肉体の内部を、軽く清くすると共に、官能の実覚から杳《はる》かに遠からしめた状態であつた」

「床の下に水が廻つて、自然と畳が浮き出すやうに、余の心は己の宿る身体と共に、蒲団から浮き上がつた。より適当に云へば、腰と肩と頭に触れる堅い蒲団が何処かへ行つて仕舞つたのに、心と身体は元の位置に安く漂つて居た。発作前に起るドストイエフスキーの歓喜は、瞬刻のために十年もしくは終生の命を賭しても然るべき性質のものとか聞いてゐる。余のそれは左様に強烈のものではなかつた」

ここにたびたびドストエフスキーが引かれているが、これはドストエフスキーがてんかん患者で、その発作のときに、至上の恍惚感を味わったということを、彼が繰り返し書いているからである。

たとえば、次のようなくだりがある。

「ある数秒間がある。――それは一度にせいぜい五秒か六秒しかつづかないが、そのとき出しぬけに、完全に自分のものとなった永久調和の訪れが実感されるのだよ。……何より恐ろしいのは、それがすさまじいばかりに明晰ですばらしい喜びであることなんだ。もし五秒以上もつづいたら――魂がもちきれなくて、消滅しなければならないだろう。この五秒間にぼくは一つの生を生きるんだ。この五秒間のためになら、ぼくの全人生を投げ出しても惜しくはない。それだけの値打ちがあるんだよ」(『悪霊』)

このような恍惚感まではいかないが、それに近いものがあったというのである。漱石はまた、ド・クインシーが自分の麻薬中毒時代のことを書いた『ある阿片吸飲者の告白』をひいて、それに近い感覚であったとも記している。

臨死体験の恍惚感には、てんかんの発作時の恍惚感と麻薬中毒者の恍惚感に近いものがあるというのは、実に的確な表現で、現代の研究においても、実際それは感覚の質においてそういうものなのではないかという説があるのである。

先に述べたエンドルフィン説というのが、実はそれなのである。エンドルフィンは脳内麻薬物質とも呼ばれ、モルヒネと同じ作用をする物質だが、人間の脳の中で作られ、かつ消費されるという不思議な物質である。

自分の臨死体験における恍惚感に興味を持った毛利さんは、あの恍惚感はどこから来るのかと、医学文献をいろいろ渉猟していくうちに、どうも、臨死体験でおきる脳の低酸素状態が、脳内におけるエンドルフィン生産量を増加させるらしいということに気がつくのである。

第四章　「快感」の構造

前章でエンドルフィンという脳内麻薬物質が、臨死体験における幸福感、恍惚感を説明してくれるのではないかという説があることを紹介した。この説について述べる前に、エンドルフィンについて少し解説しておこう。

いま脳の研究で最も活況を呈しているのは、脳の生化学的研究である。

これまで脳というのは、神経繊維がおりなすきわめて複雑な神経回路のネットワークでできているのだという、いわば、脳を精妙なコンピュータにみたてた説明がよく行われてきた。脳における情報伝達は、すべて神経回路を走る電気信号（インパルス）によって行われているという見方である。

しかし、最近では、脳は精密な電子機械というより、むしろ、精密な化学機械とみなすべきだという考え方が有力になってきた。

脳の情報伝達は、神経回路網を走るインパルスによって行われているだけではない。実は、神経伝達物質と呼ばれる化学物質による情報伝達がきわめて大きな役割を果たしているのである。

脳の神経回路網というのは、コンピュータの内部配線のように、神経細胞（ニューロン）と神経細胞がしっかり結び合わされたものではない。ニューロンとニューロンは、お互いに接し合っているが、よく見るとその間にはシナプス空隙という微小な空間があって、両者は物理的に離れているのである。だから、神経回路網といっても、ニューロンごとにシナプスでブツブツに切れた回路網なのである。

シナプス間の情報伝達は、神経伝達物質と呼ばれる化学物質によって行われる。神経繊維の末端にインパルスが届くと、そこにたくわえられていた伝達物質が放出される。伝達物質は非常に種類が多く、まだその全容はつかめていないが、物質的には、小型のタンパク質であるペプチドとか、アミノ酸の構成部分であるアミンなどに属するものが多い。

放出された伝達物質が、シナプスの向こう側の神経細胞の表面にある受容体にとらえられるという形で、化学的情報伝達が行われる。伝達物質と受容体はお互いに一対一の対応関係にあり、Aの受容体はBの伝達物質には反応しない。

つまり、脳の情報伝達は、ニューロン内部の電気信号伝達、シナプス間の化学物質伝達を交互に繰り返していくことで行われるのである。

かつては、このシナプスにおける化学物質伝達は、あまり重くみられていなかった。情報伝達の主役は電気信号であって、シナプスは電気信号がジャンプしてとびこえていけばよい小さなギャップくらいにしか考えられていなかった。そこで行われる物質伝達は単純な化学過程にすぎないと考えられていた。

しかし、脳の研究が進むにつれて、そこで進行する化学過程こそ、脳の働きの最も重要な部分であるということがわかってきた。化学的に、脳の中でどのような反応が進行しているのか、その全体像はまだよくわかっていない。神経伝達物質は、すでに何十種類も発見されているが、まだまだ新しいものが発見されつつあり、最終的には数百種類に及ぶのではないかという予測もある。脳の中では、いつでも、あちこちでさまざまな化学物質が生まれたり消えたりしながら互いに影響を及ぼしあっており、その化学物質環境のダイナミックな変化が脳内の情報伝達に時々刻々反映されているのである。

脳内化学物質の研究がなかなか進まないのは、その多くが脳の中にごく微量しか含まれていないため、それを発見し、抽出して同定することがむずかしいからである。神経伝達物質の多くは、百万分の一グラムとか十億分の一グラムといった量でも作用するので、脳全体の中にもそう沢山あるわけではない。だいたい一つの新しい神経伝達物質を発見するのに、研究者は三〜五万頭のブタないしヒツジの脳をすりつぶすのが常である。それでもエンドルフィンなど五十マイクログラムくらいしか抽出できないのである。研究者の中には、二十年がかりで、五百万頭のヒツジの脳をすりつぶしたという人もいる。

快感をもたらすもの

そのような研究者の努力をへて、脳内に麻薬と同じ作用を持つ物質があることが最初に発見されたのは、一九七五年のことである。脳内麻薬物質は、すでに二十種類以上も発見されているが、そのうち最も有名なのがエンドルフィンである。エンドルフィンというのは、内因性モルヒネを意味する。要するに体内でできるモルヒネで、その構造も作用もモルヒネそっくりなのである。エンドルフィンには、アルファ、ベータ、ガンマなど幾つかの種類があるが、最も強いベータ・エンドルフィンになると、モルヒネの十倍以上も強い。

モルヒネの効果といえば、なんといってもその強烈な鎮痛作用と快感作用だが、エンドルフィンにも同じ効果がある。その働き方も同じである。鎮痛作用は、痛みの神経伝導路を遮断することによってもたらされる。日本で行われた実験でも、悪性腫瘍で激しい痛みにおそわれ、他の手段では痛みが軽減せずに苦しんでいた患者十四人にエンドルフィン三ミリグラムを投与したところ、全員が平均三十数時間にわたって痛みから解放されたという。

快感は、快感神経と呼ばれるＡ10神経を強く興奮させることによってもたらされる。

Ａ10神経というのは、脳幹上部の中脳から出発して、まず「欲望と本能の中枢」といわれる視床下部に入り、次に「動物の脳」といわれる大脳辺縁系に入る。人間の脳の表面をおおっているのは、大脳の新皮質といわれる部分だが、あの新皮質の下にあるのが、辺縁系である。ここは哺乳動物になってから発達した部分で、人間においても動物的本能はここでになわれている。ここには、攻撃性の中枢もあれば、好悪感情の中枢もある。記憶と学習の中枢もある。Ａ10神経は、ここからさらに伸びて、新皮質に入り、本能の高次中枢、記憶・学習の高次中枢を通り、側頭葉内側の肉体的快感の中枢を通り、さらに、人間の高次精神活動をになう前頭葉連合野に入り、そこで終わっている。

このＡ10神経は、刺激を受けると、ドーパミンという覚醒剤に似た神経伝達物質を分泌する。これが快感をよびおこすのである。快感はこの神経路のどこででも起きるから、食欲や性欲が満たされて快感を感じることもあれば、精神的活動の満足によって快感が起きることもある。

苦痛がしだいに快感に

人間でも動物でも、快感は行動に対する報酬として働くから、よりよく生きるのに役立つ行動をとるとだいたい快感が得られるようになっている。

しかし快感も度をこすと、それにおぼれて害になる。そこで、この快感神経路があまり度をすぎて働かないように、それを抑制するギャバ神経というのがA10神経の近くを走っている。A10神経が刺激されて、脳内覚醒剤であるドーパミンが分泌されると、それが出すぎないように、ギャバ神経から分泌されるギャバという神経伝達物質が抑えにまわるのである。ところが、麻薬を服用するとどういうことになるかというと、それがこのギャバ神経の働きを抑えてしまう。すると覚醒剤ドーパミンの働きも抑えがきかなくなり、快感を通りこして、恍惚感にまでいきつくことになるのである。それが内因性モルヒネによるものならば、そうたやすく二度目の恍惚感が得られないから、それに耽《たん》溺《でき》するということもないが、注射一本ですぐ二度目、三度目の恍惚感が得られる外因性モルヒネに対しては溺れてしまう人が多いのである。

先に、構造も作用も麻薬にそっくりの脳内麻薬物質などという表現を用いてしまったが、実は、よく考えてみると逆である。エンドルフィンのほうがもともと自然の生体化学物質として脳の中にあったのである。たまたまそのエンドルフィンにそっくりの構造を持つ物質を服用したら、それがエンドルフィンとそっくりの作用をしたというほうが正しい。

このように強力な鎮痛作用と快感作用を持つ物質が、体内で自然に産生されるのだということがわかったおかげで、これまでよくわからなかった現象の謎がとけたということが幾つかある。

たとえば、鍼《はり》麻酔である。なぜ鍼を打つと麻酔なしで手術ができるのか。鍼麻酔は現象としての事実は認められていたが、なぜそれが可能なのかの合理的な説明はついていなかった。しかし調べてみると、しかるべき所に鍼を打つと体内で大量のエンドルフィンが分泌され、痛みの感覚が遮断されるのだということがわかった。

西洋医学でも、ヒトの脳の中脳中心部を電気刺激すると鎮痛作用があることが知られていたが、その理由はわからなかった。これも調べてみると、そこを刺激すると、エンドルフィンが大量に分泌されていた。

プラシーボ効果の説明もこれでつけられた。プラシーボというのは偽薬である。患者に、この薬はよくきくよといって、塩水や小麦粉など毒でも薬でもないものをのませると本当にきくことがある。なぜ偽薬がきくのかの説明は、難しくいえば心身の相関現象、易しくいえば、きくと思えばきくとしかいいようがなかった。しかし、なぜそうなのかは説明できなかった。そこで患者に鎮痛剤のプラシーボを与えてその血流を調べてみたところ、エンドルフィンが分泌されていることがわかった。心理的な思い込みが、ちゃんと生理的変化をひきおこしていたのである。

ランナーズ・ハイと呼ばれる現象がある。ランニングをしているうち心が高揚し、自然との一体感、多幸感、陶酔感などを感じる現象である。この現象があるため、マラソンランナーは、客観的には苦しくてたまらないはずの長距離を走り抜くことができる。これも、実際にランナーを走らせて血液検査をしたところ、エンドルフィン値が四倍以上に上昇していた。

比叡山には千日回峰という、マラソンコースより何倍もきつい山中をめぐるコースを、一千日間毎日毎日、不眠不休で走り抜くというすさまじい行《ぎょう》がある。この行をやっているうちに、苦しさを突き抜けて悟りの境地に達することができるといわれる。これなどもおそらくは、エンドルフィンを調べてみたら相当上昇しているのではないだろうか。

宗教的な荒行は、他にもいろいろある。ヒンズー教のサドゥと呼ばれる苦行僧の中には、山中で何年間も不動の座禅を組みつづけるとか、断食してガラスの破片の上に座るとか、体のあちこちに針金を突き通してそこに重い物をぶらさげるとか、何年間も逆立ちしたまま暮すとか、常識では考えられないような苦行をしている者がいくらでもいる。キリスト教やイスラムの修道者の間にも、砂漠での孤独の生活、ムチ打ちの行など、肉体的に自己をいじめ抜くさまざまの苦行がある。

そういったはた目には苦しくてたまらないはずの苦行を、修行者たちはこなしていくばかりか、それを通して悟りを得る喜びを得たり、神秘的恍惚境に入ったりする。おそらく、このような苦行において、苦痛が快感に変わっていくプロセスの中で、エンドルフィンが大きな役割を果たしているにちがいない。性的倒錯者のマゾヒストが、苦痛の中で恍惚感を得るのも同じ理由からだろう。

前章で紹介した名古屋の医師、毛利孝一さんは、『生と死の境』(東京書籍刊)の中で、特高警察の拷問で火鉢の火の中に手を突っこまされながら痛みを感じなかったという人の実話を紹介して、これも恐らくエンドルフィンの作用にちがいないとしている。そしてそうだとするなら、キリシタンの殉教者が火あぶりの刑に処せられながら、苦悶の表情を浮かべることもなく、むしろ安らかな表情で笑みをたたえながら死んでいったのも、あるいは、信長に火をかけられて焼死した甲斐恵林寺の僧快川《かいせん》禅師が、山門で火に焼かれながら、「心頭を滅却すれば火もまた涼し」といったのもうなずけるとしている。

このあたりの例は、特別に強い意志力を発揮した人の例で、誰でも同じ状況に置かれれば同じことができるという例ではない。恐らく、この裏には強い意志力の発揮がエンドルフィンの大量分泌をもたらすというような生理的メカニズムがあるのだろう。

しかし、普通の人でも、肉体が危機にさらされれば、「火もまた涼し」とまではいかないが、必ずエンドルフィンは分泌される。肉体の危機とまでいかずとも、ストレスにさらされただけでエンドルフィンの分泌量はあがる。この点に関しては、さまざまの動物実験、人体実験があるが、痛みのような苦痛だけでなく、運動による疲労、電気ショック、あるいは心配、不安、恐怖といった心理的ストレスによってもエンドルフィンは増加するのである。つまり、肉体的、心理的苦しみに対して、それに耐え自己を防衛しようとする生理的心理的メカニズムの一環としてエンドルフィン分泌があると考えられる。

だから、人が死に直面するという、人生で考えられる最大限のストレスに接したときには、どんな人でも大量のエンドルフィン分泌があるはずで、それが臨死体験における幸福感の背景にあるのではないかというのが、毛利さんの考えである。

こういう考え方は、アメリカの研究者の間にも早くからあった。しかし、レイモンド・ムーディ、ケネス・リングなど、主流派の研究者は、この考えをのけている。その理由の一つは、人命に影響がない程度のストレスとエンドルフィンの関係についての実証的研究はあるが、本当に死に直面したときにどうなるかという研究はまだないということである。第二に、エンドルフィン仮説で、臨死体験の幸福感の説明はつくかもしれない。しかし、臨死体験の内容はそれだけではなく、トンネル体験、光体験など、他の要素が沢山ある。臨死体験の他の面も説明できないと、本当の説明原理にはならないのではないかという理由である。

安らかに訪れる死の瞬間

まず、前者の問題点についていうと、本当に死に直面する人のエンドルフィン値が上昇するかどうか、危篤状態にある人の血を継続的に採取してエンドルフィン値の推移を死ぬまで観察しつづけたなどという研究は確かにない。

しかし、その後の研究で、間接的には、人が死に接近していくとき、エンドルフィン値が上昇していくことを示唆するデータがあがっている。たとえば、一四五ページの図に示したのは柳田尚氏（東京厚生年金病院ペインクリニック科部長）の研究による低酸素症患者の血中酸素濃度とエンドルフィン値の相関を示すものだが、動脈血の酸素分圧

（正常値一〇〇）が下がれば下がるほど、エンドルフィン値は上がってゆくという逆相関関係を示している。

前に、臨死体験を説明する一つの仮説としてそれは低酸素状態がもたらすものだという説があることを紹介したが、こと幸福感に関しては、これで見事な説明がつくことになる。

毛利さんは、昔、若いときに胃けいれんになって、あまりの痛みにモルヒネを打ってもらったことがある。そのとき感じた一種天国的な気持ちのよさと、前章で述べた、脳卒中で臨死体験をしたときの気持ちよさとが、実感的に似通っていたということが、エンドルフィン説を支持する根拠のひとつになっている。そういう実感があったので、毛利さんは、脳卒中時のエンドルフィン値の変化を知りたいと思っていた。最近、愛知医科大学の満間照典教授が、その実感を裏付けるデータを発表した。脳梗塞患者八十六例と脳出血患者三十九例の血中エンドルフィン濃度を、三カ月にわたって継続的に測定したところによると、いずれも発症二日目にエンドルフィン値は急激な上昇を示し、正常値の二倍近くなることが観察されたのである。

もう一つ直接的な証拠にはならないが、参考にしてよいと思われるのは、臨終時の表情である。人は死ぬとき、安らかに死ぬ人が多い。社会保障研究所の井上勝也氏の千百七十五名の老人の臨終時表情調査によると、「安らか」が七〇・六パーセント、「無表情」が一四パーセント、「苦痛」が一〇・七パーセント、「興奮・緊張」が一・五パーセ

ベータ・エンドルフィンと低酸素症患者（20人）の動脈血酸素分圧との関係　（Anesthesiology, vol.55, 1981より）

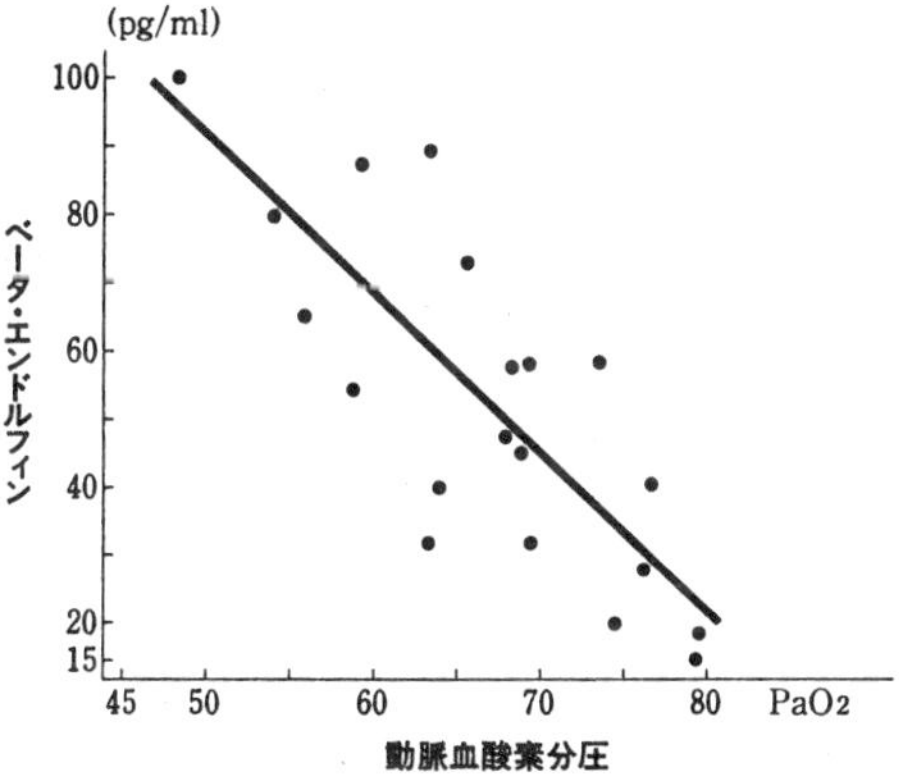

ントとなっている。これは平均の数字で、死因によってパーセンテージは多少変わってくる。死因のうち、老衰は約二〇パーセントで、あとは何らかの病気で死んでいる。そのうちいちばんひどい苦痛が死に際までつづく末期ガンの場合でも、実に六九・二パーセントは安らかに死んでおり、平均とあまりちがわないのである。死ぬまで苦しんでいた人でも、臨終のときだけは一瞬表情がやわらぎ、笑みさえ浮かべて死んでいくという話はよく聞くが、それがこの数字で裏付けられた感じだ。私の手元に読者から寄せられた、近親者の死の看取りの体験記にも、そういう例が幾つかある。

たとえば、群馬県の小森麻子さん（仮名、四十八歳）は、五年前に母親をガンでなくしたが、四カ月間に及んだ入院生活の間、苦しみに苦しみ抜き、ときには、麻子さんの手をつかんで、「殺して！」と頼んだことさえあるという。

しかし、その死に顔には苦悶の表情はなかった。「なんとその顔は安らかになったことでしょう。〝仏さまのお顔〟とはこういうものかと、一晩中見とれて……真実見とれていました。そして、あの母の体験がこの顔を造っているとも思いました」という。

ここで小森さんが述べている「あの体験」というのは、母親が死を間近にして見た幻覚体験である。

病気が悪化していくうちに、母親は幻覚をみるようになり、幻覚世界と現実世界をいったりきたりして、やがてその区別がつかなくなっていった。そして、

「病室の廊下のところに、いつも白い服を着た人が立っていて自分を守ってくれているから、お礼をいっておいて」

と頼むようになる。そんな人いないとか、誰のことをいっているのなどときくと、冗談いわないでと怒ったという。あるいは突然大きな声で、

「ウワーッ！　きれいっ！　すごーい、きれいだァ。花がいっぱい!!　ちっちゃい花がいっぱいだねえ……」

と感嘆の声をあげたり、あるいは、目の前に何かまばゆいものを見ている表情をして、それに向かって、

「ハイッ！」

と返事をしたりした。

その何かまばゆいものを見ている母親の表情は、尊敬の念に満ちており、「それほどの尊敬の表情を見たことは生前ほかにありませんでした」という。

死の三日前に、母親は、麻子さんに向かって、

「娘さん、もういいの。一人でいいの」

というと、麻子さんを手で突き放し、まばゆいものの方へ向かっていった。現実には母親の体は相変わらずそこに横たわっていたが、そのとき母の体内から精神というか魂というか、何かが抜け出して、昇天していくのを感じたという。そのあと、母親の肉体はベッドの上で眠りつづけていたが、小森さんはその肉体には母親の存在を感じなかった。むしろ、自分の後ろのほうから母親が自分を見ていると感じたという。そのときは、臨死体験というものを知らなかったから、ただそういう気がするというだけですませていたが、臨死体験を知ってからは、そのとき母親は体外離脱して、本当に自分を背後から見ていたのではないかと思ったという。

ついでにいっておくと、小森さんも母親も、宗教は何も信じていなかったし、今も信じていない。しかし小森さんは、こういう体験をしたことで、人は死んで直ちに無になるわけではなく、なにかしら昇天していくエネルギー体のようなものがあるのではないかと考えるようになったという。

科学的説明は不可能か

エンドルフィンに話を戻して、先にあげた第二の問題点について考えてみよう。エン

ドルフィン説では、幸福感の説明はつけられても、他の要素の説明はつけられないのではないかという主張である。たとえば、ケネス・リングは次のように述べている。

「いかなる神経学的な説明も、それが適切であるためには、コア経験という複合体に結びつくすべての現象（つまり、肉体から脱け出る状態、超正常というべき認識、トンネル現象、金色の光、声あるいは存在の問題、亡くなった縁者の出現、美しい眺望など）が、どうして死に近づいたことによって誘発される特定の神経的なできごとの結果として、客観的に本当のことのような形で起ることになるのかということを説明できなければならないということである。コア経験のある様相を説明できたことになるような神経学的解釈を提示することは、決して困難ではない——実際、易しい。しかし、その説明は単なる口先だけのものにしか見えず、普通は一つの例ではあるけれども、何もないのと同じことになる。受け入れられる神経学的解釈は、コア経験のすべての様相にわたって説明できるものでなければならない」（『いまわのきわに見る死の世界』講談社刊）

結局、ケネス・リングは、臨死体験の説明原理は、臨死体験のすべての様相を一挙にきれいに証明できるものでなければならないと主張しているのである。そして、これまで提出されているさまざまの科学的説明について、どれもこれも部分的説明にしかならないとしてのけてゆき、次第次第に、全部を説明できる原理は、死後の世界の存在ないしそれに類した超自然的説明原理を受け入れることしかないという方向に話を持っていきたいわけである。

だが、リングがここで前提している、説明原理は臨死体験のすべての様相を一挙に説明できるものでなければならないという前提そのものがおかしいのではなかろうか。世のいかなる現象であれ、現象というものは、単一の原因で起きるものもあれば、複数の原因が複合して起きるものもある。後者に対して、単一の説明原理を求めても、無理というものである。複合原因で起きている現象については、その現象の様相の一つ一つを個別に説明できる個別の原理を探し求めていって最終的に全ての様相が説明できれば、それはそれで立派な説明というべきである。玉ネギの皮を一枚一枚むくように説明をつけていって最終的に説明できないものが何も残らなければ、ことさらに超自然的説明原理を持ち出す必要はない。最終的にどうしても説明できないものが出てきたときにはじめて超自然的説明原理が必要になる。

ということで、エンドルフィン説を見てみると、少なくも、この説は、臨死体験の諸様相のうち、幸福感については十分に説明しているから、立派な部分的説明原理たりえているというべきだろう。

それだけではなく、ダニエル・B・カー（ハーバード大学医学部講師）などは、エンドルフィン説でもっと多くの様相が説明できると、主張している。

カーに従うと、臨死体験の様相の多く（幸福感だけでなく、体外離脱やさまざまの幻覚の出現、過去の記憶がパノラマのように展開する現象まで含めて）は、大脳辺縁系の機能異常現象として説明できるという。大脳辺縁系というのは、先に説明したように、大脳新皮質の下にかくれている「動物の脳」といわれる発生的に古い脳である。ここには、人間の基本的な本能の中枢がすべてある。海馬という記憶の中枢もある。大脳辺縁系の神経細胞には、エンドルフィンの受容体が広く分布している。受容体を持つのは、先に述べたA10神経につらなる細胞とは限らないのである。ここではエンドルフィンは動物的本能の中枢を活性化する機能をになっている。それと同時に快感も起こしている。動物的本能が満たされると快感が生じるのはこのためかもしれない。

普通なら、脳細胞を活性化する役目を果たしたエンドルフィンは、どんどん新陳代謝によって消えていく。しかし、臨死体験を起こすような肉体的危機状態におちいると、一方ではエンドルフィンの分泌量がどんどんふえていく。ところが、新陳代謝のメカニズムは逆に阻害されて、代謝はなかなか進まない。すると、脳内に過剰のエンドルフィンがたまる。それがたまると、エンドルフィン受容体を沢山持っている辺縁系の神経細胞が過剰に活性化して、ついには、てんかん症状を起こしてしまう。——てんかん症状というのは、一群の神経細胞が、いっせいに無原則的に、かつ連続的にインパルスを発して、無茶苦茶な混乱が起きてしまう現象をいう。——こうして起こるのが臨死体験だとカーはいうのである。

これは頭の中でこしらえあげた理論ではないとカーは主張する。実際に、ネズミの脳の中にエンドルフィンを注射で入れてやったところ、ネズミはコロッとひっくり返って、まるでロウ人形のように体を硬直化させてしまった。このネズミの脳波をとってみたところ、外見からは全くわからなかったが、辺縁系の神経が過剰活性化して、てんかん症状を起こしていることがわかった。これに、抗てんかん剤を投与したところ、その症状がおさまったという。

これはなかなかよくできた仮説ではあるが、実は重大な欠陥がある。カーのいうように、臨死体験の諸様相が、辺縁系の過剰活性化で起きるということが証明されているかといえば、必ずしも証明されていないのである。ネズミの実験で、エンドルフィンの投与が辺縁系のてんかん症状をもたらしたということはわかる。しかし、そのときネズミが臨死体験をしていたか、それとも頭の中は真っ白だったかは誰にもわからないのである。

実はカーもこの欠陥に気づいている。だから、論文の別のところで彼は用心深く次のようなことを付け加えている。

自分もエンドルフィンで全てが説明できるとは思っていない。だいたい、脳内の情報伝達物質というのは、エンドルフィン以外にも沢山ある。未発見のものは更に沢山あるだろう。脳内の現象というのは、そうした多数の情報伝達物質の複合的な作用の上に起きている。脳が危機にさらされているときに、それら多数の情報伝達物質がそれぞれどのようなふるまいをするかがもっとよくわからなければ、この現象の最終的な謎はとけないだろう。しかし、基本的には、この現象は、肉体が死に近づいたときに、情報伝達物質と神経細胞の相互関係の中で起こる異常現象という方向で解明されるだろう。この方向で研究を進めていくうちに、やがて、脳内幻覚物質が発見されて、それによって、臨死体験の幻覚部分が説明されるようになるかもしれない。脳内幻覚物質は必ずしも新発見される必要はない。すでに発見されている神経伝達物質のいずれかが、脳の末期状態の中では幻覚作用を持つということなのかもしれない。

これは面白い仮説である。脳内幻覚物質などというと、ちょっとマユツバに聞こえるかもしれないが、脳内麻薬物質が発見され、脳内覚醒剤が発見されているのだから、脳内幻覚物質が発見されても全く不思議ではない。

臨死体験と幻覚

人類は昔から、天然の幻覚物質を発見して使ってきた。原始的な宗教においては、一種の毒キノコが信者に神秘的体験を得させる秘薬として珍重されてきた。現代に入ってからは、メスカリン、ＬＳＤなど人工の幻覚物質が作られ、利用されている。

こういった物質が脳に作用して幻覚をもたらすということは、幻覚物質の受容体が、脳細胞のどこかにもともとあるということである。そのような受容体が脳の中にもともとあるということは、内因性の幻覚物質がもともとあるのだろうということを示唆している。少なくとも、脳内麻薬物質は、このように考えを推しすすめていくことで、実際に発見されたのである。内因性幻覚剤の発見はあり得る話だし、実際研究者たちはその存在を求めて探索を進めているのである。

臨死体験と幻覚剤による幻覚には、かなり似通った側面もある。だから、研究の当初から、臨死体験は幻覚剤体験と同質のものだという主張もあった。たとえば、メスカリンでは、金色の光が命を持っているかのようにふるまう、世界が美しく光り輝く、宇宙的な真理を一瞬にして把握した気持ちになる、天国に行ったような気持ちになる、自分から離れて自分を見ている感じになるなどといった、かなり臨死体験に共通する体験が得られる。ケタミンという幻覚剤は、体外離脱感覚をもたらすことができる。

だから、将来、脳内幻覚物質が発見されて、実験してみたら臨死体験と同じ幻覚が得られたなどということになる可能性も否定はできない。否定はできないが、その可能性はあまり高いものではない。

ここまでのところ、肯定的な材料ばかりならべてきたから、これはかなりありそうな話に聞こえるかもしれないが、実は否定的な材料もかなりある。つまり、幻覚剤による幻覚と臨死体験における幻覚とでは、かなり異質な面があるのである。

臨死体験は、体験者のほとんどがそれは素晴らしい体験だったといい、ネガティブな側面を報告する人はほとんどいないのに、幻覚剤体験の場合は、相当部分が、不快な体験、不安や恐怖の体験である。臨死体験で見る世界は、美しく、澄み切った世界が多く、また、それを体験している自分の意識は明晰であり、感覚も正常であるのに対し、幻覚剤体験では、知覚作用がゆがんでいる。また認識能力もおかしくなっており、自分でもそれがおかしくなっていることがわかる。だから、臨死体験では、体験者がこれは本当の現実にちがいないと思うのに対して、幻覚剤体験では、これは本当の現実ではないと自分でも思っている。一口にいうと、幻覚剤体験はほとんど精神異常時体験に近いのに対し、臨死体験はあくまで精神正常時体験に近いのである。

体外離脱感にしても、臨死体験の場合は、体験主体は肉体を離れて天井のほうにあがってしまう意識の側にあって、眼下の自分の肉体はモノにすぎなくなっている。ところがケタミンの場合は、生きている自分が二人になる。見ている自分も、見られている自分も生きて動いている。これは精神医学でいう「自己像幻視」（ドッペルゲンガー現象、第五章、第十九章参照）とほとんど同じである。自己像幻視の場合は、体験者はかなり心理的に動揺するが、臨死体験では動揺はないなどのちがいもある。

体験内容にしても、幻覚剤体験は、支離滅裂、荒唐無稽な内容がどんどん展開していく妄想型で、その内容は体験者によって千差万別なのが普通である。臨死体験のように筋立った内容を持ち、それが個人差はあっても一定のパターンに従って展開していくというものではない。

こうしてみていくと、脳内幻覚物質が発見されたとしても、臨死体験には、それだけでは片づかない問題が沢山あるということがわかるだろう。

しかし、神経伝達物質の過剰放出と大脳辺縁系の機能異常から臨死体験を説明しようとするカーの理論は、脳内現象説に立つ研究者に非常に大きな影響を与え、ここから新

しい理論がいくつか生まれていくことになるが、それについてはまた後に述べる。（第二十七章、二十八章参照）

エンドルフィン説の限界

エンドルフィンに話を戻すと、実はエンドルフィン説にも、否定的材料がある。アメリカの研究者、マイケル・セイボムは二つの問題点をあげている。臨死体験に入ると、それまで痛みで苦しんでいた人も痛みを全く忘れ、大きな幸福感に包まれる。これは確かに麻薬効果に似ている。しかし、だからといって、それは本当にエンドルフィンの働きによるものと断定してよいのだろうか。

エンドルフィンは、本来人間の体内で作られ、体内で消費されるものだが、その効果を調べるために、エンドルフィンを体外から注射でいれてやって、何が起きるかを見るという実験が行われている。そういう実験と臨死体験を比較してみると、大きなちがいが二つある。一つは、エンドルフィンを注射で入れてやると、患者はだいたい眠くなり、意識がボヤけてくる。ところが、臨死体験の場合は、肉体は眠っていても、内的意識はきわめて鮮明である。体験者が、これまでの人生で自分の頭がこれほどクリアになったことはないというほど、クリアになる。体験で何かを見る場合にしても、細部にいたるまでハッキリと見ている。

第二のちがいは、作用時間である。化学物質を入れてやるのだから、その物質が代謝で失われるまで持続する。先に述べた、ガン患者の痛み止めの実験では、三十時間以上も持続していた。ところが臨死体験の場合は、無痛状態や幸福感が続くのは、その体験中だけで、体験が終わったとたんに、痛みはすぐ戻ってくる。もし、無痛状態、幸福感がエンドルフィンという物質の効果によるものなら、臨死体験の終わりとともにパタッとそれが消えてしまうというのは、おかしいのではないか。

これは確かにセイボムのいう通り、おかしいといえばおかしな点である。体験者はほとんど異口同音に、痛みや苦しみは、臨死体験の開始と同時にゼロになり、それが終わると同時に再びドッと押しよせてきたと語っている。

実例をひとつ示そう。福島県の鈴木敬子さん（仮名、五十九歳）の例である。鈴木さんは、三十歳のとき、口もきけないほどの激痛と、四十度をこす高熱、激しい嘔吐感に襲われた。胆石と診断されたが、手術のため開腹してみると、肝臓に拇指大の膿瘍が三つもできて、肝臓がふくれあがり、もうほとんど手遅れの状態だった。

七時間に及ぶ手術が終わって、麻酔からさめると、筆舌につくせぬほどの激痛に襲われ、そのまま意識を失った。その後数日間にわたって生死の境をさまよいながら、その間臨死体験をしたり、意識を取り戻して激痛に襲われたりを何度か繰り返した。

はじめは、

「体がスーッと楽になり、私の幼い頃横須賀に住んでいたときの家や、幼友達とおままごとをして遊んでいるところや、木登り、鬼ごっこをしているところ、近くの山で枇杷《びわ》の実を食べているところ、海軍軍人であった父が白い夏服、白い帽子、白ズボンで闊歩しているところ、その父の手にぶらさがるようにして歩いた場面などが走馬灯のように頭の中をかけめぐっているとき、頬をピタピタと叩かれ、我に返った」

我に返ると、苦しくて苦しくて息がつけず、またすぐに意識を失ってしまった。次の場面では、

「母が枕もとにきて、ベッドの手すりに両手をかけ、肩で息苦しそうに息をしながら、私の顔をのぞきこむようにして、『……だよね、敬子ちゃん』と、何か相槌を求めた」

このとき実際には、母親は、病院にきていなかった。心臓病で危篤状態にあり、家で寝ていたのである。そして、苦しい息の下から、

「敬子ちゃんが外に来ている。玄関の前まできた。寒いから早く家に入るように連れてきなさい」

と何度もいったそうである。しかし結局母親は、敬子さんの入院中に亡くなってしまった。

また意識を取り戻すと、激痛がはじまり、また意識を失う。

「またスーッと楽になり、周囲が明るくなり、気分も良く、体も軽く、ふわりと浮くような感じで歩き出すと、もやの中にピンクがかった薄紫のれんげの花畑がきれいに広が

り、もやの向こうにキラキラ小さく光る川が流れており、その向こうには薄黒い人影が三つ見えます。それは亡くなった私の父と、弟と妹のようでした。父の影がおいでおいでと手まねきをしています。私はそれに向かって一所懸命に前へ進み、手を伸ばして父の手につかまろうと『待って！　待って！』といいながら行くのですが、その距離はどうしても縮まらないのです。疲れて立ち止まったときに、自分の頬がピタピタ叩かれ、『鈴木さん、しっかり！』『敬子ちゃん、死んじゃだめだよ』と耳元で大声がするのに気がつきました」

目を開けると、医者、看護婦、家族、親戚の人たちがベッドをとりかこんでいた。しかし、すぐまた息ができないほどの激痛に襲われ、意識を失った。

「また急にやさしい春風にのったような気持ちになり、薄紫のもやの中をふわりふわりと歩き出していました。するとまたキラキラ光る川の向こうから、父と弟と妹がおいでおいでと手まねきをしています。一本の細い道のような橋のようなところを、『早くいかなくちゃ』と気をもんで前進し、やっと手が届くところまできたと思ったら、やっぱりまだ遠いのです。そのうち私は、向こうへ行ってはいけないんだ、ここに居るべきなんだと思って、れんげ草の野原をとてもいい気持ちで歩いていました」

こういう体験が繰り返されていたときの鈴木さんの血圧は、四十～三十八まで下がっていたという。

先に述べた、エンドルフィン説が説くように、臨死体験というものが、生命の危機に際して、エンドルフィンが大量分泌され、その麻薬効果によって起きるものであるとすれば、このように生命の危機状態が一貫してつづいているときに、体験がブツブツに切れて、痛みもブツ切れというのはおかしなものである。

　やはりエンドルフィンの作用は認めても、それを臨死体験の主要な源泉とするのは、誤りのようである。

毛利さんの三度目の体験

　さてここでエンドルフィン説の発端になった、毛利さんに話を戻すと、毛利さんは、前章で紹介した二つの体験のあとに、もう一つ別の体験をしている。そして、その体験をすることによって、エンドルフィンに対する考えかたが少し変わってくるのである。

　はじめの二つの体験はどちらも気持ちがよいものだった。解放感があり、安らかで、ゆったりしていて、恍惚感があった。だから、「あのまま死んでいけるなら、死ぬということは、実に楽なことではないか」という感想を持った。そして、その気持ちよさの背景を調べていくうちに、エンドルフィンの存在を知り、人間が死ぬときにはエンドルフィンが大量に分泌されて、みんな楽に死ねるような生理的メカニズムになっているのではないかと考えるようになった。そして、

「この仮説を得てからといっていいかと思うが、私の中になにやら一種の安心感が生じ

た。――自分はいずれ大かた心臓か脳で死ぬだろう。そのときは楽に死ねそうだ――という一種のたかをくくったような気持であった」（『脳卒中再体験記』東京書籍刊）という。ところが、二度目の体験の二十七年後、六十八歳のときに、脳卒中になり、再度臨死体験をするのだが、今度は、安らかさも恍惚感もなかったのである。

脳卒中で倒れ、救急車で病院にかつぎこまれ、ストレッチャーに乗せられて、CT検査などに引きまわされているうちに意識がもうろうとしてきた。そして幻覚の世界に入っていった。

「いつのまにか私は白い服を着たお遍路さんになってるんですね。そしてどこだか知らないけどみなで歩いている。すると道の曲り角にロウソクが立っているので、それをみなで拝むんです。あちこちにロウソクが立っているから、自分も拝む。そして、自分のいた病室に帰ってくるんですが、するとそれが百畳敷ぐらいの大きな部屋に変っていて、そこでみんなが静かに会食をしているんです。病院の職員の人たちらしい。その中に私も座って食べている。別に人と話はせず、巡礼してるときは寒かったななんて考えている。そのうち会食している人が一人減り、二人減りしてどんどんいなくなる。明かりも消えて暗くなるけど、私のところだけはスポットライトがついたように明るい。ところがあたりを見まわすと誰もいないんですよ。それで、ああさみしいな、孤独だなと思うんです。するとそのとき、天井から大きな角材を組んだものが降りてきて、その下敷きになっておしつぶされるような感じになる。ふと見ると、自分がキリストの姿になっているんです。キリストがはりつけになる前に、十字架をかついでずっと歩かされるでしょう。あれと同じ姿になっているんです」

こういう体験をしながら、これと似たことが前にもあったなという気がした。後で気がついたことだが、そのキリストの姿というのは、自宅にあるホルバインの画集の中にあった木版画と同じ構図であったという。

「前の脳卒中のあと、人間の死についていろいろ考えていたとき、この版画を見て、お釈迦さまは涅槃《ねはん》で極楽往生だったのに、キリストはかわいそうに一人で十字架を背負わされて、はりつけになったんだなと思ってすごく印象に残っていたんですね。それが出てきたんだと思います」

今回の体験には、前二回の体験にあったような気持ちよさ、心の平安、恍惚感などといったものは何もなかった。むしろ、寒さ、暗さ、淋しさ、孤独感といったものが強く残った。これはエンドルフィン説では解釈できない現象である。エンドルフィンが当然もたらしてくれる麻薬効果の心地よさがなかったのである。

「しかし苦痛というものは全然ありませんでしたから、それがエンドルフィン効果といえば、いえるかもしれません。だから、エンドルフィンは出てたんでしょうが、それがもたらす効果を打ち消す別の要素があったんだと思うんです。それは何だろうといろいろ考えてみたら、結局それは肉体的な寒さだったんじゃないかと思い当たりました」

救急病院にかつぎこまれると、すぐに服をぬがされ白い病衣に着がえさせられた。下は裸で、寒かった。意識がまだ残っているときから、これじゃ寒い、服の間から隙間風が入ってきて風邪をひきそうだとずっと不満に思っていた。それがいろんな形で反映しているのではないかという。お遍路さんの白い服というのも、病衣からきているのかもしれない。キリストも薄衣一枚で寒そうだった。その寒さが心理的にも、淋しさ、孤独感としてあらわれてきたのではないかという。

エンドルフィンが与える幸福感も、それくらいの寒さで寂寥感に変わってしまうものなら、その麻薬効果もそう強いものではないといえそうである。あるいは、生命が弱りきったときの人間の心理状態というのは、それくらいちょっとした環境の変化も敏感に反映してしまうほどデリケートなものなのだというべきなのかもしれない。

結局、エンドルフィン効果が働いても、他の環境条件がうまく同時に働いていないと、必ずしも楽に気持ちよく死ねるとは限らないということだろう。

ところで、毛利さんは、このような体験をしたことによって、死に対する恐れや嫌悪が生じたかというとそうではない。むしろ逆だったという。

生への執着が消えた

「前のときは、その気持ちよさ、心の平静さから、ああこれなら死ぬというのは楽なもんだ、と考えるようになった。楽だから恐くない、楽だから受けいれられるという発想なんですね。しかし、今度は、何かもっと根本的な自分の人生感、価値観の変化があったという気がするんです。臨死体験の研究書を読むと、体験の事後効果として、そういう意識の変化を起こすことがよくあると書かれていますね。それがぼくにも起きたんじゃないかと思うんです」

ここで述べられているように、事後効果としての意識の変化という現象は、いま臨死体験研究で非常に注目されている問題である。これについては、また後で詳しく検討しようと思うが、ここではとりあえず、毛利さんにどんな変化が現われたかを記しておこう。

毛利さんがそれに気がついたのは、病院を退院して三カ月目のある朝、顔を洗っているときだった。ふと頭の中に、

「死ぬる時節には死ぬがよく候」

ということばが浮かんできた。良寛のことばだったなと思い出した。そういえば、良寛の掛け軸を持っていたなと、久しぶりに押入れから取り出してかけて見た。

そこには、良寛の次のような詩が書かれていた。

今日乞食逢驟雨　（今日乞食して驟雨に逢い）
暫時廻避古祠中　（暫時廻避す古祠の中）
可笑一嚢与一鉢　（笑うべし一嚢と一鉢と）

生涯瀟灑《しょうしゃ》破家風（生涯瀟灑たり破家の風）

「きょう托鉢して俄《にわ》か雨に出会い、しばし古い祠のなかで雨宿りした。いや素晴らしい、頭陀袋一つと鉢一つのさばさばしたこの生きざまは。一切の執着を断って無一物になりきったこの生きざまは」

という意味の詩だが、これを読んで、しみじみ「わかるなあ」と良寛に感動した。そして、

「いつ死んでもいい。身軽に死ねる」

という気持ちになった。良寛のように、生への執着が完全に自分から消えていることを発見したのだという。

第五章　医師キルデの報告

医師の臨死体験者をもう一人紹介する。フィンランドのラウニ・リーナ・ルーカネン・キルデ医学博士である。キルデさんには、NHKの番組の中でもちょっとだけ顔を出して体験を語ってもらっている。キルデさんは、公衆衛生学が専門で、ラップランド地方政府のチーフ・メディカル・オフィサーを十三年間つとめた人である。

キルデさんの体験は、一九六九年、医学校を卒業して医者になったばかりの年に起きた。急性腹膜炎で、救急病院に担ぎ込まれ、緊急手術を受けたときのことである。

「そのとき私は、全身麻酔をかけられて意識喪失状態にあったわけです。しかし、突然気がついてみると、私は天井のあたりに浮かんでいて、自分が手術されるところを見ていました。そして不思議なことには、手術をしている医者の考えが読めたのです。これからメスを取って、切ろうとしているなというのがわかりました。彼が切ろうとしているところには小さな動脈がかくれているということもなぜか私にはわかりました。しかし彼はそれに気がついていない。だからその動脈が切られてしまうというのがわかったのです。私はそれを止めようとしてあわてて叫びました。『そこを切っちゃダメ！　そこには動脈があるのよ！』。しかし、彼には私の声が聞こえません。私が予知した通り、彼は動脈を切ってしまいました。血がパァーと噴き上がり、天井近くまで達するのが見えました。その途端、私はトンネルの中に吸い込まれていきました。トンネルの中は真っ暗で何もありませんでした。その向こうに輝く光があり、そこに私は入っていきました。それは自由の女神像くらい巨大で強く光り輝いていました。光は暖かく、愛に満ちていました。輝き方があまりに強かったので、私は光を直接みることが出来ませんでした。私は思わずその前にひざまずいてしまいました」

キルデさんは、一九九〇年にアメリカのワシントンで開かれた、第一回臨死体験研究国際会議の初日に行われた記念講演の講演者だった。医者であり社会的地位も高い臨死体験者として、彼女は欧米では有名な人なのである。彼女が自分の体験を書いた『死は存在しない』という本は、フィンランドでベストセラーのトップになっただけでなく、スウェーデン、デンマーク、ノルウェー、アイスランド、スペインの各国で翻訳出版され、ノルウェー、スウェーデンでは、それぞれベストセラー一位と五位になっている。「臨死体験は高次意識の目覚めを導く」と題された記念講演の中で（インタビューはその前に行われた)、この体験についてもう一度語っているのだが、そのとき、この光について、私に述べたのとはいささか違う表現を用いている。

「その大きな白い光は、愛に満ちた光でした。そして、その巨大な全体像はキリストの姿をしていました。これは、私がルーテル派キリスト教のバックグラウンドを持っていたからかもしれません。ご存知のように、スカンジナビア各国は、ルーテル派キリスト教が国教になっていて、国民のほとんどがその信者なのです。キリスト像は、自由の女神くらいの大きさがありましたが、あまりに強く輝いているので直接全体を見ることはできませんでした。私はその前にひざまずくようなかっこうをしており、キリストの膝のあたりまでしか見ていませんでした。キリストは、聖書の挿絵にあるようにサンダルを履き、白衣を着ていました」

　こう聞いて、彼女のいう光のイメージがよりよくつかめた。しかし、キルデさんは、私に話すときには、キリストという固有名詞を持ち出すのをわざと避けていた。こういう表現を避けたのは、東洋人の私に、あまり宗教色の濃いイメージを与えるのはよくないと思ったからかもしれない。

　あとで彼女の宗教的信仰心についてはもう一度ふれるが、彼女がこういう表現をしたからといって、彼女が特に宗教的な人間であるというわけではない。もともとそうでなかったし、体験後もそうではない。むしろ体験後は、キリスト教も含め、既成の宗教から は離れてしまうのである。

宗教の問題も含め、彼女の体験談は、臨死体験について考えるべき多くの問題を核として含んでいるので、これからしばらく彼女の話を手がかりに考察を深めていきたい。彼女とのインタビューはかなり長時間にわたるもので、内容的にも多岐にわたっているので、途中の解説や註釈は最小限にして、まずあらましを聞いていただきたいと思う。大きな問題は、あとでゆっくり考えることにする。

実現した予言

「それから私は声を聞きました。私を教え、さとすような声でした」

——それは外から物理的な音声として聞こえてきたんですか。

「いえ、それはテレパシーのように、自分の内部から聞こえてきました——」

——で、その声は何をいったんですか。

「医者になるなんてことは大したことじゃないといったんです。私はそのとき医者になったばかりで、医者になったということを自分でもとても誇りに思っていたので、そんな風にいわれたのはショックでした。次にふり向けといわれました」

——ふり向け？

「ええ、それでいわれた通りにふり向くと、そこは海で、水底には、何千何万という真珠がびっしりと敷きつめられていました。白い美しい真珠でした。そこに再び声が聞こえてきて、その真珠は人間の魂を象徴しているのだと教えてくれました。そこへ波が寄せては返していました。ときどき大きな波がくると、真珠は少し陸のほうに押し上げられます。そういう大きな波は滅多にこないのですが、来るたびに幾つかの真珠が少しずつ押し上げられていきます。それを見て私は、人間の魂は、日常の波ではなく大きな波にときどき出会うことによって、その意識レベルが高いところに引き上げられていくのだという悟りを与えられました。そのとき、遠くのほうに黒真珠が一つあるのに気がつきました。それを見たとたん、それは私の夫の魂であるとわかりました。そして再び教える声が聞こえてきて、私たちは離婚することになるだろうと告げました。まさかと思いました。そんなことがあるはずがないと思いました。そのころ私たちは結婚して間もないころで、二人ともとても幸せなころだったのです」

——で、予言は実現したんですか。

「ええ。その体験の二年後なんですが、本当に離婚しました」

ここで注意しておきたいことは、このような予言が当たったということは、必ずしもそれが超自然現象であることの証明にはならないということである。第一に予言が予言でありうるからには、その内容が自己実現可能であってはならないということがある。「私は明日の昼食にカツ丼を食べるであろう」と自分で予言して、翌日の昼に本当にカツ丼を食べたとしても、誰も予言が当たったとはいわない。キルデさんのケースの場合、もし聞こえてきた声が、純粋に自己とは無関係の外部からの声であることが証明できれば、自己実現の可能性とは無縁だが、その声は、潜在意識下の深層に秘められていた自分の内的意識が、外から聞こえてくる声という形をとってあらわれたものだと解すれば、これは自己実現された予言と解釈することが可能である。

日常的には幸福そのものに見える（本人たちも幸せいっぱいだと思っている）新婚夫婦の間にも、何かの折りにふと相手に対する違和感が胸の中をよぎる瞬間というものがあるものである。そのとき、一瞬間にしろ、自分は本当にこの人と一生うまくやっていけるのかしらという疑念がわき、結局、いつか別れることになるんじゃないかしらとまで考えてしまうことは、けっこうあることである。もちろん、そういう思いはすぐにかき消され、再び日常的な幸せいっぱいの感情におおい隠されてしまうが、深層心理にはその思いが深く刻み込まれて残っており、それが、臨死体験という日常意識の表層がはぎ取られた状況の中で外部からの声という形をとって噴出してくるということは、心理学的に大いにありうることなのである。

頭の中に響きわたる声

精神医学の用語で、"thought echoing"（「思考反響」又は「考想化声」）という言葉がある。幻聴の一種で、自分の考えている内容が、物理的音声となって、頭の中で響きわたるように聞こえてくるという現象である。ちなみに、これに似た現象で、「考想化視」

という現象もある。これは、自分が考えたことが、文字になって目の前に浮かびあがってくるという現象である。

この現象それ自体は病気ではなく、健常人でも体験することがある。実際、私も体験したことがある。しかし、稀にこの現象がどんどん進展していって、精神分裂病に発展することもある。どう発展するかというと、はじめのうちは、その声として聞こえてくるものが自分の考えていることに他ならないという自覚が本人にもあるが、やがて、それが自分の考えなのか、外から聞こえてくる声なのか自分でも区別がつかないようになる。やがてそれは、自分と関係がない他者の声であると認識するようになる。自分とは別の存在として、声の主がおり、それが自分に語りかけてくるのだと思うようになる。そして、それに自分から応答するようになる。すると、声の主もすぐそれに答えてくるので、声の主との間に〝対話〟が成立するようになる。端から見ると、その患者はいつまでも口の中で何かブッブツいいつづけているように見えるが、本人の頭の中では、声の主と大真面目な会話が交わされているところなのである。本人も、この会話が、普通の第三者には聞こえていない会話だということはわかっている。しかも、聞こえ方が頭の中に直接響きわたるという、物理的音声を聞くのとはちょっとちがう聞こえ方なので、これはテレパシーではないかと思うようになる。声の主は目に見えないので、やがてそれが超越的存在に思えてきて、自分はその超越的存在に特別に選ばれた人間で、テレパシーで交信できる能力を特に授かったのだと考えるようになる。

ここで誤解のないようにいっておきたいが、こんなことを述べたからといって、私は、臨死体験は精神分裂病に近い精神異常現象であると主張しようというのではない。

我々と同じ日常生活の中で、同じ条件下で生活しながら、こういう現象がその人に白昼堂々起きてしまうのが精神異常なのである。しかも精神異常の場合、そういう現象は継続的に起きたり消えたりする。日常世界と異常世界が完全に入り混じり、本人は両者を完全に混同してしまう。

そういう精神異常現象と、臨死体験とは、その現象のあらわれ方に部分的にきわめて似ている部分があるが、本質的には全く別の現象といってよい。現象的類似点だけをとらえて、どちらも同じ精神異常現象などと主張するのは誤りだろう。しかしまた逆に、この二つの現象の間には全く類縁関係がないというのも誤りだろう。構造的にこれほど似通った精神現象の間には、それを起こしている神経生理学的メカニズム（それはどちらについてもまだよくわかっていないのだが）の部分に、かなりの共通部分があるにちがいないと考えるのが妥当である。

キルデさんのように、臨死体験中に、何らかの声を聞いたという体験は実に多い。手元の体験例の中から一例をあげてみる。

名古屋市のS・Sさん（四十八歳）の例である。S・Sさんは、七年前に、乳ガンの手術を受けた。その手術中の体験である。

「ふと気がつくと、自分がフワッと空中に浮かんでいるのを下の方から見ていました。

体は透明ですき通っていました。その顔を見ると、たしかに自分だということがわかりました。あたりは夜明け前の薄明に近い状態で、空は遠く水平線に近い部分だけがオレンジ色を帯びていました。自分のまわりに、黒い人影が沢山肩を並べて重なるように立っていました。大勢の人がいるのにシーンと静かでした。逆光だったので、その人たちの顔を見ることはできませんでした。しかし、私のことを心配して暖かく見守っていてくれてるようでした。私はとても心安らかで、不安はなく、のびやかで、好奇心に満ちていました。

誰が話しているのかわかりませんでしたが、言葉が頭の中に飛び込んできました。言葉は聞こえてくるというより、いつの間にか、頭の中にはいってきているのです。私のほうも、口は開かず、声も出していないのに、質問などが、考えただけで誰かに伝わっていくという感覚を持ちました。

『光があたると治るのですか』

と私は質問をしていました。その前に、どこからか私の頭の中に飛び込んできた言葉のかたまりの中に、光があたると治るという言葉があって、それをそのまま反復して質問したという感じでした。

その質問に対する返事の代わりに、暗転した舞台にスポットライトがあたるように、かすかな光が移動してきて、何かを照らして静かにゆっくり動いていきました。照らされているところはデコボコして洗濯板のようでもあるし、南京袋が裂けて、縫い合わせたようにも見えました。『えっ、これ傷ですか』と質問したが、誰からも返事はありませんでした。そのまま不思議な光が追いかけていく縫い目のようなものを注視していました」

という。そして、退院してから鏡に映して、手術の痕を見たとき、「あのときに見た傷と同じだ」と思ってびっくりしたという。

この体験談に活写されている声の聞こえ方、思っただけで伝達できるテレパシーのような感覚、頭の中にいつの間にか言葉がかたまりとなって飛んできて入ってしまうという感じなど、「思考反響」に実によく似た特徴である。

分かってくれない周囲の人々

キルデさんのインタビューに話を戻す。

——その声から告げられたことが他にも何かありますか。

「お前には、まだこの世で果たすべき使命があるというようなことを告げられましたが、具体的にどういう使命なのかは告げられませんでした。そして、次の瞬間、私は自分の体に戻り、意識を取り戻したのです。気がついてみると、私は大量の輸血をされている最中でした。後でわかったことですが、私は手術中に大量出血して、二リットルもの血液（血液総量の四割くらいに相当する）を失っていたのです。私はすぐに医者に自分が体験したことを告げました。手術の失敗を見ていたことも告げました。しかし医者たちは、私のいうことを信用せず、大量出血が手術の失敗によるということも認めませんでした。そして、まあまあ、落ち着いて、気をしずめなさいと取りなすだけでした。大量出血で脳にいく血流量が不足して、脳の低酸素状態がもたらす幻覚を見たんだというような説明をして、私を納得させようとしました。しかし私は医者ですから、どうすればカルテが見られるかを知っていました。そして、自由に動けるようになってから自分のカルテを見ると、私が臨死体験中に見た通りのことが手術中に起きていたことが記されていたのです」

——その天井から手術を見ているときの見え方なんですが、どんな風に見えるんですか。我々がいまこうして普通に何かを見ているときの見え方とどこかちがいがありますか。

「ちがいは全くありません。いまこうして外界を見ているのと全く同じです。どこかぼんやりしているとか、かすみがかかったようになっているといったことはありません。手術の立会人として、その場にいて見ているのと変わりがありませんでした。視野はすみずみまでクリアでした」

——この体験は、時間的にはどのくらい持続していたんですか。体外離脱、トンネル、光、真珠の場面など、それぞれどれくらいつづいたんですか。

「体験中は時間の感覚というのが全然ありません。長時間でもなく、短時間でもない。

要するに時間というものがないんです」

――すると、永遠の中にいるという感じ？

「永遠というか、永遠に今が続いているというか。とにかく時間という次元がないんです。時間という概念が消えてなくなってしまっている。ですから、時間というのは、人間が作ったものなのではないかという気がしました」

――体験中の意識のほうはどうなんですか。正常に、鮮明に保たれているんですか。

「完全に鮮明です。思考も感性もいまこうしているのと同じようにクリアです。こんな風に考えてくれればいいのです。いま着ている服を脱いで、裸になったとしますね。意識レベルに異常をきたしますか。服を脱ぐ前と後で意識は何も変わらないでしょう。それと同じことです。肉体というのは、我々がこの世で着用している衣服のようなものなのです。それを脱いだからといって意識がおかしくなるということはありません。かえって気持ちがよくなるくらいです」

――その体験を医者以外の人にも話しましたか。

「主人にも、両親にも、友人にも、親しい人にはみんな話しました。しかし、誰一人として真面目に受け取ってくれませんでした。よし、よし、大丈夫、心配しないでといった、病人をいたわるような言葉をかけてくれただけです。病気で私が精神に異常をきたしたと思っているのが明らかでした。私の精神は百パーセント正常で、この体験は私の人生に起きた最も大切なことなんだということを一所懸命伝えようとしたのですが、ダメでした」

――ご自分ではこの体験をどう解釈していたんですか。その頃、臨死体験に関する予備知識は何か持っていましたか。

「予備知識なんて全くありません。だいたいそのころ、臨死体験について書かれた文献なんて何もなかったし、臨死体験ということばすらなかったんです。ヨーロッパで臨死体験が広く知られるようになったのは、アメリカのムーディ博士の本が翻訳されてからなんですが、あれが出たのが一九七五年です。一九六九年ころといったら、誰も何も知らなかったんです。だから、私の頭がおかしくなったと皆に思われても仕方がないところでした」

――でも、自分では頭がおかしくなったわけではないことを確信している。

「私も医者ですから、この体験を科学的にどう説明できるのだろうかということに強い興味を持ったわけです。しかし、なかなかうまい説明は見つかりませんでした。たとえば、私を手術した医者が持ち出した、脳の低酸素状態が生んだ幻覚という解釈がありますね。それも確かに一つの可能性です。脳が低酸素状態に置かれると幻覚が生じることがあるというのは、医学的に知られていた事実です。しかし、そういう場合に起きる幻覚の内容とか、そういう場合の体験者の精神状態などを考えあわせると、明らかに、私の体験とは質が違うんです。低酸素状態の場合、意識レベルが低下してしまって眠くなり、私のケースのように、明晰な意識を持ち続けているということがないんです」

臨死体験と幻覚

低酸素状態で脳機能がどう変化するかという研究は古くから行われている。たとえば、一九二〇年代にはアメリカのY・メンダーソンが、志願者を気密室に入れて、酸素濃度を徐々に減らしていくという人体実験をしている。ついには被験者が痙攣を起こして呼吸が停止するまで酸素を減らし、その間の生理的、心理的変化を調べるという極端な実験だった。一九三〇年代には、やはりアメリカのR・A・マクファーランドという医師が、チリの高山で、長時間低酸素状態においたときに、人間の肉体的、精神的機能がどう変化するかを研究している。

いずれの場合においても、精神機能はどんどん低下していき、知覚能力、記憶力、思考能力が顕著に低下し、臨死体験におけるようなクリアな意識を持つということはなかった。キルデさんのいう通り、幻覚が起きるとしても、それは、意識レベルが低下した妄想状態がもたらす幻覚であって、臨死体験の幻覚とは異質なのである。

「では、精神病ということで片づけられるかというと、それもむずかしいのです。確かに精神病で幻覚が起こることはよくあります。特に精神分裂病や、アルコール中毒、薬物中毒などの場合、幻覚、幻聴はよく起こります。しかし、その内容をくらべてみると、明白なちがいがあります。何よりちがうのは、精神病の場合、幻覚の内容は狂気の産物であり、狂っているとしかいいようがありません。その内容はだいたいにおいて妄想的であり、ネガティブなものです。しかし、臨死体験の場合は、内容が美しく、心安まるものであり、愛と喜びに満ちあふれ、とにかく素晴らしい体験といわずにはいられないものです。それはあらゆる面においてポジティブな体験なのです。だから、事後効果がぜんぜんちがいます。精神病の幻覚の場合は、患者の精神症状をより一層悪化させるものであるのに対し、臨死体験の場合は、体験者により一層生きる喜びと活力を与えます。精神病の幻覚と臨死体験におけるイメージ体験は、全く別のカテゴリーに属するものです」

たしかに、精神病と臨死体験の間には、ここでキルデさんがあげたようなちがいがある。たとえば、アル中患者の見る幻覚を、患者の記した体験記から引用してみよう。

「布団の中から、ぼんやりと天井の照明を見ていた私の顔の上に、突然、無数の虫ケラが次々と凄いスピードで落ちてきたのだ。驚いて周囲を見回すと、畳や布団の上一面にゴキブリのような虫ケラが蠢《うごめ》いているではないか。私は完全に虫ケラ共に包囲され、それらはついに私の肌の上を這いずりはじめたのだ」（邦山照彦『アル中地獄』第三書館刊）

これはアル中患者が見る典型的幻覚である。アル中患者は、不思議にみんな虫ケラ幻覚を見るのである。この患者の場合、中毒がさらに進んで、幻覚も一層ひどくなり、ついに精神病院に収容される。病院の壁をぼんやり見ていると、

「壁の中から黄色い円盤状の物体が次々と私のほうへ向かって飛んできて、ベッドの足許に積み重なって着陸した。私はこのファンタジックでカラフルな世界に夢中になり、自ら手をのばしてこの円盤を受け止め、ベッドの脇に整理した。（中略）私は時間の感覚を失い、呆然として目をつむった。するとまたしても、赤や黄色の強烈な原色の世界へ引き込まれていった。めくるめく原色の世界を歩きながら、私は激しい頭痛を覚え、奈落の底へ転落するように、『ドカーン』と倒れた。その瞬間である。『バラ、バラ、バラ』と頭蓋骨が砕け散ったのは。『しまった』私は大声で叫んだ。見よ！　床一面に私の脳細胞が散乱しているではないか。それらは通路やベッドの下に、細かい破片となって輝いていた。『ああ、どえらいことになったぞ』私は絶望的な悲鳴を上げると、夢中になって拾い集めた」（同前）

こういう幻覚体験を読むと、たしかに、臨死体験とのあまりのちがいに驚かされる。精神分裂病の幻聴にしても、「人を殺せ」あるいは「自殺しろ」といった命令を聞いたり、人が自分の悪口をいったり、中傷したりする声を聞いたりといった妄想を内容とするものが多く、ポジティブな内容のものはほとんどないのである。

キルデさんの話にもどる。

「精神病的幻覚の一つに、『自己像幻視』というのがあって、これが体外離脱の説明に持ち出されることがしばしばあるんですね。しかし、これも全く似て非なるものです。自己像幻視においても、臨死体験のように、もう一人の自分の姿を目の前に見ます。しかし、臨死体験では、自分の魂が抜け出してしまった肉体が死体のようにそこにころがっているのを見るのに対して、自己像幻視で見るもう一人の自分は、生きて動いているんです。自分と同じような格好をして、しばしば自分の動きをそっくり真似したりするんです。臨死体験の場合、意識が残る自分は、日常的な現実界を離れてしまっていますが、自己像幻視の場合、自分も、もう一人の自分も、この現実界にいます。道を歩いていくと、もう一人の自分も、数十センチから数メートルの距離のところにいて、ずっと一緒についてくるなどという例が多いんです。臨死体験のように、肉体を地上に残したまま自分は光の世界に飛んでいってしまうということはないんです」

自己像幻視は、ドッペルゲンガー（二重身）現象ともいい、昔から伝説や民話の中によく出てくる。道を歩いていくと、向こうから顔を隠した男がやってくる。すれちがうときに、その顔をのぞきこむと、なんと自分であったとか、自分を追い越していく男が、追い越しざまに自分を振り返ってニヤリとしたが、その顔を見ると自分であったなどというのが話のパターンである。この現象は作家の想像力を強くかきたてるものらしく、これをテーマにした文学作品がかなり書かれている。ホフマン、シャミッソー、ミュッセ、モーパッサン、ポー、ダヌンチオ、日本では芥川龍之介の作品などがある。シューベルトの『白鳥の歌』の中にある「ドッペルゲンガー」（ハイネ詩）もこの現象を歌ったものである。ゲーテは、『詩と真実』の中で、彼自身この体験をしたことがあると書いている。

自己像幻視は、必ずしも精神異常現象とはされておらず、健常人でも、肉体疲労時、あるいは精神疲労時に起こることがある。ゲーテの場合も、失恋して傷心状態の時に体験している。

自己像幻視は薬物中毒でもあらわれることがある。精神分裂病、てんかんなどの精神障害であらわれることもある。また脳腫瘍、脳外傷などの脳障害であらわれることもある。しかし、いずれにしても、臨死体験の体外離脱とはかなり内容がちがうのである。

死は存在しない

再びキルデさんとのインタビューにもどる。

「この他、臨死体験を既存の枠組に入れて科学的に説明しようとするいろいろな説があるんですが、そのどれもが私を納得させることはできませんでした。もう一つ例をあげると、薬物説がありますね。麻薬やＬＳＤなど、似たような幻覚や快感をもたらす薬物が存在する。だからこれは、そういう薬物と同じ効果をもつ脳内麻薬物質の作用によるものだろうということで、エンドルフィンなどがその候補として取り上げられています。しかし、私は医者だから知っていますが、エンドルフィンを人間に投与すると、快感や苦痛の除去という効果があるのは事実ですが、同時に、眠気がもたらされて、意識レベルが低下し頭がぼんやりしてくるんです。臨死体験では精神が澄みわたり、頭は冴えきって、論理的思考能力が全く失われません。これはエンドルフィンによってもたらされる状態とは正反対のものです。結局私は、いろいろこじつけて無理な説明をつけるより、一番簡単な説明を採用するのが正しいのだと思うようになりました。一番簡単な説明というのは、これは、物理的な日常世界をはなれたスピリチュアルな体験だということです。物理的な三次元世界をはなれて四次元の世界に入ることだといってもいいと思います。要するに、臨死体験というのは、この日常世界を成立させている次元とは別の次元の世界へ渡るための橋のようなものだといいたいのです」

――それはいわゆる死後の世界へいくということですか。

「いいえ、それは死ではないのです。いわゆる死は存在しないのです。私が書いた『クオロ・ミヨラ』という本のタイトルは、フィンランド語で『死は存在しない』という意味です。死と考えられているものの実体は何であるかといえば、この三次元の世界で我々が着用している肉体という衣を脱ぎ捨てて、別の次元に入っていくことなのです。次元を異にする世界へ入っていくというと、とても難しいことのように思えるかもしれません。実際にはとても簡単なことです。テレビのチャンネルを地上波から衛星放送に切り換えるようなものです。テレビを地上システムから宇宙システムへ、システムの次元を切り換えても、見ているあなた自身の存在には何も変化がないように、三次元世界から別の次元へ存在のシステムを移しても、肉体を離れたあなた自身の本質的存在には変化がありません。別の次元においてあなたは存在しつづけ、考えつづけ、感じつづけます。

だから、死を恐れることは何もないのです。医者も早くそれに気がついて、ターミナル段階にある者に、それを教えてやるべきだと思うのです」

――だけど、そういう考えは、医学界で一般に受け入れられる見解ではないですね。

「ええ。それは私もよくわかっています。そして、医学者たちの多くは、臨死体験を無視しようとするか、精神異常と片づけるか、あるいはそれを科学的に合理的に説明しようとして空しい努力をつづけているわけですが、結局それは、いずれも成功しないでしょう」

――キルデさんの話を聞いていると、プラトンが、人間の魂は肉体という牢獄に囚われている囚人のようなものだといった話を思い出しますが――。

「私も基本的にはそういう考え方を支持していますが、ただ、肉体を牢獄とまではいいたくありません。むしろ、肉体は魂あるいはエネルギー体が住んでいる家であるといったほうがいいでしょう」

――エネルギー体？

「ええ。エネルギー体というのは、ソ連の研究者が使いはじめた言葉で、いわゆる魂とか霊といわれているものにあたるものです。霊とか魂というと、どうしても宗教色がついてしまうというか、既成の存在論のパラダイムから抜けきれないので、そういうパラダイムに対して、もっとニュートラルな用語を使いたいということで、こういういい方がはじまったのです。私もその方がいいと思って使っています。それに、アインシュタインもいうように、エネルギーは不滅で、ただ姿を変えるだけです。魂をエネルギー体とすれば、エネルギー不滅の法則から、魂の不滅が簡単に導けます」

——じゃあ、そのエネルギー体を使うことにしましょう。

「エネルギー体と肉体の関係は、運転手と車の関係にたとえるのが一番いいんじゃないかと思います。車から降りても、運転手は生きているわけです。この関係において医学は何をしているかというと、事故が起きたりしたときの救急活動をするわけですが、事故現場にかけつけても、運転手のことはほったらかしでもっぱら車の手入れをしているだけなのです。車と運転手のどちらが大切かといったら、運転手であるのにきまっているのに」

——そういう考えにいつ到達するようになったんですか。臨死体験のあとすぐにですか。

「いえ、何年もあとのことです。臨死体験のあとしばらく、この体験はいったい何なのだろうといろいろ探究してみましたが、結局よくわからないで終わりました。それから三年後、私は離婚することになり、そういえば、あのとき、離婚が予言されていたのだったと思い起こして、臨死体験への興味をあらたにしたわけです。そして、色々考えた末、これは自分で実験してみる他ないと思ったわけです。医学者が、新しい医薬品や治療法の研究をするとき、ネズミなどの動物実験だけでは十分でないので、どうしても人体実験をすることが必要になります。その場合、ボランティアがいればいいのですが、いなければ、自分が実験台になるということが結構あります。で、私も自分の体で実験してみようと思ったわけです。ごちゃごちゃ討論しているより、もう一度意識的に体験してみて、今度はその体験中の自分を十分に観察し、分析してみるのがよいと思ったわけです」

——でも、臨死体験の実験なんて、どうやってやるんですか。わざと死にかけるんですか。

「いろいろ文献を集めて読んでいるうちに、体外離脱は、催眠術によって誘発される可能性があるとわかったのです。過去にそれを利用して実験が行われたこともあるとわかりました。そのころ私は、催眠術に興味を持って、自己催眠がかけられるようになっていましたので、これなら自分で実験できるのではないかと考えたわけです。そのころ私は、ラップランド地方のロヤニエミという北極圏の町に一人で住んでいたのですが、ある日、自宅のベッドの上に横になって、一人で実験をはじめました」

自己催眠による体外離脱

どういう方法を取ったのかというと、手、足など末梢血管系の血流をどんどん減少させて、血液が心臓と脳に集中するように、自己催眠をかけたのだという。

「指先から血がなくなる。どんどんなくなっていく。掌《てのひら》からも血がなくなっていく。足のつま先から血がなくなっていく。土ふまずのところから血がなくなっていく。足全体からどんどん血がなくなっていく」

と頭の中で念じながら、同時に、手や足から血が徐々になくなっていくさまを頭の中でゆっくり丹念に順番に追いながら、できるだけリアルに想像していくことを繰り返して自己催眠をかけていくと、本当に末梢の血流量が減っていくのだという。

「突然、足指の先から頭までふるえが走りました。髪の毛が逆立ち、全身が鳥肌立ち、体中の柔毛が逆立つのを感じました。それと共に、凍りつくような寒さを感じました。そこは北極地方で寒いところだったとはいえ、部屋は暖かくしていたから、気温のせいではありません。末梢の血流が減ったので寒くなったのだと思います。次の瞬間、ブラックアウトが起こりました。視野が真っ暗になって何も見えなくなったのです。それが一秒もつづいたでしょうか。気がついたら、私は体外離脱していたのです。私は天井のあたりに浮かんでいました。見下ろすと、私の肉体は膝だけ立てた格好でベッドの上に横になっていました。そして浮き上がった私も、はじめは、それと全く同じ格好、つまり、膝を立てた格好で横になっていましたが、すぐに自由に思った通り動けるようになりました。私の肉体は、まるで死体のように見えました。それを見ても、恐ろしいとか、哀れとか、特別の感情は何もわきませんでした」

——浮き上がった自分のほうはどうなっているんですか。何かこれが自分といえるような実体があるんですか。それとも単にそこに視点があるだけなのですか。

「ちゃんと私の体と同じような形があるんです。顔もあるんです。しかし、それは半透明のスキムミルクのようなものでできていました。これがエネルギー体というものなのかと思いました」

先にも述べたが、体外離脱中に、何か自分の実体といえるものがあるのかどうかは体験者によってちがうのである。キルデさんと同じように答える人もいれば、単に視点だけだったという人もいる。

――ベッドの上の肉体のほうは、単なるオブジェ(物体)になってしまっていて、自分の主観性のかけらも残っていないんですか。

「全く何もないんです。それは意外なことでした。私は医者ですから、どうしても医学的にものを見てしまいます。肉体を見下ろしながら、『私の脳はあそこにある。なのにあの脳は何も考えていないんだ』と不思議に思いました。思考も感情も、一切がエネルギー体のほうにあるのです」

――そっちのほうの意識はしっかりしてるんですか。

「完璧です。完全に清明な意識が保たれていました」

――そういう事態にあわてふためくというような心の動きはありませんでしたか。

「全然ありません。心理的には冷静そのものでした。それで、もっとよく研究しようと思って、肉体のそばまでおりていってじっくり観察することにしました。そばにいくと、肉体がゆっくりゆっくり呼吸しているのがわかりました。それは異常なほどゆっくりでした。それで、呼吸数を数えてみようと思いました。私は麻酔医をしていたこともあるので、いつでも時計を見ずにキッカリ六十秒の時間をとることができるように訓練されていました。だから、時計なしで呼吸数がはかれたのです。数えてみると、一分間にわずか十回でした」

——それは少ないですね。

「正常値は二十回前後ですから、半分です。あまりにも少なすぎます。それでちょっと心配になり、今度は脈をとってみることにしました」

——体外離脱中のエネルギー体に、脈を取るなんてことができるんですか。

「ええ、やってみると普通にとれたんです」

——普通にというと。

「エネルギー体の手で、肉体の手を取って、手首の動脈のところに指をあてたら、ちゃんと脈が取れたんです。おかしな話と聞こえるかもしれませんが、実際、ちゃんと脈を感じたんです。しかし、かぞえてみたら、一分間に三十二回しかありませんでした。やはり正常値の半分です。低すぎます。ますます心配になって顔のところに手をあててみました。すると、顔から暖かみが失せて、冷たくなっているのです。冷たいだけでなく、こわばっていました。これは大変だと思いました。呼吸、心拍、体温などの生命徴候が明らかに低下しているのです。これは、死んでしまうことになるのかもしれないと思いました。肉体が死ぬとしたら、エネルギー体の自分のほうも死ぬことになるのだろうかと考えましたが、どうなるのかよくわかりませんでした。その頃はまだ、死というものがあると思い、死を恐れていましたから、心理的にパニック状態に陥りました。そして、戦場の兵士が生命の危機にさらされたときに、思わず『お母さん！』と叫ぶように、私も、『お母さん、助けて！』と叫んでいました。するとどうでしょう。私は一瞬にして、千キロも離れたヘルシンキの両親が住む家の居間に飛んでいたのです」

体外離脱体験においては、このように、一瞬にして自分が行きたいと思ったところに行ってしまうということが起こる。

体外離脱現象を神経生理学的に研究しているカリフォルニア大学デービス校のC・T・タート教授は、体外離脱現象の主要な特徴として、次の五項目をあげている。

(一) 浮揚すること
(二) 外側から自分の肉体をみること
(三) 外側にいて遠く離れた場所を思い浮かべると、即座にそこに移動すること
(四) 非物理的な体を伴っていること
(五) その体験が夢でないことを確信していること

第三項にあげられているのが、いま述べた特徴である。要するに移動のプロセスが全く欠如したまま移動が完了してしまうのである。テレビで、カメラが動いていって場面が変わるのではなく、全く別のカメラにスイッチングで切りかわるような変化なのである。

これは何を意味しているのだろうか。通常の物理現象であれば、過程が一切抜きで結果が即座に出るということは考えられない。とすれば、解釈は二つに一つである。一つは、これをもって、体外離脱が超常現象であることの証拠とする。この三次元世界とは別の次元に属するできごとであってみれば、この世の物理法則に従わなくて当然と考えるわけだ。もう一つの解釈は、これをもって、体外離脱が現実体験ではなくて、脳内現象であることの証拠とみる。移動の過程を全く欠く移動は、脳内回路のスイッチングによる画面の切り換えと同じ現象だろうと考えるわけだ。どちらの解釈にしろ、それ以上の説明がつけられないのが弱みである。前者は、別の次元の世界ではこのようなことがいかに可能になるのかの説明ができないし、後者は、脳内スイッチングというものを具体的に説明できない。どちらもまだ仮説的な説明にとどまっているのである。

現実との奇妙な一致

キルデさんの話をつづける。

「居間には、私の母と姪がいました。私の姉の五歳になる子供です。彼女は床に座り込んで絵を描いていました。母は花模様のロングドレスを手縫いで仕上げていました。どうやら母が姉から子供を預かって面倒を見ている様子でした。姉はどこにいったのかしらと思ったとたん、またポンと場面が変わって、きらびやかなカクテルバーで、姉が男の人と楽しそうにおしゃべりしているところが見えました。姉さんのご主人はと思って見回してても見当たりませんでした。そういう場面を見ていてもつまらないので、もう自分の家に帰りたいと思ったとたん、またポンと場面が変わって、千キロ離れたラップランドの自宅に戻り、ベッドの上の自分の肉体の上のあたりをただよっていました」

考えただけで、思ったところにすぐ移動してしまうということが何度も繰り返されたわけである。

「自分の体に戻りたいと考えると、一瞬にして戻っていました。戻ってみると、自分の体が冷えきってこわばっているのがわかりました。しかし、そのまますぐに眠りにおちてしまいました」

翌朝目が覚めると、キルデさんは早速ヘルシンキの実家に電話をしてみた。電話に出たのは父親だったので、

「昨日の夜の八時頃、お母さんはどこで何をしていたの」

と聞いた。父親は、それに答えるわけにはいかないと言った。

「なにしろ、お母さんは、お前にあげるクリスマス・プレゼントを作っているところだったんだからね」

「わかったわ。それは花模様の手縫いのロングドレスでしょう」

というと、父親はびっくりして、

「どうしてわかったんだ」

といった。キルデさんがことの次第を説明すると、父親はしばらく沈黙していたあと、声をひそめていった。

「お前、こんなことを誰にもいっちゃいけないよ。お前の頭がおかしくなったと思われるからね」

キルデさんは次に姉の家に電話して、やはり、昨晩の行動を聞いてみた。姉は口ごもって答えようとしないので、これこれというカクテルバーにいたんじゃないというと、姉はびっくりしたようだった。

「ご主人が見えなかったようだけど、どうしたの」

と聞くと、

「仕事でちょっとベルリンに行っているのよ」

といった。

「あら、それで××さんと飲んでたの」

と、昨日姉といっしょにバーで歓談していた男の名を出すと、姉は、

「よけいなお節介はやめてちょうだい」

と怒って電話を切った。

不思議な話である。もしこれが本当に全て事実なら、体外離脱は脳内現象であるという説は引っ込めなければならなくなる。この場合、キルデさんの話を全面的に信用するなら、肉体を離れた何らかの認識主体がその場に本当に行っていたとしなければわから

ない情報を彼女は得ていたことになる。キルデさんは、この体験によって、体外離脱が超常現象であることを認めざるをえなくなったのだという。

体外離脱に関しては、こういう不思議な話が幾つもある。体験者の証言が事実とすれば、脳内現象説ではどうにも説明がつかないことがいろいろと出てくるのである。

この点については、後に、もっと多くの例を引きながら詳しい検討を加えていくことにして、ここでは、もう少しキルデさんの話を聞いていくことにする。

――体外離脱の実験は、この一回しかやらなかったんですか。

「いえ、何度かやったんです。しかし、何度目だったかに、ちょっと恐いことが起きて、それきりやめてしまいました」

――何が起きたんですか。

「体外離脱をして戻ろうとしたとき、ちゃんと戻れなくなってしまったんです。肉体に戻ろうとしたら、下半身は入ったんですが、上半身が入らないんです。エネルギー体と肉体が、下半身を共有したシャム双生児みたいな格好になってしまったんです。それで、もう一回外に出てやり直そうと思ったら、今度は出られないんです。出るか入るかどっちかにしようと思って、もがいたんですが、どちらもできない。あのときは本当にあせりました。結局、三時間も悪戦苦闘して、やっとのことで戻ったんです。それ以来、この実験はかなり危険な要素を含んでいるのだということがわかって、やめることにしました」

第三章で、山口県の小森さんという人が、自己鍛練によって自由に臨死体験ができるようになったという話を書いた。方法的には、キルデさんの方法とちょっとちがうが、小森さんの方法も原理的には自己催眠を利用して、肉体の機能を低下させていくものだった。小森さんも、何度かそれを試みたあと、やはり、身の危険を感じるようになってやめたということだった。

——危険があるというのは、具体的にどういう危険があるということですか。

「肉体的、精神的両面の危険があります。肉体的には死ぬかもしれないし、精神的には発狂する危険があると思います。エネルギー体が肉体にうまく戻れなかったら、肉体は麻痺状態のままにおかれ、そのうち死んでしまうでしょう。また、異次元の世界を体験するということは、精神的に相当の負担がかかる行為です。精神がそれに耐えられるだけ強靭にできていないと、狂うということが大いにありえます。狂っているということで精神病院に収容されている患者の中には、何かの機会に異次元の世界を偶然体験してしまったけれども、それに精神が耐えきれずに狂ってしまったという人たちが結構いるんじゃないかと思っています」

自動書記で本を書く

——肉体と精神さえ強靭であれば、意識的に体外離脱をすることは、誰にでも可能なことなんでしょうか。

「長時間にわたる心身両面の準備とトレーニングが必要でしょうが、基本的には誰にでもできることだと思います」

――何かコツみたいなものがあるんでしょうか。

「要は自己催眠によってトランス状態に入るということだと思います。ラップランド地方というのは、昔からシャーマンがいたところなんです。今はほとんどいなくなりましたが、昔は、みんなシャーマンのところにいって病気を治してもらったり、行動の指針となるお告げを聞かせてもらったりしていました。そのときシャーマンが何をやるのかというと、踊ったり、歌ったり、呪文を唱えるなどの宗教的儀式を繰り返すといったことをしながら、自己催眠的に自分をトランス状態に持って行くわけです。そして、トランス状態の極点でバタッと倒れて死んだようになる。体を硬直させて、しばらくそのままにしています。その間に、シャーマンの霊魂は肉体から脱け出してこの世ではないスピリチュアルな次元の世界に行き、そこからお告げを持って帰ってくるのだといわれています。お告げを持ち帰った霊魂は再びシャーマンの体の中に戻り、それを厳かに告げるわけです。それを見て、ああ、シャーマンがやっていることは、私がやった実験と同じことなんだなと思いました。シャーマンがバタッと倒れて死んだようになっているときは、体外離脱して異次元の世界に行っているわけです」

――結局、この体外離脱の実験に成功したことで、さっきいっていた、肉体と三次元の世界より、エネルギー体と四次元の世界のほうがより本質的な存在なのだという認識を持つようになったということなんですか。

「いえ、それだけじゃないんです。それにはもう少し別の話があるんです。体外離脱の実験をしてからしばらくして、私はロヤニエミにあったある小さな瞑想グループに入ったのです。このグループは瞑想によってサイキックパワーを高めることを目的として、毎週一回集まって瞑想をしていました」

――どういうことをやるんですか。

「小さいグループでしたから、毎回集まったのは、五人から十人くらいでした。集まった人で円陣を作って座り、真ん中にローソクをたてます。そしてみんなでローソクの火をじっと見つめながら、心をしずめ、しばしの間、思いをこらします。心がしずまってきたら目をつぶり、心の中に白い光を思い描き、他のことは何も考えないようにします。何一つ他の考えが入ってはならないのです。やってみると、これは実に実にむずかしいことです。どうしても雑念が入ってきてしまうのです。白い光以外何も考えないというのは、なかなかできることではありません。結局、それができるようになるまで三年かかりました。三年たったとき、突然、それが可能になったのです。そしてそれとともに、奇妙な現象が起こりました。右手が自然に持ち上がって、8の字を空中に何度も何度もかきはじめたのです。止めようと思っても止まらないのです。私はびっくりして目を開け、左手で右手をつかんで引きおろそうとしました。しかし動かないのです。何かわけのわからない非常に強い力が右手を空中にしっかりと保持しているのです。これはいったい何なんだろうと驚きました。何度も左手で右手をつかんで動かそうとしましたが、どうにもなりません。右手は8の字を書きつづけているのです。そのうちふと、8の字というのは、実は無限のしるしなのではないかと思い当たりました。数字で無限をあらわす記号は8の字を横にしたものです。それに気がつくとともに、これは自動書記にちがいない、チャネリングなのだと思いました。そこで、その相手に向かって心の中で、空中に好きなことを書けと命じたのです。すると、8の字を書きつづけていた右手の動きが止まり、その手が今度は、大文字のアルファベットを書きはじめたのです。読んでみると、

S―O―L―V―E―I―G

と読めました。それだけ書くと、右手の動きはパタッと止まり、右手を空中に支えていた力も失われ、手を下におろすことができるようになりました」

――ソルヴェーグというのは何ですか。

「男の人の名前です。それは私の従兄の名前でした。その二カ月前に心筋梗塞で五十一歳で死んだばかりでした。彼は医学博士で医学大学の教授でしたが、オカルトに興味を持ち、輪廻転生なども信じていました。そういう話を私が小さいころから聞かせてくれていたのですが、私はあんまりそういうことを信じないほうでした」

――それがチャネリングによって本当に出現してきた。

「そうなんです。半信半疑のまま、次の瞑想集会のとき、今度はペンと紙を持って出かけました。また従兄が出てきたら、今度は紙に書いてもらおうと思ったのです」

――出てきた？

「出てきました。再び自分の名前を書き、今度は、『私は生きている』と書いたのです」

――ほんとですか。

「私も信じられぬ思いでした。訳がわかりませんでした。死んだのに、『生きている』なんて。しかし、とにかく、止めようがない力で、自動書記現象が起きてしまうのです。仕方がないから、私はソルヴェーグにいいました。声に出していったわけではありません。心の中でいっただけです。いいわ。もう、あなたが生きて、私にコミュニケートしたいのだということを認めるわ。伝えたいことを何でもいいから書いて。私が伝達役をしてあげる、と。すると、手が猛烈なスピードで動いて、自動書記をはじめました」

「どうしても書け」という命令

――ソルヴェーグは何を伝えたかったんですか。

「それは一九七九年のことだったんですが、『一九八一年にお前は本を書くことになる。それはベストセラーになり、世界各国で翻訳されるようになるだろう』というのです。そんなことはとても信じられないことでした。私には文章を書く力がないし、だいたいフィンランド語の本で、よその国の言葉に翻訳された本なんてこれまでなかったんです」

——しかし、本当に二年後に本を書いて、ベストセラーになり、世界各国で翻訳されることになってしまったわけですね。

「そうなんです。それは本当に信じられないことでした。八一年になると、突然、『書け』という命令が下ったのです。そして、ペンを取ると、猛烈な勢いで自動書記がはじまり、二十四時間で本を一冊書いてしまったんです」

——たった二十四時間で。

「つづけて二十四時間ということではなく、あるときは一時間、あるときは一時間半と小間切れでしたが、積算して二十四時間にしかなりませんでした」

——それにしても早いですね。しかしそんなスピードじゃ、文章を書くというよりは、盲目的に手を動かしていただけでしょう。

「そうなんです。自分では何を書いているかわからないんです。あるときは、真っ暗闇で書いたこともあります。そのときは、真夜中に『書け』という命令がきて、眠いからいやだといったんですが、『どうしても書け』という。仕方がないので起き上がって、スタンドのスイッチをひねったら『そんなものは必要ない。どうせお前が書くんじゃないのだから消せ』というんです。それで本当に真っ暗闇で書いたんですが、翌朝起きて見たら、本当にきれいにかけてるんでびっくりしました。しかもその字体が、十九世紀に流行った古風なきれいな書体なんですね。正常なときに、その書体で書けといわれても書けないような書体でした。不思議だなと思っていたら、私の母がいうには、それは私の祖母の書体にそっくりだということでした」

――その命令する声というのは、外から聞こえてくるんですか。

「いえ、頭の中から聞こえてくるんです。その声とそういうやりとりをしながら本を書いたなんていうと、精神科医なら即座に、それは精神分裂病だと診断するところでしょうが、できた本は、精神病の産物ではなくて、立派な内容を持ったベストセラーとなったのです」

これが先にキルデさんの話に出た『死は存在しない』という本が書かれた経緯である。この本の半分は、キルデさんが自分の臨死体験、体外離脱実験などについて書いたものだが、残り半分は、ソルヴェーグから命令されて自動書記で書いたものをそのまま収録したものだという。そちらのほうは哲学的内容からなっており、人はなぜ死ぬのか、なぜ人間はここにこうして存在しているのか、死とは何か、不幸や苦しみはなぜ存在するのか、といった、人が基本的に持つような疑問に答える内容となっている。キルデさんのこれまでに述べてきたような見解の相当部分が、実は、この自動書記を通じてソルヴェーグから教えられたものであるという。

第六章　記憶の深層

キルデ医師の話をもう少し続ける。

キルデさんが自動書記で書いた『クオロ・ミヨラ〈死は存在しない〉』というタイトルの本は、出版されるやたちまちベストセラーとなり、五万部も売れた。フィンランドの人口はわずか五百万人であるから、これは日本でいえば百万部以上売れたのと同じ大ベストセラーということである。

自動書記という現象は、自分の意思とは無関係に、手が自然に動いて何か文章を書いてしまうという現象で、超常現象の一種と考えられている。通常、書記役の人間は、トランス状態におちいっており、書いているときは、自分で何を書いているのかわかっていない。書いている人は自分で書いているのではなく何か霊的存在によって書かされているという意識を持つ。

「身近に誰かの存在を感じるというわけではありません。ただ私の手が見えない手袋の中に押し込まれたような感じになり、その手袋が勝手に動いて私の手を動かすのです。自分の手が何を書こうとしているのか、自分では全くわかりません。書き終わってから、それを自分で読んでみてはじめて、アラ、こんなことを書いてたんだわ、とわかるのです」

とキルデさんはいう。

それを書かせているのは誰なのか。キルデさんの場合、それは自動書記された文章の中で、自分はソルヴェーグの霊であると名乗りをあげた。このように、自動書記においては、書かせる主体が自分は誰々であると名乗りをあげるということがよくある。その場合、それは通常、霊的ないし神的存在である。大本教の根本教典は、教祖出口ナオが自動書記した「お筆先」と呼ばれる文章集だが、その中で、お筆先を書かせた神的存在は、自分を「キツネやタヌキではござらぬぞ。艮《ウシトラ》の金神《こんじん》が現われたのじゃ」と名乗りをあげている。

例の「幸福の科学」の大川隆法も、はじまりは自動書記である。

「忘れもしない、昭和五十六年の三月二十三日の午後のことだったと思います。その時に私のもとに高級霊が初めて出現したわけであります。その最初の出現は、実は自動書記という形で現れてきました。突然、だれかが自分に話しかけようとしているという気持ちに打たれ、急いで、カードと鉛筆を用意しました。鉛筆をもつ私の手が、まるで生きもののように動きはじめ『イイシラセ、イイシラセ』と、カードに何枚もかきはじめたのです。そして、『おまえは、なにものか』とたずねると、『ニッコウ』と署名します。日興上人だったのです」（『黄金の法』『太陽の法』）

やがて大川隆法のところには、日蓮上人から、釈迦、キリスト、マホメット、あるいはニュートンや坂本龍馬にいたるまで、人類史上のありとあらゆる聖人、偉人の霊がやってきて、彼に乗り移り、彼の手を通じ、あるいは彼の口を通して語りはじめたのだという。

このような新興宗教の教祖ならずとも、自動書記の実例は、超常現象に関する本をひもとくといくらでも出てくる。文章だけではない。自動書記で作曲がなされることもある。

イギリスのローズマリー・ブラウンという女性の場合は、ベートーベン、バッハ、ショパン、シューベルト、シューマン、ラフマニノフなど、有名な作曲家の霊が自分に次々に乗り移ってくるといって、六年間に四百曲もの曲を書いた。その中には、ベートーベンの第十交響曲などというものもある。そのいくつかはちゃんとした交響楽団の演奏でレコードにもなっている。まるで音楽界の大川隆法である。

自動書記という現象の存在それ自体は、実例の報告が広く多数存在するところからみて、疑うことができない。ではそれは本当に霊界からのチャネリングなのであろうか。

自動書記をする当人たちは、そうであると言い張る。内容から見て、とうてい自分に書けることではないから、霊によって書かされているとしか考えられないという。

しかし、精神科学の側では、別の解釈をする。こういう現象は、トランス状態において発現した潜在意識による行動と解釈される。自分がしている行為でありながら、それが何者かによって強制された行為であるかのように感じるのは、自我障害の一種であるという。精神医学ではこういう症状を「影響妄想」「させられ現象」と名付けている。これは神がかり、狐つきなどの憑《ひょうい》依現象と似た現象であるというのである。

科学がめざすもの

一般に科学というのは、このように、常ならざるものに対すると、それに異常現象のレッテルを貼って分類してしまい、それで事足れりとしてしまう傾向がある。だが本当にそれですませてよいのだろうか。そうする限りにおいて、科学は、日常的で月並な世界に自らを限定してしまうことになる。科学はノーマルな世界においてのみ成立するものので、アブノーマルなものはすべて非科学的世界に属するものとして排除してしまうと、科学は真の普遍性を失ってしまう。

これに対して、芸術はアブノーマルなものをすすんで受け入れようとする。日常性と月並性は、芸術の創造性にとっては敵である。創造性は、日常性を脱却した、むしろ神がかり状態に近い世界でこそ良く発揮される。そこで、二十世紀前半のシュールレアリストたちは、日常的な自我の抑制を意識的に外し、そこにあらわれてくる潜在意識の自由な発露の中に創造の手掛かりをつかもうとした。そのために彼らは、自動書記を意識的な芸術の方法論として採用し、それでもって詩を書き、絵を描いたりした。現代文学の世界で一時流行した〝意識の流れ〟手法なども、その一環である。

話が脱線してしまったが、私がいいたいのは、こういうことである。霊界からのチャネリングによって本を自動書記で書いたなどという話を聞くと、もうそれだけで、そういう話は非科学的でバカバカしいとあとは耳をかたむけない人がいるが、それは精神的に偏狭であるし、真に普遍的な科学の立場でもないということである。

科学にとって第一に重要なのは、現象そのものである。いかに異常なあるいは超常的な現象であろうと、現象が存在するなら科学はそれを考察の対象の中に採り入れなければならない。より多くの異常現象を説明できる説明原理こそ、より普遍的な説明原理である。そして科学がめざすものは、最も普遍的な説明原理である。

物理学がニュートン力学からアインシュタインの相対性原理に発展することでどれだけより多くのことが説明可能になったかというと、光が重力の作用でほんのちょっと曲がることがあるなどという、日常の世界では常識的に全く考えられないような異常な現象でしかない。そのようなちょっとした異常現象でも見逃さずに、それをも包含するように説明原理を拡大することで、物理学はかくも発展してきたのである。

人間の精神世界を科学の対象とするとき、物理的世界では考えられないほど多様多種な異常現象にぶつかる。これまでの精神科学は、そのような異常現象をアブノーマルなものとして切り捨てることで自己を成立させようとしてきた。しかし、芸術の例ひとつとってもわかるように、アブノーマルなものを切り捨てることで成立する精神科学は、同時に人間精神の最も豊饒な部分、最も創造性に富んだ部分をも切り捨てることになってしまうのである。これは科学の退行現象である。真の精神科学は、より多くのアブノーマルな精神現象を説明可能にする方向に発展していかなければならない。

こんなことをくどくど述べているのは、実は、これからキルデさんが語っていく話が、常識的にはかなり異常で、超常的な世界に相当踏み込んでいくからである。しかし、キルデさんの立場は、臨死体験とはそもそも何であるかをめぐって対立しているさまざまの立場の中で、一つの典型とされる立場なのである。そのどこにどういう問題が含まれているかは、また先にいって考えることにして、とりあえず、キルデさんの話を最後まで聞くことにしてみたい。

認知される臨死体験

――それだけ本が売れると、大変な反響があったでしょう。

「ええ、ありましたとも」

──テレビとか、新聞とか……。

「それはもう何度も取り上げられました」

──どういう感じで取り上げられたんですか。否定的？　それとも肯定的？

「おおむね肯定的でした。懐疑的ではありましたが、否定的ではありませんでした」

──科学者、医学者はどうですか。

「これはダメでした。そういう現象は精神に異常をきたした人々によってのみもたらされる現象であるとする論文を書いた学者もいたくらいです」

──いまでも学界の主流はこういう現象を認めないいんですか。

「いえ、だいぶ変わってきました。一九八三年に、フィンランド医学会雑誌が、百年の歴史においてはじめて、臨死体験と体外離脱に関する私の論文をのせたのです。これは、こういう現象が、普遍的に存在する現象だということを、医学会が認めたということです。もっとも、その一年前に、アメリカの精神医学会雑誌が同様の論文を正式にのせたという影響があったんでしょうが。このころからようやく、医学者がそういうことを話題にしても、頭がおかしいわけではないということが、世界的に認められはじめたのではないでしょうか」

──読者の反響の中に、自分も同じような体験をしたことがあると手紙を書いてくる人がいましたか。

「ええ。沢山ありました。それまでは、そういう体験をした人がいても、そんなことを人にいうと、頭がおかしくなったと思われると思って黙っていた。それがあの本を読むことで、他にもこういう体験をした人がいるのだ、それは何も特別に異常な体験ではないのだとわかって安心して語るようになったわけです」

これと似たことが、各国で起きている。テレビなどのマスメディアが臨死体験を正面から取り上げ、具体的な体験談を紹介するようになると、隠れていた体験者たちがドッと表に出てくるのである。私たちも、あのテレビ番組を作るまでは、体験者を集めるのに大変な苦労を重ねたが、テレビ放映後は、たちまち一冊の本ができるくらいの体験談が労せずして集まってきた。

――その体験者の話の中で、特に印象に残ったものがあったら、紹介してください。

「私がいちばん驚いたのは、二歳の子供が体験したという話です。もちろん、二歳の子供が体験を報告してきたということではありません。報告者は、五十歳の男性で、スウェーデンに住むフィンランド人でした。彼が二歳のとき、重い病気で死にかけたのです。その人の手紙をそのまま引用するとこうです。

『私はそのとき、ゆりかごの中に入れられていた。ゆりかごの中で立ち上がって、その縁のところに足をかけた。当然ゆりかごがグラリとゆれるだろうと思ったのに、不思議なことにゆりかごは全くゆれなかった。不思議だなとは思ったものの、揺れないのをいいことに、私はそのままゆりかごの外へとび出した。その辺で、私の兄がとんだりはねたりして遊んでいたので、私もいっしょになって、とんだりはねたりした。近くにいた母が、兄に向かって、とんだりはねたりするのをやめなさいと叱りつけた。しかし、私には何もいわなかったので、なぜ私だけ叱られないのだろうといぶかしく思った。それから、母は、あの子は助かるんだろうか、死ぬんじゃないかしらといってシクシク泣いた。私には、母がなぜ泣いているのかよくわからなかった。それから私は、家の外に出た。外は氷点下だったが、私はちっとも寒くなかった。私は何度も家から出たり入ったりしていた。そのうち、祖父が、トビラがバタンバタンするといって、革のヒモをもってきてしばりつけてしまったので私は外に出られなくなってしまった。やがて、夜が来た。誰も私に、もう寝ろとはいわなかった。私は黙って父のベッドのところにいって、そこにもぐりこんで寝た。翌朝目をさますと、祖母がコーヒーをいれていた。そして、家族みんなが泣いていた。私がもうすぐ死ぬと思っているらしかった。そのとき私は、もう帰るようにいわれた。誰にいわれたのかはわからないが、帰れといわれたので、ゆりかごのところに戻ると、そこに小さな子供が寝ていた。

はじめはそれが自分の体なのだとはわからず、誰か別の人がそこにいるのだと思った。どいてくれないと自分が入れないじゃないかと思った。苦労してようやく自分の体の中に戻った。まぶたが重くて、なかなか目が開けられず、まぶたをピクピクさせていると、母が、まあ目が動いているわ、まだ助かるかもしれないと声をあげた』

この人はわずか二歳のときの体験をその後一生忘れなかったといいます。よほど強烈な体験だったからでしょう。まだ二歳だったから、理解力がともなわず、それがどういうことであったのか、ずっとわからなかったが、いまはじめてそれが臨死体験であったとわかったというのです」

これはかなり信じ難い話である。二歳児の記憶は普通は大人になるまで残ることはないと考えられているからである。

モース医師の研究

しかし、幼少時の臨死体験を記憶していた例というのは、他にもある。いちばん驚くべき例というのは、生後わずか九カ月での臨死体験を覚えていたという話である。

これは、テレビでも登場してもらった、ワシントン州シアトルの小児科医、メルヴィン・モース博士が発見したケースである。

モース医師は、インターンをしているときに、プールで溺れた九歳の女の子の緊急治療にあたった。その女の子が、回復したあとで、自発的に臨死体験を語りはじめたのである。それによると、プールで溺れて、はじめは真っ暗闇の中にいたが、やがてトンネルの中に入っていった。そこで、エリザベスという名の〝金髪の背の高い美しい人〟に出会い、彼女に導かれて、トンネルをのぼり、美しい光の世界に入っていった。その旅の途中で、エリザベスは少女の家がどうなっているかをちょっとだけ見せてくれた。弟や妹がおもちゃで遊んでいた。弟はＧＩジョーという人形をジープに乗せていた。妹はバービー人形の髪をとかしていた。母は台所でローストチキンを作っており、父は居間のカウチに座って、おし黙って前方を見つめていた。——後にこのときの様子を家族みんなが着ていた服装までふくめて話すと、それがあまりに事実と一致していたので、両親はショックを受けたという。

この話に興味を持ったモース医師は、子供の臨死体験をもっと組織的に研究しようと思い立った。そして、シアトルの子供病院の過去十年間のカルテをめくって、死に直面しながら奇跡的に助かったという子供たちを二十四人選び出した。これと比較対照するために、非常に重い病気にかかってはいたが、死の危険性はほとんどなかったという子供たちを百二十一人選び出した。そして、一人一人、病気中に何か不思議な夢のようなものを見なかったか、丹念にインタビューしていったのである。その結果、奇跡的生還者は、全員が程度の差こそあれ何らかの臨死体験をしていたのに、対照群の重病者の中には、一人も体験者がいなかったということを発見した。

これは世界でも初めての組織的な子供の臨死体験調査で、いろいろ面白い内容を含んでいるのだが、ここではとりあえず、そのうちの最年少の症例である、マーク・ボッツの例を紹介しておく。私はマークに、モース医師の紹介で会うことができ、両親とともにインタビューに応じてもらった。マークは現在ハイスクールの三年生である。

マークは、生まれて九カ月目に、重症の細気管支炎をわずらい、呼吸困難におちいった。そのため、気管を切開し、そこにカニューレを挿入した。手術後一人でベッドで寝ているときに、寝返りを打ち、カニューレが外れてしまった。マークの呼吸はたちまち停止し、つづいて心臓が止まった。駆けつけた医師があわてて必死の救命治療をほどこし、ようやく命をとりとめた。心停止状態は四十分間もつづいたため、脳に障害が残るかもしれないと危惧されたが、マークはいまでは心身ともに健康なハイスクールボーイに育っている。しかし、小さいころは、気管カニューレを入れたままの生活が五歳まで続き、その間、短期間の呼吸停止が起きて意識を失うという事故が六度も起きたりした。そういう闘病生活が幼年時代を通してつづいたため、肉体的精神的発達も若干遅れ気味で、歩きだしたのは、生後一年四カ月、話すことを覚えたのは三歳のときだった。

マークの不思議な記憶

臨死体験当時、マークは、歩くことも話すこともできない赤ちゃんだった。当然、その体験を人に語ることはできなかった。マークがはじめて自分の体験を語ったのは、五歳になったかならないかのときだった。

母親がそのときのことを語る。

「ランチの用意ができて、みんな食卓についたときのことです。マークが突然、

『お父さん、ぼくが死んだことがあるのを知ってる？』

と聞いたのです。私たちはマークに、マークの病気がいつはじまって、どんなにひど

かったかとか、死にかかったことがあるとか、そういう話はいっさいしていませんでした。だから、マークが自分からそんなことをいいだしたときには、ほんとにびっくりしました。死にかかったのは九カ月の赤ん坊のときだったんですから、あのときのことを覚えているはずはないと思っていました。でも父親は、あわてずに、

『ほう、そうかい』

と話を合わせました。するとマークは、たどたどしい子供ことばで、こんなことをいったのです。

『あのね、とっても、とっても、とーっても暗かったんだよ。それからね、とっても、とっても、とっても明るくなったの。それでもう痛くなくなったの。ぼく泣かなかったよ。それから走ったの。いっぱい、いっぱい走ったの。とっても気持ちよかったよ』

父親が、

『どこを走ったんだい。表の通りを走ったのかい』

ときくと、マークは、何バカなことをいってるんだというような顔つきで、

『ちがうよ、お父さん。そんなとこじゃないよ。ずっと天の上のほうを走ったんだよ』

と、上のほうを指さしたんです。それで本当に、私たちはマークが何かとんでもないことをいいだしたんだということがわかりました。マークはさらに、

『ぼくほんとは帰りたくなかったの。だって、そこは痛くなかったんだもん。ぼく痛いのきらい。だから帰りたくなかったんだけど、帰らなくちゃなんなかったの』

といいました。最初のときにいったことは、たしかそれくらいでしたね。それからときどき、断片的にその時のことを話すようになったのです」

――だけど、マークが語ったことが、九カ月で死にかかったときのことであるというのはどうしてわかるんですか。もっと大きくなってからそういう夢を見たのかもしれないでしょう。たしかにその時のことだと、結びつけられるものが何かあるんですか。

「それは、話がどんどん出てくるうちに、疑いようもなくはっきりしてきたのです。たとえば、死にかかったときの病室の様子とか、看護婦さん、お医者さんなんかを具体的に覚えていたのです。ベッドの上に二つのモビールがぶら下げられていて、一つは飛行機で、もう一つは汽車の形をしていたとか。あるいは、同じ病室に自動車事故で重傷をおって、昏睡状態の女の子がいたんですが、その女の子のことも覚えていました。昏睡状態なので、その子の髪を洗うのが大変だったんですが、その様子なんかもちゃんと覚えているんです。そういう具体的な病室の様子や人間関係はそのときだけのことですから、後から得た知識をつなぎ合わせているわけではないのです。そして、私たちが後になってマークにその頃のことを話してやったとか、写真を見せてやったというようなこともいっさいないのです。だから、どう考えても、マークが本当に当時のことを記憶しているとしか考えられないのです。そして、マークの話が、その前後のいつかのことではなく、本当に彼が死にかけていたときのことだというのは、そのとき、私と祖父とが病院に詰めていて、マークの病室からずっと離れたホールの片隅で、お互いに肩をだきあって泣いていたんです。その様子を、マークは体外離脱してそこに飛んできて見たというのです。私たちがそんな風にして泣いていたのはそのときだけだったんです。私たちがそのときそうしていたなんてことは、マークにはもちろん他の誰にもいってませんから、マークがいう通り、本当にそのときマークがそれを見ていたとしか考えられないのです」

――マークの断片的な記憶というのは、その後にどういう風に出てきたんですか。

「たとえば、病院に検診にいくときに、突然、

『ぼく、死ぬのって、ぜんぜん恐くないよ。死んでからどこに行くか知ってるもん』

といいだしたり、あるいは、そのころ教会でやったイースターの受難劇を見にいったんですが、それを見ていて突然、

『あのイエスさまは、ぼくの見たイエスさまとちがう』

といいだしたり、何かのきっかけで、断片的な記憶が出てくるんですね」

――それで本当に、そんな小さいときから死ぬのが恐くないなんていっていたんですか。死とは何であるかということがちゃんとわかっていたんでしょうか。

「マークがはじめて人の死というものに接したのは祖父が死んだときのことですから、ちょうどマークが自分の記憶を語りはじめたころのことだと思うんですが、私たちがみんな泣いているのを見て、

『何が悲しくてみんな泣いているの。死ぬって悪いことじゃないよ』

といっていました。マークは自分の体験から、本当にそう思っていたんでしょうね」

永遠の世界

今度は、マーク自身にきいてみる。記憶は、四、五年前くらいまでがいちばん鮮明で、いまは少しぼやけつつあるといいながら、思い出せるかぎりを絵に描きながら説明してくれた(二二九ページ図参照)。

「はじめ体から脱け出して空中に浮き、それから、母と祖父が抱き合って泣いているところを見たわけです」

——それは、ホールのほうに自分が飛んでいって見るわけ？

「いえ、こっちから壁越しに見えたんです。それから暗いトンネルの中に入っていきました。中は真っ暗でした。そこを上へ上へとあがっていきました」

——どうやって。

「それが赤ん坊ですから、やっぱりハイハイであがっていくんです。何時間もかかったような気がします。いちばんてっぺんまでたどりつくと、突然まばゆいばかりの光の世界に出たんです。太陽を直接見るくらいの明るさでした。日の前に黄金色の道路がずっと遠くまでつづいていました。そこを通っていくんです。とても気持ちがいいんです」

——今度はハイハイじゃなくて走れるんですか。

「ええ、なぜかわかりませんが、走れるんです。神さまがいっしょにいて、いっしょに走ってくれたんです。そして、神さまが帰りたいかと聞いて、ぼくは帰りたくないというんですが、お前はまだこっちへくる準備ができていないといわれて帰されたんです」

——神さまはどういう姿をしていました。

「具体的には覚えていません。姿をはっきり見たのかどうか。覚えているのは白い服を着ていたということだけです」

——そのころまだしゃべれない時期ですよね。そういうやりとりはどうやってやったんですか。

「それはテレパシーなんです。ことばはいらないんです。その他、白い服を着た人が沢山いて、みんなテレパシーでやりとりしていました。ぼくには何も話しかけてきませんでした。みんなテレパシーですから音は全くなく、静かな世界でした」

——恐くなかった。

「トンネルの中にいるときはちょっと恐かったですけど、あとは全然恐くありませんでした。それどころか、美しくて、気持ちがよくて、安らかで、本当に帰りたくなくなるようなところでした」

——それで本当に死ぬのが恐くなくなった。

「ええ」

——いまでも。

「ええ。ナイフで刺されて死ぬとか、ピストルで撃たれて死ぬとかいうのは、死に方の問題としていやですけど、死それ自体は、全然恐ろしいものでないと思ってます」

――その後、六回くらい心停止状態になった経験があるということだけど、そのときも同じような体験があったんですか。

「トンネルに入る経験は何度かありました。しかし、上まであがって光の世界に入ったというのは二度だけです。その場合も、前のときのように神さまが出てきたりはしませんでした。ただ、同じように展開していくので、本当に死ぬときも同じようになるんだろうと思います。だから別に恐いことは何もない」

――本当に死んで、向こう側の世界に行きっきりになると、どういうことになるんだと思う。

「それは多分、永遠の世界に入るということなんじゃないかと思うんです。あれが永遠の世界なんだといわれると、実にぴったりくるんです。永遠というのは、なるほどああいうものなのかと思います。時間がなくて、目的がなくて、果てというものがないんです」

——そういう話を友達なんかにすると、どういう反応がありました。

「誰一人信用してくれませんでした。バカにされ、からかわれ、いじめられました。そんなことあるもんか、ウソだろうといわれた。学校の先生にも話してみたんですが、やはり、信用してもらえませんでした。しゃべるだけじゃなくて、三年生のときに、体験をちゃんと文章に書いて先生に見てもらったんですが、先生は、こんなデッチあげのでたらめを書いてはいけないといって……」

母親が補う。

「あれがマークに大変な心理的打撃を与えたんです。きっとこの人なら信用してくれると思って書いたのに、ウソつき呼ばわりをされたので、すっかりふさぎこんでしまいました。結局、家族以外の誰にも信用してもらえないということがわかって、それ以後、家の外ではその話をするのをいっさいやめてしまいました。それからいつのことだったか、催眠療法を受けさせてもらいたいといいだしたこともありました。催眠術をかけられると、意識の深いところに眠っている遠い記憶を呼び起こすことができるというのです。赤ん坊時代の記憶も出てくるといいます。それをやってみれば、自分がウソをいっているのか、それとも本当に記憶にあることを述べているのかわかるだろうというのです。そのころ、はじめてモース先生の問い合わせがあったのです。マークがそれに応じて自分の体験を話すと、モース先生はそれに熱心に耳を傾けてくれました。マークははじめて自分のいうことを本当に信じてくれる人に出会えて、とても嬉しそうでした。そして、モース先生にも催眠術の話をすると、それは面白いというので、催眠療法の先生を紹介してくれたのですが、試験的に軽く催眠をかけてみたところ、マークの心臓に不整脈が出て、このまま、臨死体験をしたところまで記憶を退行させると、肉体的にもその当時体験したような呼吸困難、心停止が誘発される危険性があるということで、やめてしまいました」

記憶はいつまでたどれるか

しかし、モース医師のほうは、生後九カ月の体験が記憶されているという話に疑いを持たなかったのだろうか。モース医師にきいてみた。

「普通の医者なら疑いますよ。いまでも、そんな話は信じないという医者は沢山います。しかし私は、これはあり得る話だと考えました。小児科医をやっていることもあって、私は子供の知的能力というものが、最近の研究によると、従来考えられていたよりもはるかに早い時期に発達するということがわかってきたということを知っていました。たとえば、生後七カ月の赤ちゃんに、組立玩具を組み立てているところをビデオで見せておきます。その後に、その玩具を与えてやると、赤ちゃんはそれを組み立てることができるのです。これは大変な知的能力と記憶能力の証明です。赤ちゃんは、言語という知的表現手段を持たないために、その知的能力が過小評価されていたんです。赤ちゃんのとき、臨死体験というような、その人にとってものすごく重大な体験をすれば、それが記憶の深層の中に保存されていて何の不思議もないのです。実際、一九八六年にアメリカの医学専門誌で、同じ生後九カ月の臨死体験例が報告されています。この子の場合もマークと同じようにしゃべれるようになった三、四歳のときにはじめて自分の体験を人にしゃべりはじめました。この子の場合、トンネルに入るのを異常にいやがるので、なぜそんなにトンネルがいやなのかと親が聞いたところ、トンネル体験にはじまる臨死体験を語りはじめたということです。体験内容はマークのものとかなり似通っています。その他、二歳児、三歳児などの体験報告はかなりの数にのぼっています。だから私はマークの話を聞いたときに、九カ月ということで驚きはしましたが、それはあり得ないことだとは思いませんでした。そして、インタビューを何度か繰り返したのですが、いうことはいつも一貫しているし、どこかウソがまじっているのではと思わせるところは全くありませんでした」

モース医師がいうように、人間の記憶能力、知的能力の発達が従来考えられていたよりはるかに早くはじまっているということは、近年の心理学的研究が明らかにしている。特に記憶については、人によっては、胎児時代にまでさかのぼることができるし、潜在的に出生時の記憶を残している人は少なからずいるということも明らかになっている。

そういった潜在的記憶を引き出すためによく使われているのが、催眠術をかけて年齢退行を起こすことである。催眠術をかけて、さあ、あなたは子供時代に戻りました。赤ちゃんの時代に戻りましたなどの暗示をかけていくと、たいていの人がその年齢にふさわしい行動をとり、その時代の記憶を呼び覚まして、いろいろのことを語るようになる。マークがしてもらいたがっていた催眠療法とはこのことである。

通常これは、精神分析療法の一環として行われる。この退行現象を利用して、患者の幼児体験の中に秘められているトラウマ（心的外傷）を探り出すのである。

年齢退行をさらに推しすすめて、さあ、あなたは胎児の時代に戻りました。いまお母さんの暖かいお腹の中で、羊水の中にプカプカ浮かんでいます。どうです、気持ちがいいでしょう、などと暗示をかけてやると、患者は本当に胎児のように身を丸め、気持ち良さそうな顔で、ああいい気持ち、などという。これは、患者の記憶の深層を掘り起こすためではなく、母の胎内の気持ち良さを再体験させるという心理療法として行われる。そのとき患者が、胎内の様子をいろいろ語ったとしても、かつてはそれを誰も本当の記憶の掘り起こしとは考えていなかった。胎児時代の記憶が残っているはずはないと考えられていたからである。しかしいままでは、幾つかの劇的な症例の発見で、胎児時代の記憶も残りうると考えられるようになってきた。たとえば、西ドイツのパウル・ピック博士の発見した症例は、不安におちいると、原因不明の熱感が全身に走るという患者のものだった。

「この原因を探るために、ピック博士は患者を催眠状態に入れた。すると、その人は徐々に胎児であったころに舞い戻っていき、特別な出来事に思い至った。そして、胎生七カ月までのことを話すまでは、常に口調は穏やかで淡々としていたが、話がそれ以後に及ぶと、いきなり口許をこわばらせ、恐怖におののき始めた。体中がとてつもなく熱くなり、不安な表情が走った。この症状のもととなった体験を思い出しているのは明瞭である。原因は何だろうか。この患者の母親から、数週間後に聞き出した告白によると、妊娠七カ月目に入ったとき、熱い風呂に入って彼を流産させようとしたことがあるという」（T・バーニー『胎児は見ている』祥伝社刊）

出生時の記憶

胎児時代すら記憶に残ることがあるのだから、出生時の体験は、潜在的にはたいていの人が記憶に残しているといわれる。D・チェンバレンの『誕生を記憶する子供たち』（春秋社刊）などを読むと、豊富な例がひかれている。チェンバレン博士自身がした実験では、十組の親子（子供の年齢は九歳から二十三歳にわたった）を呼び、親子別々に催眠をかけ、子供が出生したときの状況に関して記憶していることを何でも語ってもらった。そして、後に両者を比較対照してみたところ、話が一致した点は百三十七点に及んだが、話が食い違った点は九つしかなかった。その一致点も、相当の具体性をもって一致していた。たとえば、母親と子供の催眠状態での記憶喚起をならべて示すと、次のような例がある。
☆母親「子供は側面がプラスティックのベビーベッドに寝かされた」
子供「ぼくのまわりにツルツルしたプラスティックかガラスの壁があって、景色がぼんやりとしてゆがんでいた」
☆母親「赤ちゃんを抱きあげて、においをかいでいます、頭やいろんなところを。それから爪先を見て……たいへん、爪先が奇形だわ！」。看護婦に爪先のことを訴えると「大丈夫よ」といわれ、安心した。
子供「お母さんがわたしを抱いて見つめている……においをかいだりして……看護婦さんに、なんでわたしの爪先がこんなへんな形なのか聞いている……看護婦さんが、それはただそうなっているだけで奇形じゃないのよ、といった」
三島由紀夫は、『仮面の告白』の冒頭で、自分は生まれたときのことを覚えているとして、次のように書いている。
「永いあいだ、私は自分が生れたときの光景を見たことがあると言い張っていた。それを言いだすたびに大人たちは笑い、（中略）笑う大人は、たいてい何か科学的な説明で説き伏せようとしだすのが常だった。（中略）
どう説き聞かされても、またどう笑い去られても、私には自分の生れた光景を見たという体験が信じられるばかりだった。（中略）私には一箇所だけありありと自分の目で見たとしか思われないところがあった。産湯をつかわされた盥《たらい》のふちのところである。おろしたての爽やかな木肌の盥で、内側から見ていると、ふちのところにほんのりと光りがさしていた。そこのところだけ木肌がまばゆく、黄金でできているように見えた」

主人公の告白という体裁をとっているが、三島は生前、これは自分自身の記憶であると人に語っている。しかし一般には、それは三島特有のはったりと受け取られ、その言葉どおり信ずる人はいなかった。私もまた、三島の想像力の産物と思っていた。しかし、先に述べたように、出生時体験を記憶する人間が結構いるのだということを知った今では、あれはやはり、三島の本当の記憶だったのではないかと思い直している。

実は、私のところに寄せられた体験談の中にも、出生時ではないが、生後一、二カ月のときに体外離脱体験をしたという話がある。

福島県伊達郡の塩谷れつ子さん（六十二歳）の体験である。

塩谷さんは、昭和四年に新潟県水原町の旅館の長女として生まれた。

生後一、二カ月のころ、自分が祖母に抱かれて入浴させてもらっているところを、塩谷さんは体外離脱して、祖母の頭より少し高いところから四十五度くらいの角度で見下ろしていたという。

「祖母が自分を抱いて風呂場の戸を開けて入ってくるところから、私の体をお湯につける直前のところまで覚えています。祖母は黒っぽい着物を着て、しゃがみ、白い布で裸の私をくるんで抱き、左手で私の頭を支えていました。祖母の顔を見上げている赤ちゃん（私）は、じっとして動きませんでした。

お風呂場は三畳くらいの広さで、周囲は黒く汚れて暗い所で、そのとき見ても、とてもいやな恐い気がしました。

このことを自己表現が可能になった小学生前期頃でしたか、母と祖母の前で初めて話しました。二人は、『夢でも見たんじゃないか』と一笑した後で、『でも風呂場は不思議ね。すぐこわしてしまったし、話したこともないのに、どうして知っているんだろう』と言っていました」

母と祖母が不思議といったのは、塩谷さんが生まれたときは風呂場の改築中で、新しい風呂場が生まれてすぐに完成したので、塩谷さんが体験中に見た古い風呂場が使われていた時期はほんのちょっとしかなかったという事情があったからである。塩谷さんがこの体験を、生後一、二カ月の間と特定できるのも、この事情による。新しい風呂場ができてから、古い風呂場はガラクタ置場となり、ほとんど開かずの間となった。塩谷さんは、そこが古い風呂場だったなどということは、そのときまで知らなかった。だから、塩谷さんが、後の記憶と混同しているということはないのである。古い風呂場の話を聞いて、その開かずの間に入ってみると、そこの壁は、色といいその暗さといい、記憶の中にあるものとそっくりだったという。

ここで知っておいていただきたいのは、生後すぐの赤ん坊にも、このような記憶能力があるということである。その記憶能力は、臨死体験とか体外離脱体験などに対してだけ働くものではない。もっと広く働いており、その記憶内容は、日常的には意識の表層にまでのぼってくることはないものの、内的にはその人間にかなり大きな影響を及ぼしているのである。

チェンバレンは前掲書の中で、次のようなエピソードを紹介している。

「ある男性は並外れた働き者で大出世したにもかかわらず、どうしても自分に自信が持てなかった。実はこの男性は七カ月半の早産で生まれ、そのときの体重が一六〇〇グラムにも満たなかった。彼の五〇年に及ぶ精神的問題が解決したのは、自分が生まれたとき医者が看護婦にいったことばを思い出した時である。――適当にしておくんだな、助けたところで、ロクな者にはならんだろうから――。このことばにとりつかれ、成功欲のとりこになったのだった」(『誕生を記憶する子供たち』)

話がかなり横道にそれてしまったが、もう一度キルデさんとのインタビューにもどろう。これまでに述べてきたことで、二歳のときの臨死体験を記憶しているという話は、決してマユツバものでなく、大いにあり得る話なのだということがわかっていただけるだろう。しかし、キルデさんに手紙でこの体験談を書いてきた読者の場合、マークのように人にいろいろしゃべることなく、今日まで、ずっと胸の中にこの話を秘めていたのだという。

UFOとの出会い

——どうして誰にもしゃべらなかったんですかね。

「フィンランドの一般的な社会の雰囲気というのは、こういう話を受け入れようとするものではないのです。フィンランドでは、ルーテル派が国教になっています。といっても、本当に信仰深い人は五パーセントくらいで、残りの九五パーセントの人はクリスマスやイースターのときくらいしか教会にいかないのですが、それでも、国教という制度に守られて、教会は大変な権力を持っています。私の本が出版されてしばらくしてから、教会が体外離脱現象とか、臨死体験、輪廻転生、死者との交感といったことについてどう思うか世論調査をしました。すると、一五パーセントの人が死者との交感体験があるといい、一二パーセントの人が、臨死体験ないし体外離脱を体験したと答えました。そんなにも多くの人が、そういった現象を体験していると答えたことに、教会は大変な危機感を持ったようです。そこで教会は、そういう現象はすべて悪魔の仕業で起きることだと宣伝する一大キャンペーンをはじめました。そして二年後にもう一度同じ世論調査をやったところ、死者との交感を体験したという人は七パーセントに減り、臨死ないし体外離脱の体験者は三パーセントに減ってしまいました。そういう社会的プレッシャーが依然としてあるわけです」

――輪廻転生についてはどうだったんですか。

「面白いことに、かなり多数の人が輪廻転生を信じているという結果が出ました。実に一七パーセントもの人が信じているのです。この傾向は女性に強く、女性にかぎると、二二パーセントにものぼりました。他の因子との相関を調べると、教会に定期的に行く人の一二パーセント、政治的保守派の一〇パーセント、共産主義者の二二パーセントが輪廻転生を信じているという結果になりました。どういうわけでそうなるのか、うまい説明は見つかりそうにありませんけど――」

確かにこれは理屈をつけようとすると、何だかわけがわからない数字である。しかし、結局のところ、この数字が意味しているのは、死生観などというものは、本質的にきわめてプライベートな領域に属することであって、政治的主義主張などには無関係であるということなのかもしれない。

ここまできたところで、私は、話題をちがう方向に転じた。その結果、キルデさんの話は思いもかけない方向に発展していく。はじめにキルデさんの話がかなり常識的な世界から外れていくと警告したが、それはここからなのである。

――臨死体験からはじまって、体外離脱実験や、自動書記、チャネリングにまできてしまったわけですね。この他にも何か超常現象のようなものを体験したことがありますか。

「ええ、あるんです。まず、テレパシー能力が発達しました。人と話をしていても、その人が次にいおうとしていることが先にわかってしまうのです。臨死体験のあとに、こういう一種の超能力が身についてしまったというのは、私にかぎった話ではありません。他にも結構あるのです。体験者のその後の一つのパターンといってもいいくらいです」

キルデさんのいう通り、確かにそういう一群の人々がいる。具体的には、先にいってまた紹介する。

「そして最後に、私が体験することになったのは、驚くべきことにUFO体験なんです」

——本当ですか。UFOって、あのUFOですか。

「ええ、あのUFOです。宇宙人が乗ってやってくるUFOです。私は、宇宙人に会ったんです」

——本当ですか。

正直いうと、ここにきて私のキルデさんに対する信頼感は大きく揺らいだ。私はだいたいUFOと宇宙人について語る人を昔から信用していないのである。宇宙関係の仕事を長年やってきた関係上、その手の人々に出会うことがときどきあるのだが、ちょっとおかしい人が大部分なのである。

キルデさんというのは、実に理路整然と何ごとも自信をもって明快に語る人で、それまでは、これはなかなかの人物と思って、インタビューをつづけてきたのだが、「宇宙人に会ったことがある」の一言を聞いて、私は思わず彼女の顔をまじまじと見つめてし

まった。その変化に気づいたのだろう。キルデさんの方から、

「信じられないでしょう」

と言った。

「私も昔はそんなことは信じていませんでした。宇宙人の話をする人がいても、ただのタワ言と思って聞き流していました。しかし、自分で体験すると話がぜんぜんちがってきます。UFOと出会うことで、私ははじめて、臨死体験の正しい意義づけができるようになったのです」

――それはどういうことですか。

「つまり、臨死体験は意識の拡大をもたらし、それによって、体験者がテレパシーなどの超能力を持つことを可能にし、さらにその先に進むと、宇宙意識を持つようになり、この小さな惑星から自己を解放できるということです。超常現象の研究家などにしても、そのほとんどの人の意識が、この地球という惑星の中に閉じ込められています。地球のかなたに広がっている宇宙という無限のフィールドに目をやろうとしません。しかし、地球からいったん目をはなして、宇宙全体を視野にいれれば、そこには沢山の違った星があり、沢山の違った生命体があり、沢山の違った知的存在があるのです。そのすべてを視野に入れる方向に意識を拡大していくことこそが正しいのです。臨死体験というのは、そのような方向に向かっての意識拡大の最初の一歩なんです。臨死体験が最初の一歩になりうるのは、死を模擬的に体験することによって、この地球に縛りつけられた、

この世的意識から自分を切り離すことができるからです」

——その宇宙人とのコンタクトというのは、具体的にどういうことだったのですか。

「アメリカのウィスコンシンに講演にいったときのことなんですが、そこで、チェコ系アメリカ人の医者、アンドレ・アプラハリ博士に会いました。ユリ・ゲラーをはじめアメリカに紹介した人です。彼といろいろ話をしているうちに、彼が、ユリ・ゲフーは、宇宙人といっしょにUFOに乗って飛んだことがあるといいだしたのです。私は、そんなことは信じられないといいました。すると、アンドレは、実は僕だって飛んだことがある、というのです。私は再びそんなことはとても信じられない、といってから、さらにこう言って挑発してやったんです。

私はラップランドに住んでいる。そこは河のそばで、UFOが着陸するにはおあつらえ向きの場所です。だから、もしもう一度UFOに乗る機会があったら、私のところまで飛んできて、私をひろってください。

もちろん冗談のつもりでそういったんですが、彼は真面目な顔をしてこう言いました。『でも、それには彼らの許可をもらわなくちゃ』それを聞いて私は、あら、この人、本気なんだわとびっくりしました」

——それで、どうしたんですか。本当にきたんですか。

「それから二カ月ばかりした夕方のことです。私は家で、女優をしている友人といっしょにいました。たしか、日本の短歌に関する本を読んでいたと思います。ふと、目をあげて窓の外を見たとき、私は人生最大のショックを受けました。窓から百メートルばかり離れたところで、ＵＦＯが着陸しようとして、ホバリングしているところだったのです。私はパニック状態におちいりました。来ないで、来ないで、来ちゃダメと叫んでいました」

第七章　「超能力」の虚実

前章で出生体験の記憶について書いたが、そのことに関して、書き残したことがあるので、ここでふれておく。

実は、臨死体験におけるトンネル体験と光の世界に入るという体験に関しては、出生時の記憶のよみがえりなのではないかとする説があるのである。これは、はじめスタニスラフ・グロフという著名な精神科医がとなえた説で、あの『コスモス』のカール・セイガン博士も、この説を援用して、「母胎の中の宇宙」という論文を書いている（ブルース・グレイソン他編『臨死体験』〈春秋社刊〉におさめられている）。その中で、カール・セイガンは次のように書いている。

「全ての人間は例外なく、死の国から戻って来る旅人と似たような体験をしている。すなわち、浮揚感であり、暗闇から光の中へ抜け出すことであり、光と栄光に包まれた神人のような人物がぼんやりと感知されることである。この条件を満たす唯一の共通体験がある。人呼んでそれを誕生という」

要するに、赤ちゃんが出てくる産道がトンネルで、産道の出口の向こうに見えてくる外界が光の世界というわけだ。

「そしてその時、生まれたばかりの赤ん坊の解像力の低い目にぼんやりと見えるのは、後光の射した神のような人物――助産婦か医者か父親である」

というわけなのだ。誕生の瞬間に体験したこのドラマチックな光景が、臨終時にもよみがえってくるのではないか、というのがこの説の骨子である。アイデアとしてはなかなか面白い。実をいうと、あのテレビ番組が放映されたあと寄せられた手紙の中にも、何通かこれと同じことを書いてきたものがあった。念のためにいっておくと、カール・セイガンの論文が訳出されたのはその後であるから、それを読んでということではない。

ブルース・グレイソン他編『臨死体験』では、この論文のすぐ後に、それに反駁するカール・ベッカー京都大学教授の「出生モデルではなぜ臨死現象の説明ができないか」という論文をのせている。その主張の骨子は、新生児は知覚能力も記憶能力も持たないから、出生時の記憶など残るはずがないということと、たとえ記憶が残ったとしても、出生時体験と臨死体験はその内容があまりにちがいすぎるということである。

苦痛に満ちた誕生の過程

私はベッカー説の前半には賛成しない。先に述べたように、最近の研究では、出生時体験の記憶が残りうると考えたほうが妥当だと思うからである。しかし後半には賛成である。私は長女が生まれるときその分娩に立ち会ったので、赤ん坊が生まれる過程をこの目で見ているが、あれは臨死体験のトンネル体験とは似ても似つかぬ過程である。赤ん坊の頭は産道をギリギリ通る大きさで、頭がへしゃげるくらい産道にしめつけられながら、ゆっくり、ゆっくり、出たりひっこんだりして苦しみつつ生まれ出てくる。産道の向こうの外界に光があったとしても、それを見るというわけにはいかないのである。それに対して臨死体験では、体の何倍もある巨大なトンネルの中を飛ぶようにして移動していく。遠くに輝く光がはっきり見え、それを目指して飛んでいく。あの苦痛に満ちた出産の過程とはまるでちがうのである。

『誕生を記憶する子供たち』（春秋社刊）に紹介されている、マリアンという女の子の実際の体験談をひもといてみれば、そのちがいは歴然である。

「どんどん押されるようになってきた……どんどん押されて……すごい力……押し出される！　いやだ、わたしはここにいたい。この場所にずっと。でもこの力には逆らえない。大津波……大津波に巻き込まれてしまった。きっともう出ていくときなんだ。出ていかなくちゃいけないんだ……ああ、また波が襲ってきた。わたしはまだ準備ができていない。それなのにどんどん押される。わたしはここにいたい。どこにも行きたくない。でもきっと、行かないわけにはいかない……。ああ、あの人たちが手袋をはめている。わたしをつかまえようとしている。ああ、お願い、やめて、つぶされる！」

臨死体験において光の世界で出会う相手は、神的な存在か、自分の知っている死んだ人がほとんどである。しかし、誕生時記憶では、自分が会った最初の人間を、そのような超越的なものとして認識したという例は一例もない。

それに、たとえ誕生時記憶説が成りたったとしても、それで説明できることはトンネルとその向こうの光だけであって、臨死体験のそれ以外の要素はまるで説明できない。たとえば、日本の体験者の多くが体験している、きれいなお花畑とか、三途の川のような水の流れといった要素はどう結びつけようとしても誕生時記憶には結びつかない。

ということで、誕生時記憶説は臨死体験の説明としては成り立たないというのが私の判定である。

さて、本論に戻って、キルデさんの話をつづける。キルデさんがアメリカに行ったとき、ＵＦＯに乗ったことがあるという人に出会い、じゃあ、もう一度乗る機会があったらラップランドまで飛んできてごらんなさいと挑発したところ、ある夜、本当にＵＦＯが飛んできたというところまで、前章で書いた。

――それは、どんな形をしていたんですか。ＵＦＯといっても、見る人によって、いろんなＵＦＯがあるようですが――。

「それは大きな明るい光のかたまりでした」

――形あるものが見えたということではないんですか。

「全体が強い光の輝きで形までは見えませんでした。でも、私は、あのアメリカで会った人がＵＦＯに乗ってやってきたのだと思ってパニック状態におちいったのです」

――それでその人に会ったんですか。

「いえ、ＵＦＯは十五分ばかり、そのあたりをホバリングしただけで、また飛んでいってしまいました。その後、私は同じ部屋にいた友人と、それが何だったのか議論しあいました。でも、結論は出ませんでした。そのうち、これは本当の実体験だったのだろうか、それとも何か幻を見たのだろうかと自分でも、疑いはじめました。ところが、翌日の新聞を見ると、そのＵＦＯのことが記事になっていたのです。ＵＦＯを見たのは、私だけではなかったのです」

――本当ですか。

「ＵＦＯを見たという人もいれば、黄色い光か雲のようなものを見たという人もいたし、紫色の雲を見たという人もいました。場所はみな一致していて、私の家の近くの川のあたりでした」

――すると、本当に何かあったんですね。

「数日後に、ラップランド空軍が、調査の結果、それはソ連のロケットが落下してきたものであると判明したと発表しました。私は逆に、その発表を聞いて、あれはやっぱりUFOだったんだと思いました。だって、ロケットなら十五分間もホバリングしているわけはないでしょう」

——UFOだったとしても、それに例のアメリカ人が乗っていたとか、宇宙人が何かコンタクトしてきたというわけじゃないんですね。

「ええ、それで私も、それがUFOだったとしても、それがどうだっていうのと考えて、それきりそのことは忘れてしまいました」

話がここまできたところで、私はいささかがっくりした。本当に例のアメリカ人がUFOに乗って飛んできたというのなら驚きだが、結局のところ、彼女が見たものは、強い光のかたまりでしかなかったのである。宇宙船のごときUFOを見たというわけではないのである。強い光のかたまりそれ自体は多数の人が目撃しているから、存在したのだろう。しかし、それがUFOであるとするのは、キルデさんのかなり主観的な判断である。目撃者が全員一致でそれはまごうかたなきUFOであったといっているわけではない。相当多数の人が光る雲のようなものと表現しているのである。それは本当にラップランド空軍のいうようにソ連のロケットだったのかもしれない。十五分もホバリングしていたのはおかしいというが、それがホバリングしていたというのも主観的思いなしである。異常な事態に接したときに、人はしばしば時間感覚を喪失する。十五分のホバリングというのはそのために起きた錯覚であったとも考えられる。あるいは遠隔地に落下して炎上したロケットの強い光が雲に反射して蜃気楼的な光学現象を起こしていたのかもしれない。それなら、一定時間強い光の輝きが持続していたとしても不思議ではない。一般的にいって、これまでＵＦＯが現われたと騒がれた例の多くは、調べてみると、自然な発光源プラス何らかの自然な光学現象なのである。

宇宙人に医学検査をされる

これですめば、どうということはない話だったのだが、ヤルデさんの場合は、これで話が終わらなかった。

「それから二年たって、そのＵＦＯ騒ぎをすっかり忘れてしまったころ、スイスで国際サイ会議という超常現象に関する国際会議が開かれて、私はそれに出席していました。会議のメイン・テーマは輪廻転生でした。そのとき、出席者の何人かが選ばれて、催眠術にかけられ、年齢退行で、前世まで戻ってみようということになり、私もその一人に選ばれたのです」

前に述べたように、催眠術をかけて年齢退行させていくと、忘れていた子供時代の記憶が細かくよみがえってくる。年齢をどんどん退行させていくと、人によっては、赤ん坊時代を思い出し、さらには胎児時代の記憶までよみがえってくる。さらに年齢を退行させて、生まれる前の前世の記憶を語ってくれと暗示すると、本当に前世を語り出す人もいるのである。そういう実験を皆でやってみようということになったわけである。

ここで注意しておくべきことは、このようにして引き出された前世の記憶というものが、本当に輪廻転生の証明になるのかどうかは疑問だということである。

催眠術にかけられているとき、被験者は術者の暗示の強い支配下におかれている。だから、「あなたは犬だ」といわれると、犬のごとく行動し、「あなたは椅子だ」といわれると、人間椅子になってみせる。だから、「あなたには前世がある。どんな前世だったか語ってください」と術者が暗示すれば、自分で自分の前世を作り出して語ってしまうという可能性がきわめて大なのである。

これと同じような問題が、催眠退行で、出生時の記憶や胎児時代の記憶を引き出す場合にも起こる。だから、そういう場合、それが本当の記憶か、それとも頭の中でこしらえあげた記憶なのかを十分吟味する必要がある。第一に必要な吟味は、催眠をかけるとき、自由な記憶が出てくるように暗示をかけたか、それとも記憶内容を性格づけるような暗示がなされたかである。「お母さんのお腹の中は気持ちよかったでしょう」というような暗示をかければ（心理療法として催眠術を使うときは、わざとこういう暗示をかけて人間の原初状態におけるリラックス感を再体験させるということがよく行われる）、本人は、「ええ、とても気持ちよかったです」というにきまっているのである。

第二に必要な吟味は、引き出された記憶と、過去の客観的事実との間に一致点があるかどうかである。偶然とは考えられない一致点があれば、それは真正の記憶である可能性が高い。

　催眠で引き出された出生時の記憶が本当の記憶である可能性が強いと前に私は述べたが、それは、このような吟味がきちんとなされた上での報告がかなりあるからである。

　しかし、前世体験については、このような吟味に耐える報告例があるとは聞いていない。だから、私は前世の記憶というものを、まだ信用していない。

　それはともかく、キルデさんの話をつづけよう。

「催眠状態に入ると、驚いたことには、突然UFOがやってくるのが見えました。そこへ行って見ているうちに、いつの間にか、私はUFOの中に入っていました。そして私は手術台の上に縛りつけられ、小さな身長一メートルくらいのエイリアンに医学的検査を受けていました。しかし私は別に恐いとは思っていませんでした。むしろ、彼らの医学技術がどういうものか関心があったので、彼らの一挙一動を見守っていました。あんな器具はこの地球上では見たことがないとか、人間だったら、こういうやり方はしないとか――。しかし同時に、催眠状態で年齢退行の暗示をかけられたというのに、なんで自分はこんなイメージを見るのか、不思議でなりませんでした。こんなことが自分の過去において起きたはずがありませんから、ただただびっくりしたのです。そして催眠から覚めたとき、主催者から、『それであなたはどんなものを見ましたか？』とたずねられたのですが、私は、『いえ、いえ』と口ごもるだけで、何も答えられませんでした。昼休みをはさんで、午後のセッションで、もう一度催眠による年齢退行が行われました」

――またUFOが出てきたんですか。

「ええ。午前中とそっくり同じ場面なのです。UFOがやってきて、私はその中に導き入れられ、医学検査を受けるのです。私は頭がすっかり混乱してしまいました。なんでそうなるのか、全く理解できませんでした。またしても、終わってから、催眠中のイメージを人に告げられず黙ったままでいました。そしてラップランドに帰ってから、私ははじめてUFO関係の文献を真剣に読みはじめたのです」

――それまでは読んでいなかったんですか。

「ええ、そういうことは信じていなかったものですから。しかし、いろんな本を読んでいくうちに、UFOや宇宙人に会った人が沢山いるということを知りました。私と同じように医学検査まで受けたという人が何千人もいるということを知りました。そして、あれは催眠中に見た幻覚ではなくて、本当に起きたこととの記憶が潜在意識に残っていて、それが催眠中によみがえったのではないかと思うようになりました。それとともに、そういえば、と思い当たったことがあるのです。私のお腹に、少し前から気がついていたのですが、手術の跡のような傷跡があり、いつの間にこんな傷跡ができたんだろうと、いぶかしく思っていたのです」

――前の腹膜炎の手術の跡ではなくて。

「ええ」

——本当ですか。どこにあるんですか。

「ここに」

といって、キルデさんは自分の下腹部を手でおさえてみせた。

「ここにこういう風にちゃんとあります」

と傷跡をなぞるようにした。よほど、

「ちょっと見せてもらえませんか」

と頼んでみようかと思ったが、真昼間の屋外（ジョージタウン大学の本部前のちょっと公園風になったところに置かれたベンチの上でインタビューは行われた）で、衆人環視の中だったので、さすがにそれははばかった。従って私は、その傷跡を自分の目で確認したわけではない。

——その医学検査というのは、そんな傷跡を残すんですか。どんな検査なんです。

「バイオプシー（生検。生体の一部を採取して検査すること）です。他にもバイオプシーを受けたという人が沢山いることはいろんな文献に出ています」

前にも述べたが、私はＵＦＯを見たとか宇宙人に会ったとかいう話をほとんど信じていない。だからＵＦＯ関係の文献もあまり読んでいないが、それでも数冊は読んでいる。だから、キルデさんのいう通り、宇宙人に誘拐されてバイオプシーを受けたと主張している人々が相当数いるということは知っている。

一般にユーフォロジー（ＵＦＯ学）の世界では、宇宙人に会ったと主張する人々をコンタクティとアブダクティに大別している。コンタクティは、友好的に会って、会話を交わしたり、宇宙船に乗せてもらったりしたという人々で、『空飛ぶ円盤同乗記』など多数の著書があるアダムスキーがその典型である。こういう体験記はそのほとんどが内容的に荒唐無稽である。

アブダクティというのは、宇宙人に誘拐されたと称する人々である。誘拐されたあと、宇宙人から医学的検査を受けたり、体内や脳の中に何かを埋め込まれたりする。そして、キルデさんのように、そうした検査や処置をした跡が傷跡となって今でも残っているという人が少なからずいるのである。本によっては、そういうアブダクティの傷跡の写真などをのせているものもある。しかし、その傷跡が本当に本人が主張するような由来のものであるかどうかについては何の証明もない。

アブダクティは、普通、ＵＦＯを間近に見たところで意識を失う。数時間後に意識を取り戻すが、その間に何が起きたか全く覚えていない。その後精神状態が不安定になるなどして、精神医のところにいく。医者がその原因を探ろうとして催眠をかけて退行を起こしてやると、その人は実は意識を失っていた間に、ＵＦＯの中に連れこまれ、医学検査を受けていたといいだす。宇宙人が医学検査を終えたあとで、その人に記憶消去措置をほどこしてから地上に戻したので、彼はその間に起きたことを全く覚えていなかったのだという。催眠術がはじめてその記憶消去をのりこえて、真の記憶をよびさますことができたのだという。——これがアブダクティのストーリーの一般的な類型である。

キルデさんの話は、これとほとんど同じである。キルデさんも、はじめはこれがリアルな話とはどうしても思えなかったが、それは、検査のあと、自分にも記憶消去がかけられたからにちがいないと語っている。

全一的な宇宙意識へ

話がかなりアブナイ領域に入りつつあると思いながら、私は慎重にインタビューを進めた。アブナイと思いつつもキルデさんと話をつづけたのは二つの理由による。

一つは、キルデさんという人が、実に頭脳明晰で、どんな質問にも適確かつ明快に答えてくれる人で、UFOの話をのぞくと、いささかも精神の狂いを感じさせるような人物ではなかったからである。もう一つは、実は、臨死体験とUFO現象とはもしかしたら関係があるのかもしれないという説をそのときすでに耳にしていたからである。それはどういうことかというと、臨死体験者の中に、キルデさん同様、それまではUFOなど全く信じていなかったのに、臨死体験後はじめてUFOを見るという体験をして、UFOの実在を信じるようになったという人が、かなりとはいわないまでも、ある程度いるのである。これはまた後に述べるが、UFOまではいかなくとも、ESP能力など、一種の超能力を身につけたという人になると、もっと沢山いるのである。だから、臨死体験とそのような超常現象はどのような関係になっているのかというのは、真面目な検討に値する問題なのである。

ということで、もう少しキルデさんの話を聞くことにする。

――バイオプシーを受けたということですが、どこの細胞を取られたんですか。

「卵巣から卵細胞を取られたんです。彼らは人間の遺伝子を解析して、それに遺伝子工学的に手を加えようとしているのだと思いました。悪い方向にではありません。いい方向にです。現在の人類はあまりに多くのネガティブな側面を持っています。これほど同じ種の中で殺し合いをする動物は他にいません。彼らは、人間からそういうネガティブな面を取りのぞき、百パーセントポジティブな種に作りかえようとしているわけです。これは歓迎すべきことです。私と同じようにUFOに連れていかれて医学検査を受けた人の中には、それを何かとても恐ろしい体験であったかのように書いている人がいますが、そんなことはありません。私は医者として確言しますが、何も危険なことはなされませんでした。彼らの目的はただ一つ、我々人類の高次の意識を覚醒させて新しい種に導くことなのです」

――つまり、人類を進化させるということですか。

「そうです、その通りです。人類はいま新しい進化の段階に入ったのです。いまはその過渡期です。早くも新しい進化の方向に向けて大きく一歩踏み出した人たちがいる一方、他方には昔のまま何も変わらないマジョリティがいるという状態なのです。しかし、いずれ全人類が、新しい次元へ、新しい世界へ移行していくことになるでしょう。臨死体験者は、この新しい人類進化の先がけなのです。臨死体験において、人はこの三次元世界を超越して、時間にも空間にも縛られない高次元の世界に入っていきました。死というものが存在するのはこの三次元世界だけで、その次元を抜けると死はないのです。肉体が存在するのは三次元世界だけです。人はそこを抜けると、肉体の束縛を脱して本来のエネルギー体に戻り、時間に縛られた世界から時間がない永遠の世界に入っていきます。その世界は、全てが愛に満ち、調和しています。そこでは全ての真理が一瞬にして把握できます。究極の真理は、全ては一つであるということです。全ての存在が本当は一つの存在なのです。この全宇宙が一つなのです。そういう全一的な宇宙意識をみんな獲得するようになるのが進化の新しい段階なのです」

——それとＵＦＯや宇宙人はどんな関係があるんですか。

「私たちは宇宙のはしのほうにあるちっぽけな地球という惑星の上の三次元世界に閉じ込められています。そこから宇宙をながめ、宇宙ははるかかなたにあると思っています。しかし、その三次元世界から次元の壁を一歩突き破って向こうに出れば、そこにはすぐ全宇宙が一体になっている高次の意識世界が広がっているということです。そこでは、宇宙人も我々も何の区別もないのです。どちらも一つなのです。宇宙人というものを、我々の三次元世界の感覚でとらえようとするからおかしなことになるのです。宇宙人の三次元の形状などはどうでもいいことです。大事なことは、彼らが全宇宙一体の高次の意識世界の住人で、人間をその世界に迎え入れるために、手助けにきているということです。人間は、このように、精神的に低いレベルのままでは宇宙社会に受け入れられないのです。まず、高次の意識の覚醒が必要です。世界のあちこちに、ごく少数ながら、臨死体験を通して、あるいは宇宙人との接触を通して、あるいはその他何らかの高次の意識体験を通じて、すでに目ざめている人々がいます。その人たちが、一般の人々に、子供にアルファベットを教えるように、意識の目ざめを説き聞かせつつあるというのが現段階だと思います」

ここまでくるとわかるように、キルデさんの場合、UFOや宇宙人が出てきても、それは、テレビのUFO番組に出てくるようなまがまがしいものでは全くないのである。彼女は、宇宙人というものをスピリチュアルな次元でとらえているのである。

——いま、その他の高次の意識体験でも意識の目ざめがあるとおっしゃいましたが、それは、宗教的体験などを指しているのですか。

「ええ、そういうものも含みます。前にもいいましたが、シャーマンがおちいるトランス状態は臨死体験と同じようなものだろうと思いますし、ヨガの文献なんか読むと、ヨガの瞑想でも同じことが起こりうるし、キリスト教やイスラム教の神秘主義の体験でも、同じことが起きていると思います。それぞれその宗教独特の用語で体験内容を語るので一見ちがうように見えますが、宇宙の全一性を直観的に把握するという本質においては同じです。たとえばここに、七百年前にペルシアの神秘主義詩人が書いた詩があります。

《私は石として死んだ。そして花になった。

私は花として死んだ。そして獣になった。

私は獣として死んだ。そして人になった。

だから、なぜ死を恐れる必要があろうか。

死を通して、私がより卑小なものに変わったことがあったか。死が私に悪をなしたことがあるか。

私が人として死ぬとき、次に私がなるのは一筋の光か、天使かであろう。

そしてさらにその先はどうなるのか。

その先は、存在するものは神のみとなり、他の一切は消え失せる。

私は誰も見たことがない、誰も聞いたことがないものとなる。

私は星の中の星となる。

生と死を照らす星となる》

これは私のいう全一的な宇宙意識そのものといってもいいくらいです」

私がこれを聞いて思い出したのは、宇宙体験を通して得た宇宙飛行士の意識変化である。詳しくは私の『宇宙からの帰還』の中で述べていることだが、宇宙飛行士の中にも、このような神秘的合一感を得たという人々が何人かいた。特に、エド・ミッチェルの、「宇宙の本質は、物質ではなく霊的知性なのだ。この本質が神だ」「人間は物質レベルでは個別的存在だが、精神レベルでは互いに結合されている。人間のみならず、世界のすべてが精神的には一体である（スピリチュアル・ワンネス）」といった認識は、キルデさんの認識とほとんど同じところにある。そして面白いことには、次の質問に対する答えも、宇宙飛行士のそれとほとんど同じだったのである。

——そうすると、いろんな宗教はそれぞれ自分たちの神こそ正しい神であると主張しているが、それは本質的には同じ神であるということですか。

「全くその通りです。神は一つです。全ては一つなのです。個別的な宗教のドグマに固執することは意味がないことです。ドグマは人間が作ったものです。神が作ったものではありません。臨死体験はどの宗教を信ずる人にも、同じように起きます。キリスト教徒であろうと仏教徒であろうと、あるいは無神論者であろうと、同じような起こり方をします。だから、臨死体験をした人は、その体験のあと、よりスピリチュアルにはなりますが、特定の宗教を深く信ずるようになるということは、あまりありません」

ここでキルデさんが述べていることは、臨死体験者に対する意識調査の結果からも裏付けられる。

コネチカット大学のケネス・リング教授は、前に紹介した『いまわのきわに見る死の世界』を著したあと、臨死体験者の意識変化に焦点をあてて、さまざまの角度から調査を行い、その結果を『オメガに向かって（Heading toward OMEGA）』という本にまとめている。オメガというのは、フランスの哲学者・古生物学者、テイヤール・ド・シャルダンの用語で、人類の未来進化の究極の収束点を示している。キルデさんが語っていた、人類はいま新しい進化に向かう過渡的状態にあり、その進化の方向は臨死体験に示されているという見解は、リング教授の見解でもある。

普遍的宗教心に向かって

『オメガに向かって』は、実は日本でも三笠書房から丹波哲郎訳で『霊界探訪』という、原題とは似ても似つかぬタイトルで出ている。しかしこれは、原著のほとんど三分の一程度しか訳されていないという驚くべき大抄訳本で、リングの研究の大事な部分が相当部分抜け落ちているので、ここでは原著から補いながら紹介しておく。

リングの調査の一つは、臨死体験によって、宗教観がどのように変化したかを見るものだった。それを調べるために、リングは体験者に次のような宗教に関する十二の見解を示し、体験前と体験後を比較して、そのような見解により賛成できるようになったか、それとも賛成できなくなったか、それとも変化がなかったかを尋ねたのである。

(1)全ての宗教の本質的な核心部分はみな同じだ。
(2)天国と地獄があると信じている。
(3)どのような宗教を信じているかにかかわりなく全ての人に同じ死後の世界がある。
(4)教会の礼拝に毎週行くことはとても大切なことだ。
(5)教会の礼拝に行くことより、個人的に心の中で神に祈ることのほうがずっと大切だ。
(6)どの宗派の教会に行っても違和感を感じないで同じようにくつろいだ気分になれる。

(7)輪廻転生なんてとても信じられない。
(8)永遠の生命は、イエス・キリストを救い主と信じる人々にだけ神が与えるものだ。
(9)神はあなたの内面にいる。
(10)本当に宗教的な生活を送るためには、教会またはそれに類する宗教的組織に属することが必要である。
(11)聖書は神の啓示を受けて書かれた書物だ。
(12)全人類を包み込む普遍的な宗教が確立されればとても素晴らしいことだと思う。

リング教授は、すでにそれまでの調査で、臨死体験者が既成の特定宗教の立場を離れ、普遍的な宗教心（スピリチュアリティ）を持つ方向に向かう傾向があるということをつかんでいたので、そこのところをはっきりさせるべくこの調査はデザインされている。すなわち、(1)、(3)、(5)、(6)、(9)、(12)を肯定するのが普遍的宗教心の側で、(2)、(4)、(7)、(8)、(10)、(11)を肯定するのが、既成宗教（この場合は伝統的キリスト教の意味）の立場である。

これを臨死体験者七十六名と、それと比較するために、死にかかったけれど命をとりとめたという経験はあるが臨死体験はしなかったという人々三十名、それに死にかかったことがないという人々六十六名を同時に調査した結果をパーセントで示したものが左の表である。数字は、既成宗教の立場を示す(2)、(4)、(7)、(8)、(10)、(11)については、それを否定した人のパーセンテージを示している。だから、ここに示された数字は、すべて

臨死体験の有無と普遍的宗教心に対する態度との関係　（数字は％）

	調査対象者／RBI項目	臨死体験者 全員（76名）	臨死体験者 正統的キリスト教徒以外の者（34名）	死にかかったが臨死体験はしなかった者（30名）	死にかかった経験のない者（66名）
普遍的宗教心を肯定	1.宗教は皆同じ	71.1	85.3	40.0	47.0
	3.万人に同様な死後の世界	85.5	91.2	53.3	62.1
	5.個人的祈り	77.6	85.3	70.0	43.9
	6.教会宗派への無執着	43.4	38.2	20.0	31.8
	9.内なる神	80.3	94.1	60.0	48.5
	12.普遍的宗教を求める	68.4	79.4	46.7	40.9
既成宗教の立場を否定	2.天国・地獄の存在	47.4	52.9	33.3	31.8
	4.教会への出席	55.3	67.7	56.7	39.4
	7.輪廻転生を否認	51.3	67.7	46.7	43.9
	8.永遠の命を与えるキリスト	65.8	79.4	66.7	36.4
	10.宗教組織への所属	71.1	85.3	73.3	51.5
	11.啓示の書としての聖書	39.5	55.9	40.0	21.2
	平　均	63.1	73.5	50.6	41.5

普遍的宗教心の側にどれだけ近いかを示していると考えてよい。また、臨死体験者の欄が二つにわかれているのは、もともと真面目なキリスト教信者だった人とそうでない人（信仰があまりなかった人から、他の宗教を信じていた人、何も信じていなかった無宗教者まで含む）とでは、後者のほうが強く普遍的宗教心の側に傾くという結果が出ているので、その点をはっきり示すために、後者のグループを特に取り出したものである。

この数字を見れば一目瞭然だが、臨死体験者は、はっきりと、既成宗教の側から、普遍的宗教心の側に身を移しているのである。(6)番だけは飛び抜けて低いポイントが出ているが、これは問題の設定の失敗だろう。問題設定者は、既成宗教から普遍的宗教心へ移行していく最初の一歩は、キリスト教内における宗派のちがいへのこだわりの解消にあると考えたらしいが、実際には、既成宗教からの離脱は一挙に教会そのものを否定するという方向に進んでしまうので(4)、(5)、(10)を見よ)、他の宗派の教会に行ったからといってくつろいだ気持ちになれるわけではないのである。

神は私の一部である

臨死体験者の次のような発言は、その心情をよくあらわしている(『オメガに向かって』より)。

「体験前、私は神様が本当に存在するのかどうかわからないでいました。教会にも行きませんでした。体験後、私は神が存在すると確信するようになりました。しかし、教会にはやはり行きません。教会がやっていることを私は何一つ信用していません。教会のやり方が私はきらいです。教会で説教をしていることはみんな嘘です。牧師は神の教えに従わなければどうなるこうなると、聴衆をおどかすようなことをすぐにいいますが、あんなことはありません。私は今後とも自分なりの宗教心を持ちつづけていきます」

「教会には絶対行こうと思いません。教会の教えは、私が臨死体験で学んだことのアンチテーゼです」

「体験後、私は教会に行かないようになりましたが、より深い宗教心を持つようになったと思います」

教会に対する反撥は、教会を通さずとも自分が直接神とコミュニケートしているという自覚があるからである。

「体験以来、自分のすぐ近くに神様がいるのを感じます。ほら、すぐそこにいらっしゃるんです」

「神様は私の一部です。神様は私の最も本質的な部分です」

「体験前、私は無神論者でした。神というのは、人間のイマジネーションが作り出したものだと思っていました。しかし今では、神が存在することを確信しています。存在する全てのものに、神のエッセンスが内在しているのです。それを私はいまここに実感しています」

「神というのは、ものすごく巨大なエネルギー源のようなものだと思います。それがこの世界の核にあり、我々人間はその核から離れたアトムのようなものです。神は我々すべての中にいる。我々はみんな神の一部だと思います」

ここには、キルデさんが表明していたと同じような、神の遍在感、神との合一感、一切は一つであるとする全一感などが、表現は素朴ながら、よく示されている。ああいう認識はキルデさんに特異的にあらわれた認識なのではなく、臨死体験者が体験後に持つ、かなり一般的な認識なのだということがこれでわかるだろう。このような認識からは、当然のことながら、諸宗教は本質的に一つのものだという認識が導かれる。

「宗教というのは、全て同じ真理から発したものです。宗教はちがっても、その信仰内容の重要部分には、ほんのちょっとしたちがいしかないものです。だから、いずれ全ての人を一つの神のもと、一つの真理のもと、一つのスピリチュアルな信仰のもとにまとめることができると思います」

「私は、いろんな宗教を研究しました。そして、最後に私が理解したことは、結局、純粋な宗教は同じだということです。ちがいは事実上ありません」

ケネス・リングは、この調査の結果、臨死体験者の宗教意識の変化を総括すると、次の七項目にまとめられると述べている。

(1)自分は宗教的というよりはスピリチュアル（霊的、精神的）だとみなす。
(2)内的に神を身近な存在として感じる。
(3)礼拝などといった既成の宗教の形式的側面に重きをおかなくなる。
(4)宗教的信仰とは無関係に死後の生があることを確信するようになる。
(5)輪廻転生という考えにも偏見をもたないようになる。また、東洋の宗教に対して全般的にシンパシーを感じるようになる。
(6)全ての宗教がその基盤をなす本質部分では一致していると考えるようになる。
(7)全人類を包むような普遍的宗教の確立を願うようになる。

物質的欲求から精神的欲求へ

ケネス・リングは、体験者の宗教観の変化を調査しただけでなく、もっと広く、人生観、世界観、価値観がどのように変化したかも調査している。こちらのほうの質問は全部で四十二問からなり、一例をあげると、次のような構成になっている。

「他の人を助けてあげたいという気持ちは、体験後どう変化したでしょう。

(1)非常に増した（激増）。

(2)ある程度増した（増加）。

(3)変わらない（無変化）。

(4)ある程度減った（減少）。

(5)非常に減った。（激減）」

これと同じようにして、「他人に対する忍耐心」「孤独を求める心」「もっといい生活をしたいという望み」などなどがどう変化したかを問いただしていくのである。

その中に宗教に関する設問が幾つかあるので、その結果がどうであったかを示すと、次の通りである（回答者はいずれも二十六名）。

「スピリチュアルなことに対する関心」は、激増が八四・六パーセント。

「宗教的感情」は、激増が五七・七パーセント、増加が二六・九パーセント。

「人間にははかりしれない高次の力が働いていると思う」は、激増が八八・五パーセント、増加が七・七パーセント。

「生命の尊厳感」は、激増が七三・一パーセント、増加が一五・四パーセント。

「神が存在するという内的実感」は、激増が七六・九パーセント、増加が一九・二パーセント。

「死後の生があるという確信」は、激増が八八・五パーセント、増加が三・八パーセント。

「祈るという行為の頻度」は、激増が四二・三パーセント、増加が三四・六パーセント。

これに対して、

「既成の宗教に対する関心」は、激増が二六・九パーセント、増加が二六・九パーセント、無変化が二六・九パーセント、減少が一一・五パーセント、激減が一九・二パーセントで、前の各項と著しい対照を示している。臨死体験者は、明らかに、既成宗教をはなれて、よりスピリチュアルになる傾向を示しているのである。

宗教面以外では、どのような意識の変化が見られるだろうか。第一に指摘できることは、人生をより素晴らしいものと感じるようになったということである。

「毎日の生活のごく普通のできごとの一つ一つが素晴らしいものに感じられる」が、激増六五・四パーセント、増加二三・一パーセントである。あるいは、「自然の美しさをより感じるようになった」が、激増六五・四パーセント、増加二三・一パーセントである。

ある体験者は、「毎日毎日、一つ一つの瞬間を最大限の喜びをもって生きています。私の人生は、臨死体験後、はるかに豊かなものになりました」と語っている。

また、他人に対する関係、気持ちの持ち方がいい方向に変わるという変化が見られる。

「他の人を助けてあげたいという気持ち」は、激増が六九・一パーセント、増加が一九・二パーセント。

「他人に対する同情心」は、激増が八〇・八パーセント、増加が一五・四パーセント。

「他の人の言うことに耳を傾けようとする態度」は激増が六五・四パーセント、増加が一九・二パーセント。

「他人に対する寛容心」は激増が六五・四パーセント、増加が一九・二パーセント。

「他の人に対する愛情を表に出して表現するようになった」は、激増が七三・一パーセント、増加が一九・二パーセント。

「他の人がどういう問題をかかえているかが見抜けるようになった」は、激増が五七・七パーセント、増加が二六・九パーセント。

「他人を理解する」は、激増が五〇・〇パーセント、増加が四二・三パーセント。

「他の人を受け入れる気持ち」は激増が七三・一パーセント、増加が一五・四パーセント。

他人を理解し、受容し、他人に同情し助けてあげようという非常にポジティブな感情を持って、いい人間関係を作っていけるように変わるわけである。

これと対照的なのが、他人の思惑を気にする気持ちである。

「他人にいい印象を与えたいという気持ち」は、激減が二六・九パーセント、減少が一五・四パーセントで、激増の七・七パーセント、増加の一五・四パーセントをずっと上回っている（残りは無変化）。

「有名になりたいという気持ち」は、激減が三四・六パーセント、減少が一一・五パーセントに対して、激増がゼロ、増加が七・七パーセントである。

「他人が自分のことをどう考えているかを気にする気持ち」は、激減が三八・五パーセント、減少が二六・九パーセントに対して、激増が三・八パーセント、増加が一一・五パーセントしかない。

他人の思惑など気にならなくなるのである。

もう一つの顕著な傾向は、物質的欲望の否定である。

「生活の物質的側面に対する関心」は、激減が四六・二パーセント、減少が二六・九パーセントで、増加はゼロである。

「人生において物質的成功をおさめることに対する関心」も、激減が二六・九パーセント、減少が二三・一パーセントで、増加はゼロである。

「生活水準を上げたいという欲求」は、激減一九・二パーセント、減少一九・二パーセントで、激増七・七パーセント、増加一一・五パーセントを上回っている。

これとは対照的に、人生に意義と意味を求めたいという気持ちが顕著に強くなっている。

「高次の意識を獲得したいという欲求」は、激増が八〇・八パーセント、増加が一五・四パーセント。

「人生とはそもそも何なのだという疑問が解明されてきたという気持ち」は、激増が七三・一パーセント、増加が一五・四パーセント。

「個人的に自分には人生の目的があるという実感」は、激増が六九・二パーセント、増加が一九・二パーセント。

「生きる意味は私の内面世界の中にある」は、激増が九六・二パーセント。

「自分というものをもっと理解したいという欲求」は、激増が六一・五パーセント、増加が二六・九パーセント。

「個人的な意味の探究をもっとやってみたい」は、激増が六一・五パーセント、増加が二六・九パーセント。

実にはっきりと、物質的欲求から精神的欲求への転換があらわれている。

臨死体験と超能力

体験者の声を拾ってみると、次のような発言がある。

「体験前は、私は物質的欲望だけで生きていました。私は自分にしか関心がありませんでした。自分の所有物、自分の欲求にしか関心がありませんでした。しかし体験後は、この地上で所有するものに対しては全く関心がなくなりました。欲望もなくなりました。いまでは明日のことなど全く思いわずらっていません。神様がどうにかしてくれるだろうと思っています」

「物質的な富とか財産に対する関心は消えて、スピリチュアルな理解力がもっと欲しいとか、世界をもっとよくしたいといった欲求に完全にとってかわられました」

ケネス・リングの研究で、もう一つ注目すべきなのは、臨死体験者に一種の超能力現象が見られるという結果がでてきたことである。ただしこれは、体験者一人一人について、超能力が本当に身についたかどうかをテストしたということではない。アンケート調査の結果であるから、あくまでも、「本人の申告を信ずれば」という条件つきの調査結果である。キルデさんも、本人のいうことを信ずれば、超能力が身についたと述べていたが、同じようなことをいっている体験者が他にも結構いるということなのである。

具体的には、次の十四の能力（あるいは現象）について、体験前と体験後で、能力が増大したか、減少したか、あるいは、あまり変わらなかったかを調査したのである。

調べたのは、次のような項目である。

(1)千里眼能力（遠隔透視能力）。
(2)テレパシー。
(3)人が何か語り出す前に、何を語るかわかってしまう。

(4)未来に起こる現象を予知する（事故、地震など）。
(5)逆行予知――過去に起きたことだが、そんなことがあったとは知らなかったことが突然わかる。
(6)デジャ・ヴュ（既視感）――はじめて見ることなのにこれは確かに前に見たことだと思う。
(7)既知感――これから起こる現象なのに、自分はそれが起こると前から知っていたと思う。
(8)シンクロニシティ（同時発生）――昔の歌を頭の中で思い浮かべているときに何気なしにラジオのスイッチを入れたら、たまたまその歌が聞こえてきたといった現象。
(9)何かをしていて、どうしようもない苦境におちいったとき、突然思いもかけぬ幸運事が発生して、苦境から脱出できるという現象。
(10)直観能力。
(11)自分の内面のどこかから知恵があふれるように出てくる。
(12)夢の内容を記憶している。
(13)体外離脱。
(14)何か霊的な存在による導きを受ける。
こういうものをすべて超能力のカテゴリーにいれてしまうのはどうかと思うが、ケネス・リングは、これをいっしょくたにして、超能力経験指数なるものを算出してしまうのである。すなわち、どの項目の能力、現象でも、増加（ないし強化）していれば、それを一点とかぞえ、八点以上獲得した者を「超能力が著しく活発になった者」と評価したのである。すると、二十六名の中の十五名（五八パーセント）が、そのカテゴリーに入ったという。

しかし、このような数字が一人歩きしだして、臨死体験者の半分以上は超能力を身につけたなどといい出すと（実際、そういう人がいるのである）おかしなことになる。先のリストを丹念に見ればすぐわかる通り、そこには、テレパシーとか遠隔透視能力などのように、それが実在すれば誰からも超能力と認められるものと、デジャ・ヴュ、直観、夢の記憶などのように、普通の人間の誰にでもあるような能力が同列にならべられている。こういうものを同列にならべて同じ得点をつけ、超能力経験指数などと称するのは問題である。

ケネス・リングは、他の調査についてはかなり詳しい基礎データを発表しているのに、この調査に関しては、ほとんど基礎データを発表していない。だから、個々のアイテムについて、どのような得点分布があったかは、わかっていない。発表されている項目別データとしては、⑽の直観力が高まったという人が八〇パーセント、⑾の内的知恵の泉がわいてくるという人が九六パーセントいるということくらいである。リストの中で、本格的な超能力の項目は少ないから、そういう項目抜きでも、八点獲得は十分可能である。すると、五八パーセントの「超能力が著しく高まった者」の中に、本格的な超能力は全くない人がかなりいることも予想されるのである。

すべてはいずれ証明される

また、デジャ・ヴュに関しては、脳内の情報処理の乱れがその解釈として有力である。つまり、視覚連合野に流れ込む二つの入力系統、すなわち、目の前で起きている現象を見てリアルタイムで情報を届けてくる現実視覚情報のラインと、記憶の映像ストックから映像が取り出されて送られてくるラインとが混線して、現実情報が記憶情報のラインからも重複的に送られてくるために、これは前に見たことがあると思い込んでしまう現象であるという解釈である。

このような情報経路の乱れによって、脳内情報処理の現場で時間的先後関係が逆転するために起こる奇妙な現象は他にもあると考えられる。たとえば、(3)の、人が何か語る前に何を語るかわかってしまうというのも、実はこれなのかもしれない。本当は相手が語っているのを聞いてから何を語っているかわかったのだが、情報経路の混乱から、これは語る前から知っていたことだと思い込んでしまうわけである。(7)の〝既知感〟もそうだし、(8)のシンクロニシティもその可能性がある。(4)の予知も、その可能性がある。本当の予知であることを証明するためには、予知した段階で記録をのこしておくことが必要である。(3)や(8)は、瞬間的な予知現象といってもいいかもしれないが、こういうものはことがらの性質上、事前の記録をのこせない。しかしそうなると、脳内情報処理の混乱現象と全く見分けがつかないということになる。こういうたぐいのものは、統制された実験でその存在が客観的に証明されれば別だが、本人の主観的報告だけに頼ると、ミソもクソもいっしょになってしまうのである。

こういったからといって、では、臨死体験と超能力は無関係であるといいきれるかというと、これまたそうではない。

臨死体験をした後に超能力現象が増加するという調査が他にも存在するのである。左ページの表に示したのは、ブルース・グレイソン・ミシガン大学教授（当時。現在はコネチカット大学教授。国際臨死体験研究協会の事務局長でもある）が、八十人の臨死体験者にアンケート調査をして得た結果である（回収率八六パーセント）。表の右の欄に、統計的有意性の検定結果が出ているが、（覚醒時の）ＥＳＰ（通常の感覚的知覚能力を超えた知覚能力。透視、テレパシー、予知などを含む）体験率の表のごとき上昇は、偶然には一万分の一以下の確率でしか起きる可能性がないとされている。神秘体験、体外離脱、人物幻像との出会いといった現象の発生率上昇もやはり一万分の一ないしそれ以下の確率でしか起きないとされている。

こういう数字が出てくると、やはり、臨死体験と超能力現象の連関も無視できないのではないかという気がしてくる。

臨死体験の前後における超能力の変化

超能力の種類	臨死体験前（%）	臨死体験後（%）	P*（有意水準）
覚醒時のESP	24.6	55.1	<.0001
ESPの夢	18.8	33.3	N.S.
体外離脱	11.6	43.5	.0001
人物幻像を見る	13.0	44.9	.0001
オーラを感じる	11.6	33.3	.0015
死者と交信する	11.6	27.5	N.S.
デジャ・ヴュ	48.5	60.3	N.S.
神秘体験	23.2	59.4	<.0001
夢の内容を記憶	36.8	63.2	<.0002
瞑想	21.7	50.0	.0026

*Pは、体験前と体験後の数値の差が偶然によって生じる確率を示す。たとえば、P=.0001は、このような差が偶然によって生じる確率は10000分の1であることを示している。N.S.は、偶然によって生じる確率が高いため、有意な差とはいえないことを示す。

そして、キルデさんの語ったＵＦＯ体験であるが、これも具体的な調査はまだされていないが、ケネス・リング教授に直接口頭できいたところによると、たしかに臨死体験をした後にＵＦＯ体験をしたという人が、ある程度いるということだった。それは無視できない数にのぼっており、ちゃんとした調査をやる価値は十分にあるということだった。ただし念のためにいっておくと、それは客観的なＵＦＯ体験があると認めているということではない。主観的な体験としてのＵＦＯ体験がそれだけ存在するということ自体が研究の対象になるということである。

しかし、一般的にいうと、臨死体験の研究者の間でも、ＵＦＯの話になると、一部には熱心な支持者がいるが、マユにツバをつける人が大部分である。だから、キルデさんが基調講演をしたときも、それまでは熱心に聞いていた聴衆の間に、ＵＦＯのくだりになると、一瞬しらけた空気がただよった。もっとも、少数ながらそこで一層目を輝かせた聴衆もいるにはいた。キルデさんに、人になかなか信用してもらえないといやになるでしょうというと、「いやいや」と彼女は元気いっぱいに答えた。

「そんなこと何でもありませんよ。ガリレオ・ガリレイが地動説をとなえた時、誰も彼を信じなかったじゃないですか。大衆はいつも新しい考えを信じようとしません。科学者も同じです。ガリレオは同時代の科学者たちに、よってたかって攻撃されたのです。アインシュタインだって、フランスのアカデミーに行って相対性理論を論じたとき、アカデミー会員たちから嘲笑を受けたんです。私の考えがこの程度の反撥を受けるのは当然のことです。しかし私は何も心配していません。いずれすべてが科学的に説明され、私の正しさが証明されるだろうと信じています」

キルデさんはあくまで元気なのである。

第八章　トム・ソーヤーの変身

前章で、臨死体験と超能力の関係についての、ケネス・リング教授の調査結果とブルース・グレイソン教授の調査結果を紹介した。どちらの調査も、両者に深い関係があるという結論を導き出していたが、リング教授の調査については、超能力という概念をかなり安易に使っており、真正の超能力とは考えられないものまで超能力のカテゴリーに入れて超能力経験指数なるものをはじき出していることに疑問を呈しておいた。ブルース・グレイソン教授の調査にも欠点がある。この調査は、臨死体験者だけを対象としたもので、対照群（コントロール群）の調査がないのである。こういう調査が科学的に信頼がおける調査と認められるためには、そういう体験をしなかった人たちを調査し、体験者の結果と非体験者の結果を対照してくらべるという手続きが必要なのだが、それがなかったのである。

もう一つ別の調査結果を示してみよう。これはペンシルヴァニア州政府の教育局に勤務するリチャード・コール氏の調査結果である（一九八三年）。

調査対象者は、五百四十七人で、うち臨死体験者が八十四人、死にかけたことはあるが臨死体験はしなかったという人々（これを瀕死体験者と名付ける）が百五人、それに、死にかかった経験もないという非体験者が三百五十八人である。

臨死体験者について、具体的にどういう体験をしたのか、要素別に調べてみると、それぞれの体験率は次の通りだった。

(1)表現できないほどの心のやすらぎと満ち足りた思い。——七一％
(2)肉体からの離脱感。——七三％
(3)この世とあの世の境界領域に入っていくという感じ。——五〇％
(4)ある見知らぬ存在に出会い、自分の人生を回顧させられる。あるいは、あの世にとどまりつづけるか、この世に戻るかの決断を迫られたりする。——三六％
(5)強い輝きの光を見る。その光は美しくかつ心をなごませる。——三七％
(6)何ともいえず美しい光景の中に自分がいる。きれいな色があり、ときには美しい音楽がきこえてくる。——二六％

このような要素体験を一人でどれだけしたかは人によって異なる。一つしか体験しなかった人もいれば、六つ全部体験した人もいる。体験者の体験要素数別の分布を示すと、次の通りである。

一要素のみ体験	二四%
二要素を体験	二六%
三要素を体験	一五%
四要素を体験	一二%
五要素を体験	一三%
六要素全て体験	一〇%

一要素しか体験しなかったという人の大部分（二十人中十三人）は、(1)の体験しかしていない人である。

有意に高い体験者群のスコア

被験者全員に対して、次の十項目の体験をしたことがあるかどうかをたずねた。コールは、一連の超常現象に対して、サイということばを用いている。サイは、サイコロジー（心理学）のサイでもあれば、サイキック（心霊現象の）のサイでもあり、サイコキネシス（念力）のサイでもある。超常現象をどう呼ぶかは研究者によってちがうが、サイもよく用いられることばの一つである。

●サイ知覚

(1)サイ夢（いわゆる正夢。知るはずがない現実を夢に見る。その現実は過去の現実でも、未来の現実でもよい）。
(2)目ざめた状態のサイ知覚。通常の知覚では知るはずがない現実（過去でも、未来でも）を知ること。いわゆるESP能力、透視能力はこれに入る。
(3)テレパシー。

●サイコキネシスと超常的治癒能力

(4)サイコキネシス。いわゆる念力。物理的手段によらずに物を動かしたり止めたり、あるいは破壊したりすること。
(5)超常的治癒能力。医学的手段に頼らずに病気、怪我などをいやしてしまうこと。いわゆる心霊治療はこれにあたる。祈禱師による病気の治療や、イエス・キリストの奇跡などもこれにあたる。

●サイ関連体験

(6)オーラを見る。オーラというのは、人間のまわりに後光のごとく発しているとされる光。超能力がある人には見えるとされる。
(7)人物幻像との出会い。姿を見るだけでなく、声を聞く、肉体的に接触するなどの体験を含む。
(8)霊的存在との交信、交流。相手の霊は、死者の霊であることもあれば、悪霊的存在であることもある。交信は、声を聞くという形をとることもあれば、自動書記によ

臨死体験の有無とサイおよびサイ関連体験との関係　(コール、1983)

	非体験者(358名)	瀕死体験者(105名)	臨死体験者(84名)
サイおよびサイ関連体験			
・サイ知覚			
サイ夢	2.84	2.94	3.81[a,b]
覚醒状態でのサイ知覚	3.42	3.88[a]	4.54[a,b]
テレパシー	3.84	4.33[a]	4.89[a,b]
・サイコキネシスまたは超常的治癒能力			
サイコキネシス	1.28	1.50	1.00[a]
超常的治癒能力	3.12	3.18	4.40[a,b]
・サイ関連体験			
オーラを見る	2.56	2.61	3.23[a,b]
人物幻像との出会い	2.43	2.83	3.66[a,b]
霊的存在との交信、交流	1.65	1.86	2.51[a,b]
夢の交流	1.50	1.72	2.26[a,b]
体外離脱	2.48	2.54	3.70[a,b]
総合得点	25.12	27.39[a]	34.83[a,b]
神秘体験			
神秘体験	3.05	3.41	4.13[a,b]
複合的神秘体験	2.52	2.84	3.27[a,b]

aは、非体験者群の数値と有意に($p<.05$)異っていることを示す。
bは、瀕死体験者群の数値と有意に($p<.05$)異っていることを示す。

って文字を通じてなされることもある。巫女《みこ》やシャーマンのお告げ、恐山のイタコの口寄せなどもこれである。

(9)夢の交流。夢の中で誰かに会ったとき、その人も夢の中でこちらに会っていたというケース。

(10)体外離脱体験。

以上の十項目について、体験の有無とその回数を六段階にわけて答えてもらう。

(1)一度も体験していない。(2)一、二回体験。(3)三、四回体験。(4)五、六回体験。(5)七〜十回体験。(6)十回以上体験。

この(1)〜(6)が、そのまま一点

から六点のスコアになる。そのスコアをグループ別に示したのが前ページの表である。ごらんになればわかるように、いずれの項目においても、体験者グループが明確に高いスコアを示している。a、bという添字は、他のグループの体験率に対して統計的有意水準（五パーセント）を超えているかどうかを示すものである。

いちばん下の欄に、「神秘体験」と「複合的神秘体験」とあるのは、このとき同時に、次のような質問もしているからである。

「この全宇宙との一体感、あるいは神との一体感を感じたことがありますか。その一体感があまりに強烈で、あまりに感動的で、ほとんど口もきけないほどだったということがありますか」

この質問に肯定で答えた人には、さらに次の質問をしている。

「そのような神秘的一体感を感じているときに、あなたは神ご自身、あるいはイエス・キリスト、あるいはその他の宗教上の導き手と具体的に、〝出会う〟という体験をしていますか。あるいは、そのような体験をしたときに自分の魂というか、あるいは自分自身の内なる神というか、霊というか、自己の内に聖性を持つ部分があるのを発見するという体験をしましたか」

この二つの質問についても、体験者グループのスコアは明確に統計上有意に高いのである。

もう一つ注目すべきことは、体験者のスコアが、深い体験をした者と、浅い体験をした者でちがうということである。先に述べたように、体験者といっても、たった一つの要素体験しかしなかった人もいれば、全要素を体験した人もいる。そこで、要素体験数が一～三の人と、四～六の人にわけ、前者を浅い体験者、後者を深い体験者とすると、深い体験者のほうが、サイ関連体験スコアが約五ポイントも高いという結果が出ているのである。

別解釈の可能性

この調査は、統計処理などはしっかりしているが、実は重大な欠陥が一つある。それは、母集団が特別な集団だったということである。

実はこの調査は、アメリカの未来予知能力者、心霊治療者として有名な、エドガー・ケイシー（一八七七～一九四五）に関心を寄せる人々の団体であるＡＲＥ（会員四万人）の機関誌に広告をのせて、協力者をつのって被験者になってもらったものなのである。

エドガー・ケイシーはトランス状態の中で、病人を診断し、その治療法を指示したが、これがきわめて高率（一説には九割近かったともいう）で当たったため、大変な人気を博し、一生ほとんど休む間もなく心霊治療をつづけた。それと同時に、依頼者個人の、あるいは世界全般の未来について、やはりトランス状態の中で予言をつづけ、その予言の総量は数千巻の書となって残っている。その予言の中には、ウォール街の大暴落や、第二次大戦の終結、ケネディ大統領の暗殺なども含まれており、現代のノストラダムスともうたわれている。もっとも、ケイシーの支持者たちは、当たった予言ばかりならべて、大予言者と持ち上げるが、実際には外れた予言も多い。たとえば、ケイシーによると、一九六八ないし六九年に、紀元前に海に沈んだアトランティス大陸が再び隆起しはじめると予言したが、実際には、そんなことは起こっていない。

こういう人物を支持ないし研究する人々が母集団となったわけだが、そういう人々の超常現象の見方は、はじめから一定のバイアスがかかっていると見なければならない。実際、表（二七五ページ）を注意して見ていただくと、非体験者のサイ体験、サイ関連体験の幾つかの項目のスコアが通常人の場合と比して著しく高いということに気づかれるだろう。つまり、この母集団は、はじめから超常現象に強い傾きを持った集団なのである。

もちろんそのことはコールもよく承知している。コールはこういう母集団の偏りをはっきり明示した上で、それでもこの調査は大きな意味があるという。母集団に一定の傾きがあったとはいえ、取り上げた三つのグループはいずれも同じ母集団から出ている。その三つの、出自において同質のグループの間に、臨死体験の有無によってこれだけ統計上の有意な違いが明確に出たという事実は、やはり、臨死体験が一連の超常現象を励起している証左といえるのではないかというのが、コールの主張である。

母集団に傾きがあっても、一定の意味はあるというコールの主張は誤りではないだろう。しかし、このような母集団から得た調査結果をもとに、軽々に一般論を提起できないということも当然である。

結局、臨死体験と超能力に関する調査は、いずれもそれぞれに問題をかかえていて、無条件に肯定できるものではないが、それでも、結果からみて、この両者の間には、深い連関がありそうだということはできそうである。

しかし、ということは、臨死体験は超能力をもたらすという結論になるのかというと、必ずしもそうはいえない。この調査結果には、もう一つ別の解釈が成り立ち得るからである。

というのは、三つの調査とも、アンケート調査であって、実地調査ではないからである。だから、ここで、集計され統計処理がほどこされているのは、超常体験があったという事実ではなく、超常体験があったという主張なのである。その主張通りの事実があったかどうかは誰も調べていない。統計処理など、調査の後処理の部分をいかに精密にやろうとも、このそもそもの前提部分があやふやだと、結論もまたあやふやにならざるを得ない。

事実がないのに、本人が超常現象があったと主張するケースに二つの種類がある。一つはその人がウソをついている場合。もう一つは、本人があったと思い込んでいる場合である。前にデジャ・ヴュや予知に例をとって説明したが、超常体験の場合、客観的事実は存在しないのに、主観的には事実があったと本気で思い込んでしまうということが起こり得る。脳の情報処理過程に混乱が起きると、事実でないものを事実と思い込んでしまうということが起きるのである。超常現象の場合、そのかなりの部分が、本人の主観内現象である。だから、よほど吟味しないと、事実かどうかわからない。単にその人がウソをつくような人でないという理由で、その人の主観的報告を信じるわけにはいかない。その人はそれが事実と信じきっているけど、実は単にその人の脳内で起きていた異常現象にすぎなかったということはいくらでもあり得るのである。コールの調査で、超常現象を体験したと答えた人の場合も、そういうことであった可能性は十分にある。

たとえば、(1)の「サイ夢」である。もし、そういう夢を見たときに、即座に客観的な記録を残しておき、それが後に客観的事実と符合したというなら、それは信じられるだろう。しかし、ある事実に遭遇したとき、「あ、これは前に夢に見たこととそっくりだ」と思ったにすぎないなら、それは前章で説明したように、脳内情報回路の混線によるデジャ・ヴュ現象と同じようなものなのかもしれない。

「人物幻像を見る」という体験は、「幽霊の正体みたり枯尾花《かれおばな》」というごとく、特別の心理状態、生理状態では、誰にでも起こり得る幻覚体験の一種なのかもしれない。「霊的存在との交信」体験は、前にも説明したが、「思考化声」といわれる一種の幻聴現象かもしれない。自動書記も自己の潜在意識がそうさせているのに、誰かにそうさせられていると思い込む「させられ現象」なのかもしれない。

脳内現象説は有効か？

このように考えていくと、超常現象の相当部分が、客観的異常現象ではなくて、脳内異常現象がもたらす主観的な思い込みである可能性が否定できなくなってくる。では、客観的異常現象はないのかというと、そうもいえない。たとえば、先に述べたように「サイ夢」において客観的記録を残せば、客観性が保証されるだろう。あるいは、サイコキネシスの場合には、何らかの物理現象を起こすわけだから、それがインチキ、手品のたぐい、あるいは自然現象の一種ではないということが証明されれば、客観的超常現象といえるだろう。しかし、表（二七五ページ）を見ればわかるように、サイコキネシスだけは、スコアが極端に低いのである。スコア一点が体験なしで、二点が一、二回の体験であるから、臨死体験者ですら、体験回数が一回以下なのである。それでもゼロではないから、何らかの現象がある人はあったのであろう。しかし、これは具体的なケースを吟味してみないと何ともいえないが、たとえば、念力で本当に物を動かしたと思っていたが、実際には、息が吹きかかったので動いてしまったというような自然現象であったとか、動いたと見えたが、実は強い願望によって起きた錯視現象にすぎなかったというようなケースがまぎれこんで、わずかなプラスが出たとも考えられる。

客観的超常現象のスコアだけがかくも低いということから、臨死体験と超能力の関連について、もう一つ別の解釈が生まれてくる。

それは、臨死体験は超能力を引き出したのではなく、自分に超能力があると思い込んでしまう、思い込みやすさを引き出したのではないかという解釈である。別のいい方をすると、臨死体験が脳の情報処理機構に何らかの異常をもたらしたために、主観的超常現象が起こりやすくなってしまったのではないかという解釈である。

このような解釈は、もちろん、臨死体験そのものが、この世ならぬ世界を体験した超常体験であるとする立場とは両立しないが、臨死体験は、生の最終段階において起こる脳内異常現象とする立場とは一致する。

しかし、そのような解釈を成り立たせるためには、もう一つの問題がある。それは(5)の超常治癒現象の存在である。これは、ある人の病気を治すという客観的な現象であって、本人の主観の中だけで起きる現象ではない。表を見ればわかるように、この現象の体験者のスコアは上から三番目に高いのである。そしてこのスコアは、非体験者より統計的に有意に高いのである。

これだけ客観現象でも高いスコアが出るという事実はどう解釈すべきなのだろうか。やはり臨死体験は、本当の超能力をもたらすのであって、脳内異常現象説で解釈するのは無理があるということなのだろうか。

実はこれも科学的に解釈することが可能は可能である。そもそも一般論として病気が治るとはどういうことかというと、人体がもともと持っている自己治癒能力によって治るのである。医学的治療を受けて病気が治るという場合でも、正確にいうと、医者が病気を治したわけではない。医者がしたことは、患者が自己治癒能力をよりよく発揮できるように助けることだけである。患者の自己治癒能力発揮に役立つのは、医学的治療だけではない。人間の心と体は密接に関連しているから、病気も治ると思えば治るし、治らないと思えば治らないという側面がある。だから、患者に自分の病気は治るという確信を与えるものは、イワシの頭でも加持祈禱でも、手かざしでも何でもきくのである。自分には超能力的治癒能力があると称する者があらわれて、患者がそれを信じれば、その人に本当に超能力的治癒能力があろうとなかろうと、患者が回復するということは十分あり得る。このような場合、患者にそのようなことを信じさせるのにあずかって力があるのは、本人が自分にそのような超能力があるということをどれだけ強く信じているかである。だから、臨死体験がそのような思い込みを強くすれば、本当の客観的治癒能力が生まれなくても、そういう能力があるのと同じ効果を生み出すことができる。この場合、もともとこの母集団は、かなりの治癒能力を持った人々であった（表に見るごとく、非体験者のスコアも高い）のだから、臨死体験によって、思い込みが強くなれば、この程度のスコアの上昇は、十分にあり得る。

以上のような説明をつけることもできる。そうすれば、治癒能力のスコアの高さと脳内現象説の矛盾を一応解決できる。もっとも、これはかなり苦しい説明ではある。

サザーランドの調査

実は、臨死体験と超常治癒能力に関しては、もう一つ別の調査がある。これはオーストラリアのニューサウスウェールズ大学のチェリー・サザーランドの調査（一九八九年）で、四十人の臨死体験者の、体験前と体験後の超常能力の変化について調べたものである。これも、細かく追及すると、いろいろ問題点がある調査ではあるが（調査対象者の選択方法、超常能力の確認などにおいて）、ここでは簡単に結果だけを示しておく（左ページ表）。

ごらんになればわかるように、各項目とも、かなりの増加を示しているが、とりわけ治癒能力の増加は著しい。ほとんど九倍増である。これほど極端な増加は、さきほどの「思い込み」理論ではちょっと説明がむずかしいような気がする。

ではこれはどう解釈したらよいのだろうか。超常現象論に頼らぬ、何らかの科学的説明がありうるのだろうか。実はないことはない。これはまた後で述べるが、臨死体験者には、どうもさまざまな生理的変化が生じているらしいと考えられる徴候が幾つかある。そのような生理的変化に起因する生体エネルギーの発出が、本当に一種の治癒能力をもたらしているのかもしれないという解釈も可能である。この場合、治癒能力は思い込みによる現象ではなく、実体的な現実能力であるということになる。表で「オーラを知覚で

臨死体験の前後における超常現象の体験率と考え方の変化（サザーランド、1989）

	臨死体験前（%）	臨死体験後（%）
超常現象		
透視	43	73
テレパシー	46	87
予知	57	89
体外離脱	18	51
霊的体験	24	68
超常的治癒能力	8	70
オーラの知覚	14	47
考え方		
超常現象を信じる	44	97
輪廻転生を信じる	39	79
死後の世界はあると思う	47	100
死の恐怖がある	78	0

調査対象者は40人。統計的検定の結果、すべての項目について、体験前と体験後の数値には、0.1%水準で有意差が見られた。

きる」という能力が、やはり臨死体験の前後で著しく増加している。先のコールの調査でも、あるいは前章で紹介したブルース・グレイソンの調査でも、「オーラの知覚」能力がかなり大きく増加している。オーラというのは、先にも述べたように人体の周辺に広がっている超能力者にしか見えない超自然的な光とされているが、これは、科学的な解釈も可能である。人体が周辺の空間に電磁波を放射しているというのは物理的事実である。だから、人体の周囲には、電磁場が形成されており、それは機器を用いれば、測定可能である。普通の人間の視覚は、電磁波の中でも可視光線という狭い周波数帯域でしか効かないから、他の周波数帯域（紫外線以下、あるいは赤外線以上の帯域）の電磁波は見ることができない。しかし、もし赤外線の領域まで見ることができる人がいれば、その人は確実に人体の周囲に広がる不思議な光を見るはずである。念のためにいっておくと、赤外線ストーブなど赤外線を利用する電気機器が赤く光って見えるのは、赤外線が見えているからではない。あれは、消費者は見えないものの存在を信じないだろうと心配した家電メーカーが、消費者に赤外線が見えたつもりにさせるためにわざわざ赤い可視光を付加したのである。赤外線は文字通り赤い可視光線の外側の周波数帯の見えない光なのである。しかし稀には、赤外線が見える人がいても不思議ではない。それは視覚細胞の反応性の問題である。筋細胞の能力でいうと、普通の人には考えられないスピードで走る人もいれば、考えられない高さを跳ぶ人もいるし、考えられない重さを持ち上げる人もいる。それと同じように、感覚細胞の能力においても、普通の人とはケタちがいのダイナミックレンジと感度を持つ人もいる。卑近な例で恐縮だが、うちのカミさんは、超音波を聞き取れる耳を持っている。主要道路のところどころに超音波を使った交通量の測定装置があるが、彼女は道を歩いていてあれがあるところにくると、うるさくてかなわないとよくいっている。彼女の友達の中に他にも、あれが聞こえる人がいるということだから、聴覚能力が特別の広がりを持っている人というのは、少数だが、確かにいるのである。だから、視覚についても、可視光以外の領域まで見えるという人がいても不思議ではないのである。

オーラが見えるという人は、そういう人なのかもしれない。そうすると、これは超常現象ではなくて、物理学と生理学で科学的な説明がつく自然現象ということになる。そして、臨死体験後にオーラの知覚能力が増大するというのも、臨死体験で起きた生理的能力の変化ということで説明できるかもしれない。

このように考えていくと、超常現象という概念を導入しなくても、事態は科学的に説明できるということになる。

臨死体験に関する超常現象は、科学では説明できない超自然現象なのか、それとも科学的に説明可能な特別な自然現象なのか。結局、多くの例において二つの説明原理が可能なのである。

超能力の実例

ここで、ちょっと抽象的な議論を続けるのを中断して、臨死体験によって生まれた超能力とは、具体的にいったいどういうものなのか、生のケースを幾つか示してみよう。

たとえば、ケネス・リング教授が、『オメガに向かって』の中で紹介しているのは、次のような例である。

［実例1］ある老婦人の体験者の話である。ある日彼女は、一つの夢を見た。誰か女性が白い美しいクチナシの花が入った箱を持ってきて、それをこちらに突き出しながら、

「この花を、私の母であるヘンリー夫人のところに持っていってください。そして、私はいつも母と共にいると伝えてください」という。そこで目をさましたが、彼女は、ヘンリー夫人という名に何の心当りもなかったので、起き上がると、変な夢だと思いつつ、近くのカフェテリアに、いつものように朝のコーヒーを飲みにいった。ところがそこで、ウェイターが客の一人に、「ヘンリーさん、コーヒーをもう一杯いかがですか」とすすめている声がきこえた。びっくりして、その客のところに行って、こんな夢を見たと話すと、その女性は悲しみにうちひしがれた表情で、クチナシは、つい先だって交通事故で死んだばかりの娘が大好きだった花でしたと答えた。

［実例2］別の中年女性の体験者の話。ある日、寝ていると、早朝午前四時に、ベッドの上に明るい光がさしてきたので目をさました。見ていると、その光はゆるやかに上にのぼっていき、やがて消え去った。それから三十分後に、兄が死んだことを知らせる電話が入った。死亡時刻は午前四時だったという。

［実例3］臨死体験後、体外離脱が何度もできるようになったという女性の話。ある日体外離脱してフラフラしているとき、小川のほとりに腰をおろしている友人に出会った。何か悩みごとがある様子なので、側にいって話を聞いてやった。その後家に帰り、自分の肉体の中に戻った。しばらくして、その友人にバッタリ出会った。すると彼は、「この間小川のほとりに座って考えこんでいるときに、あなたが突然姿をあらわして、話を聞いてくれたので、とても心がやすらいだ。しかし、現実にはあなたがそこに突然姿を

あらわすわけはないので、これは幻覚にちがいないと頭では思ったものの、感覚的には現実そのものとしか思えなかった」と語った。

〔実例4〕四十一歳の男性（十七歳のとき臨死体験）の話。あるとき、白血病にかかっていた友人が自分に会いにくるという夢というか幻を見た。「一緒に来い」というので、ついていくと、美しい森があり、それを抜けると、見たこともないほど美しい谷間が向こうに広がっていた。そこで友人は、「きみはここまでしか来られないんだよ」といって、自分を置いて、人で谷間におりていった。とても静かだった。翌日、彼の娘から電話があって、彼が前夜死んだと知らせてきた。

実例2や実例4のような、死んだ人が何らかの形で親しい人に自分の死を告げにやってくるという話は、日本でも昔から沢山ある。前に紹介した、松谷みよ子さんの『現代民話考』（立風書房）の第四巻「夢の知らせ・火の玉・抜け出した魂」、第五巻「あの世へいった話・死の話・生まれかわり」などには、このたぐいの話が次から次へ山のように出てくる。こんなにあるのかと驚くほど出てくる。

似たような不思議な話を、知人から聞くこともある。しかし、たいていは伝聞に伝聞を重ねた話なので、どこまでがオリジナルな本当の話で、その後どれだけ伝聞過程で脚色、潤色が入ったかわからないから、ストレートに真面目には受けとれないのが普通である。しかし内容の真実性を疑えない話もある。実をいうと、私の母にもそういう体験がつい最近起きた。

昨年夏、私が両親を連れてヨーロッパ旅行に行ったとき、ある日、母がいつになく早朝から起きていた。昨夜ずっと眠れなかったのだという。夢の中に母の親しい友人が出てきて、白い服を着て白鳥のように飛びまわっていたが、やがて母の足元のところにやってきてうずくまるようにした。どうしたのかと思って顔をのぞきこむと死んでいた。そこで夢からさめたが、何か胸さわぎのようなものを感じて、ずっと眠れなかったのだという。それから間もなく、日本から電話があり、その友人が昨日死んだという知らせが入った。死んだ時刻を聞いてみると、ほぼその夢を見た時刻だったという。

私の母は、真面目と正直を絵に描いたような人で、ほとんど冗談すらいわない人だから、この話にウソとか脚色が混入していないことは確実である。そして、これは私と一緒に旅行しているときに起きた話で、その経過をずっと知っているから、この通りの順序でことが起きたということは私が保証できる。先に述べたような、頭の中で、事の先後関係が混乱してしまうデジャ・ヴュ現象のようなことではないのである。

しかし、こういう現象はどう解釈すればいいのだろうか。超自然現象というほかないのだろうか。死後の生命の存続とか、死者からのコミュニケーションといったことを考えないと解釈できないことなのだろうか。

可能な科学的解釈として、いちばん簡単なのは、〝偶然の一致〟だとして片づけてしまうことである。あまりに安易な解釈のようだが、これも十分に考えられることである。日本では、毎年八十万人の人が死ぬ。もし本当に自分の死を人に告げることができるものなら、自分が死んだとき誰だって四、五人くらいは伝えたい人がいるだろう。すると、年に四百万回くらい、こういう現象が起きるということになる。しかし、いくらこれはよくある話だといっても、そんな頻度で起きている現象とはとても思えない。

それほどの頻度ではなくても、偶然の一致にしては、あまりによく起きているではないかという反論があるかもしれない。

しかし、こういう予知現象一般についていえることだが、みんな外れた予知は忘れてしまって、当たった予知だけ取りあげて大騒ぎしているのである。しかし、自分の心の中で生起するさまざまの想念にいつも細かに注意を払うようにしているとすぐにわかることだが、虫のしらせや胸さわぎ的な予知というのは、たいていの人の心の中でしょっちゅう起きていることである。たとえば、人の親なら、子供の帰りがちょっと遅いと、もしかして事故にあったんじゃないかとか、それとも誘拐されたんじゃないかなどと胸さわぎがするのが常である。しかし、そのほとんどは外れている。だから、本当の的中率はきわめて低い。しかし、外れをみんな忘れて、当たりだけを覚えているから、的中率が高いように誤解してしまうのである。この連載をはじめてから、私は自分の見る夢にも気をつけるようになったが、その間に、実は、知っている人の死ぬ夢、あるいは死の予知夢と解釈しても不思議ではない夢を何度か見ている。しかし、幸いその全てが外れている。自分の身近な人が重い病気などで死の危険にさらされており、そのことを心ひそかに心配しつづけているときは、その人の夢を結構よく見るものである。それが、その人の死とたまたま一致してしまうということは、一定の確率で十分にあり得ることである。

しかし、それにしても、死んだ時間まで一致するのを偶然の一致として片づけてしまうのは無理があるのではないかという考え方もあろう。そうなると、やはり超自然現象と考えざるをえないのだろうか。

体から発する生体エネルギー

実は、このような超常現象も、科学の中に取り込もうとする理論があることはある。よく知られているように、電波は一瞬にして地球の端から端まで飛び、音声情報でも映像情報でも、高度な内容を伝えることができる。特別な条件下では、人間もそういう情報搬送波を送ったり受けたりすることが潜在的にはできる能力を持っているのだと考えるわけである。そういう理論が可能ならば、実例2と実例4は、死んだ人ではなく、死にかかった人が死の直前に送った情報が届いたのだと解釈して、死後の世界の存在とか霊の存在といった超自然的な考えを回避することができる。しかし、実例1とか実例3は、もしその内容が真実であるとするなら、そういう理論でも解釈がつかない。

これはとりあえず、どう解釈したらよいのかわからない例としてタナ上げにしておいて、もう少し、臨死体験後にあらわれた超能力の実例をあげてみよう。次の例は、イギリスの心理学者マーゴット・グレイの『死からの帰還』(Return from Death 未邦訳)にあげられている実例である。

［実例5］(重症の過換気症候群で意識不明の重体におちいり、その間に体外離脱した女性の体験) 体験後、私には透視能力が生まれ、また、テレパシー能力が生まれて、他人の考えが読めるようになりました。最近ではこんなことがありました。入院していたとき、同じような病気で入院していた女性とお友達になりました。その人に電話しようと思ったとたんに電話が鳴ったので、出てみたらその人でした。臨死体験後、こういうことが何度かありました。体験前は全くありませんでした。

この事例について、グレイは相手の女性に事実関係を確かめたところ、その通りだったという。

この他、グレイの本には、各種の予知能力を持つようになった、自動書記をするようになったなどの具体例が数十例出ている。

次の例は、自分自身、臨死体験を三回も重ねた後、臨死体験の研究者となったノイリス・アトウォーターという女性が、二百人以上の体験者にインタビューして書いた『生き返る』(Coming Back to Life 未邦訳) という本に出てくる例である。

［実例6］(ワシントンに住む女性体験者の話) 私の目の前、三メートルばかり離れたところで、楽しそうに走りまわり、ころげまわっているサテン・ドールの姿を見ました。サテン・ドールというのは、前に家で飼っていて、もう死んでしまった猫なんです。し

かし、よく見ると、サテン・ドールが走りまわっているのは、お隣の生け垣の上十五センチばかりの空間なんです。そうか、これはサテン・ドールの霊なんだと思いました。私は動物の霊も見えるようになったんだと思いました。

アトウォーターの本にも、臨死体験後の超能力の実例が沢山出ている。その中には、植物の生体エネルギーの波動が見えるようになった人とか、目の前のいろいろのものが光り輝く糸によって結びつけられ、それによってこの世の諸事物がネットワークをなしているのが見えるようになったという人や、動物の声が聞きわけられるようになったといった変わった例も見受けられる。

ＩＡＮＤＳ（国際臨死体験研究協会）の事務局で働いているバーバラ・ハリスは、自分自身も臨死体験者で、やはり体験後にさまざまの超能力を持つようになった人である。彼女の著書『バーバラ・ハリスの「臨死体験」』（講談社刊）には、そういうエピソードがいろいろ出ているが、その一例をあげてみる。

［実例７］ある日、掃除用の長いブラシを持ってプールのそばに立っているときに、突然、突きさされるような痛みを右腰に感じ、次いで痛みは右脚にやってきました。同時に強い力でプールのほうに押しやられて、プールに落ちてしまいました。幸い、家の修理にきていた人がそばで一部始終を見ていて、すぐにプールから引き上げてくれました。そのころ母が二百四十キロもはなれたミシガン州の病院に入院していたのですが、翌日母に電話すると、前日、ちょうど私がプールに落ちたころ、医者に脊髄の生検をやられ

て苦痛にうめいていたというのです。ベッドの上に強い力でおさえつけられ、注射器の針を腰のところで脊髄に打ちこまれ、その痛みは右脚に走っていったというのです。

この他、バーバラ・ハリスは、臨死体験後、何か強力な生体エネルギーが体から発するようになったらしく、周囲の電気製品、電子機器がしょっちゅう狂ったり、こわれたりするようになったという。

樹木の思いがわかる

私のところに寄せられた体験者の手紙の中にも、臨死体験後、特別の能力を持つようになったと知らせてきた人が何人かいる。

たとえば、高山市の木村いよ子さんは、体験後、体外離脱が二度あり、予知能力が強くなり、さらに「樹木の思いがわかるようになった」という。

埼玉県志木市の杉尾桂子さんは五歳のとき、心臓麻痺で死を宣告されたが、しばらくして蘇生《そせい》した。

「私をかこみ近所のおばさんたちが泣いていたのを見おろしていました。どのように自分の体に戻ったかは覚えていませんが、戻ってみると、母から、『お前は死んでたんだよ』といわれました」

蘇生したあと、

「霊界との感度がよくなったのでしょうか。超能力？　霊感？　が少々出てきました。たとえば、東京のおじいさんが死んだことが、死亡通知がくる前からわかってしまうというようなことがありました。一瞬の目に見える直感のようなもので、未来に起きることが当たってしまうのです。それが怖くてだいぶ悩みました」

という。

防府市の野深美津さんは、脳膜炎による高熱状態で意識不明の重体が十数時間にわたってつづき、医者にも、もうだめだと見放される状態の中で臨死体験をした。

「仲よしの級友で六年前に死んだ三浦さんが、金糸銀糸で織りなした美しい着物を着て、飛行機で迎えにきてくれた。『この飛行機に乗りなさい』といってくれたが、『わたしの服はきたないから』ともじもじすると、すぐに私にも美しい着物を着せてくれたので喜んで飛行機に乗った。機中から外を見ると、どちらをみても、見渡すかぎり美しい花が咲いていた。機中は心地よく、ふんわりとして静かで音はぜんぜんなかった。ただただ下界の美しさに見とれて飛んでいるうちに、母の呼び声に気がついて目をさました」

という。この体験の後、予知能力が生まれた。たとえば、こんなことがあった。

「出征した次兄が、晴着姿で自宅の仏間に座り、サヨウナラといいながら水の上を流れていく夢を見たと思ったら、しばらくして戦死の公報が入り、兄は私がその夢を見た日のその時刻ごろに死んだということを知った」

これに類することが何度かあり、最近では、末の子が高校卒業した日に、その報告の

墓参にいったところ、
「お墓の周囲が五十センチくらい、金の粉が降りそそぐように、七、八秒間にわたって光り輝くという不思議な光景を見て、思わず地にひれ伏した」
という。

時田智恵子さん（住所は不明）という体験者は、十二指腸に穴が二つもあき、痛みで七転八倒の苦しみを味わった末、一カ月にわたる意識不明状態がつづき、医者から九〇パーセント助からないといわれた。臨死体験はそのとき起きた。

「最初私は真っ暗の中にいたのですが、そのうち名前を呼ぶ声がして、細い細いロープのようなひもにつかまって、上にあがっていきました。途中からひもはなくなりましたが、ものすごいスピードで下から上に昇っていきました。そのとき、同時に、沢山の人たちが上から下に落ちてきました。そのうちの一人とぶつかりそうになったので、『あの人たちは何で落とされるのですか』と神さまに聞くと、『あれはものすごい酒乱で家族に大変な迷惑をかけたんだよ』と説明してくれました。どんどん上にあがるのですが、神様は、『もっと上へ、もっと上へ』といいます。そして、『人間はいまみんな自由に生活しているけれども、今の生き方でこちらの世界が決まる。今の生き方によって魂も上がったり下がったりする』というようなことを教えてくれました。

ものすごく感動しました。人生観が変わりました。これからは好き勝手に生きないで、人様のお役に立つように生きようと思うようになりました。そして退院するとこれまでの私とは全く別人になりました。毎日が驚きなのです。これまで見えなかったものが見えるようになったのです。たとえば、他の人のオーラが見えるのです。その人の体にどこか悪いところがあると、そこにモヤがかかったように見えます。手にも霊的能力が出てきました。スプーン曲げなんかいとも簡単にできます。火傷なんかしても、そこに手をあてるだけで治ります。本当にきれいになってしまいます。熱なども下がります。足の痛みなども治ります。人の前世が見えることもあります。病気のあと、本当にこういうことがあるのかと思うような能力がいろいろ自分の身についてしまってはじめのころはすごく恐かったです。いまでは慣れて、自分で自分の能力をコントロールすることができるようになりました」

量子力学への目覚め

こうしてみると、日本の体験者の間にも、外国の体験者に起きたような、超常能力が身につくという変化が、本人の報告を信ずるかぎり、結構あるようなのである。

次に、いわゆる超能力というのとはちょっとちがうのだが、異常な知的能力の変化があった例として、アメリカ、ニューヨーク州ロチェスター市の除雪車運転手をしているトム・ソーヤー（仮名のようだが本名である）のケースを紹介しておきたい。

トムは、一九七八年、三十三歳のときに、自宅でトラックの下にもぐりこんで修理をしているときに、ジャッキが倒れて、車の下敷きになるという事故にあった。胸部がつぶれて意識不明の重体になった。そのときトンネル体験をし、まばゆい光を見、超越的存在とことばを交わすなどの臨死体験をした。

それからしばらくして、ある朝突然、ベッドの中で、「量子（quantum）、量子」とつぶやいた。

「あなた、いったい何をいってるの」と妻にきかれたが、自分でも何のことかわからなかった。トムも妻も、量子ということばが何を意味するのか、全く知らなかった。それからまた二週間ばかりしたころ、トムは再び突然、「マックス・プランク」とつぶやいた。またしても、それが何を意味しているのか、トムも妻も知らなかった。マックス・プランク（一八五八〜一九四七）といえば、量子論の基礎をきずいた現代物理学の父ともいうべき人だが、高卒の運転手であるトム・ソーヤーは、その名前を聞いたこともなかった。それからしばらくして、トムの頭の中にときどき訳のわからない数学の記号や、方程式の断片が浮かんでくるようになった。見たこともないΨという記号も頭に浮かんできた。訳がわからずそれを紙に写し取り、頭がいい友人に見せると、それはギリシア文字でサイと読むと教えてくれたが、なぜそんな字が頭に浮かんできたのか、トムには全くわからなかった。

それにつづいて、今度は短い文章がいろいろ頭に浮かんでくるようになった。

そのころトムは、ケネス・リング教授と連絡を取るようになっていたので、その頭に浮かんでくる文章を書き取って教授に見せると、それはマックス・プランクの『科学的自叙伝』の一節だということがわかった。しかしトムは、そんな本は読んだこともなければ、見たこともなかった。

こういう訳がわからないことがつづくので、トムは量子とは何であるか知りたくなって、それまで足を踏み入れたこともなかった図書館にいってみた。係に、「何か量子に関する本がありますか」と聞いてみた。係は、物理学関係の書棚のところに量子論の本があると思うと教えてくれた。そこに行って書棚を見たが、訳がわからない本ばかりならんでいたので、その辺にいたインテリ風の男に、「何か量子について書かれた本がありますか。ぼくは高校しか出てないんですが、ぼくにもわかるような本はありませんか」ときいてみた。その男は、「高校しか出ていないと、ちょっと難しいとは思うけど」といいながら、初歩的な量子論の本を選んでくれた。

その本をひもといてみると、そこにマックス・プランクも、Ψの記号も出てきた（Ψはシュレディンガーの波動方程式に出てくる波動関数の記号である）。手にとったときは、むずかしくて、読んでもわからないだろうと思ったが、実際に読んでみると、意外によくわかった。これまで断片的に頭に浮かんできた数式や文章は、実はすべて量子論に関係していたものだったから、量子論が身近に感じられたのである。数学や物理学の基礎知識はなかったが、どんどん読んでいくと、とにかくわかってきたのである。しばらく図書館の関連図書を読みあさった。アインシュタイン、ハイゼンベルグ、ボーアなどの著書も読むようになった。そしてついには、大学に入って勉強をし直し、物理学だけでなく、哲学、心理学、超心理学なども学ぶようになった。しかし、だからといって知的職業につくようになったわけではない。トムは、前と同じように、除雪車の運転手として働いている。

こういう不思議な例もあるのである。臨死体験で超能力が身についたなどという話を聞くと、はなからマユにツバをつけて聞いてしまう人も、こういう例は否定するわけにいかないだろう。臨死体験がその人の人生観や世界観を変えたというだけなら、異常な体験は何であれ体験者のものの見方を変えるものだといった一般論で片をつけることができる。しかし、トム・ソーヤーのような例は、そういう一般論では説明できない。トム・ソーヤーの知的能力と知的方向づけを変えるような何らかの変化を臨死体験がもたらしたのである。

第九章　オメガ・プロジェクト

前章で、IANDS（国際臨死体験研究協会）の事務局で働いているバーバラ・ハリスのことをちょっとだけ紹介したが、彼女も臨死体験によってその人生が劇的に変化した人である。彼女はもともと、デトロイト郊外に住む、大金持の重役夫人だったが、臨死体験後、ターミナル・ケアをもっぱらにする看護婦になってしまうのである。そして今では臨死体験の研究者である。

彼女は、まだ他の臨死体験者が自分の体験を語ることに躊躇《ちゅうちょ》しているころから、積極的にいろいろの集会やテレビ番組などで自分の体験を語ったので、トム・ソーヤーなどとならんで、アメリカでは最もよく知られた体験者の一人になっている。

彼女のインタビューから話をはじめてみる。

「体験が起きたのは十五年前です。その二年前から、背中の脊髄の障害のため、四度も病院に入院していました。そのころ私は無神論者でした。私の両親はユダヤ教でしたが、私は神が存在するなんて思っていませんでした。この世に存在しているものが全てだと思っていました。背中の病気は重くなる一方で、いくら痛み止めを打っても痛みがなくならないので、もう手術以外ないということになりました。痛みがあまりにひどいため、もし手術が成功しなければ、死んだほうがましだと思っていました。手術は五時間半もかかりました。手術が終わると、サークルベッドに寝かされました。サークルベッドというのは、遊園地の観覧車みたいな仕掛けになっていて、その中心部に担架のようなベッドが吊ってあって、そこにしばりつけられるように寝かされるのです。体は完全にベッドに固定して、体を動かしたいときは、ベッドごと動かすのです。そういう格好で、手術した背中の骨が固まるまで一カ月間暮さねばならないのです。手術から二日後、突然、血圧が急激に低下して、私は死にかけました。血圧が三十ミリくらいまで落ちて、まわりで大騒ぎしているのがぼんやり聞こえました。私の体にいろんな医療機器が装着されました。私は、『いや、いや！　もう放っといて！　死なせてちょうだい！』と叫んでいましたが、そのうち気を失ってしまいました」

バーバラの不思議な体験

——本当に死にたかったんですか。

「ええ。本当です。そのころは、死ねば無になると思っていました。しかし、こんな苦痛が続くよりは死んだほうがましだと思っていました。気を失ったその夜のことです。目をさますと、自分が病院のホールにいるのに気がつきました。あたりには誰もいませんでしたが、私はこれはまずいと思いました。こんな重病人が夜中にホールに出歩いているところを見つけられたら大変です。急いで部屋に戻らなければと思いました。ふと気がつくと、私の目の前にスピーカーがありました。このスピーカーは、ホールの天井にあったスピーカーと同じだと思って、あれ、変だなと下を見下ろすと、自分が空中に浮いていることに気がつきました。病室に戻ると、サークルベッドがあって、私がそこに寝ているのが見えました。私は体中にチューブのようなものをつけて、いろんな医療機器につながれて、見るも哀れな格好をしていました。しかし、なぜかそれがおかしくて、一人でクスクス笑ってしまいました。私の体はみじめでしたが、私自身は気分は晴々としていました。久しくこんないい気分を味わったことがないと思いました」

——自分の体を見下ろしているとき、自分は死んでしまったのだとは思いませんでしたか。

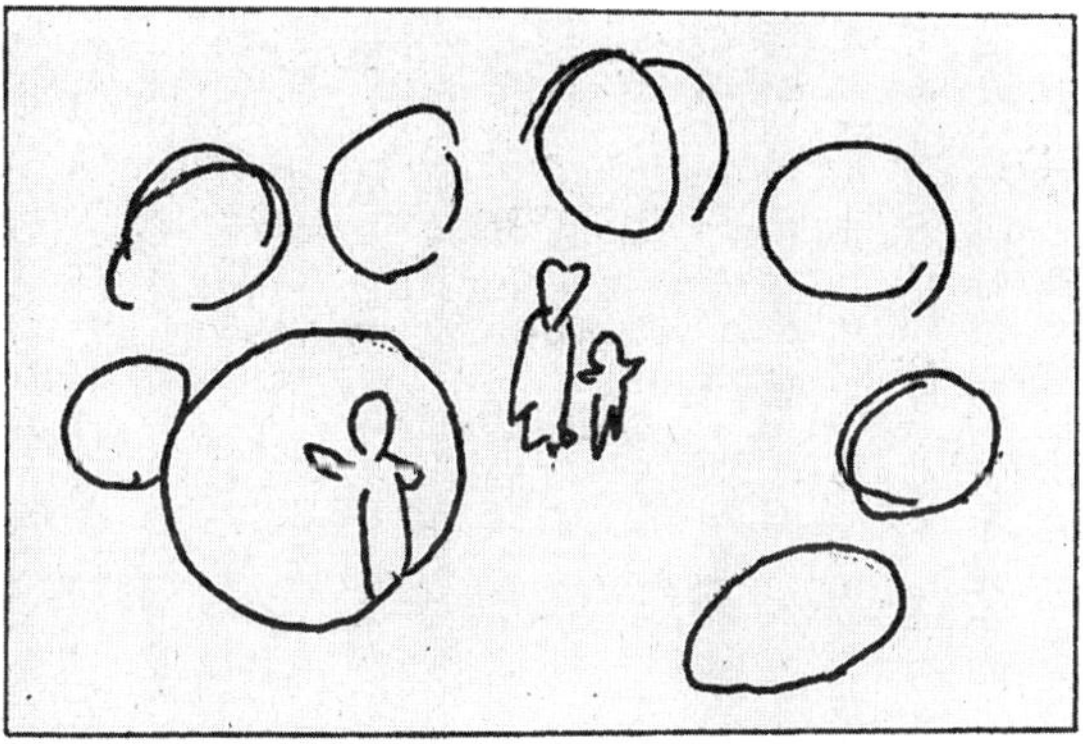

臨死体験者バーバラ・ハリスさんの描いた絵

「いいえ。とても気分がよかったので、死などということは全然頭にありませんでした。体の外に出てしまったということにも驚きを感じませんでした。ただ、もうあの体の中には戻りたくないと思っていました。それから突然、今度はあたりが真っ暗になりました。どうしてそうなったのかはわかりません。とにかく真っ暗でした。そしてその中で、誰かに腕をつかんで引っ張られました。引き寄せられると、それは十四年前に死んだ祖母だということがわかりました。こんなばかなことが起こるわけがないと思いましたが、そこにいるのは、たしかに祖母でした。私をとても可愛がってくれた人です。祖母は、私をしっかり抱いてくれました。私はそのままじっとしていました。祖母の中にある私の記憶が全部伝わってきました。私の中にある祖母の記憶が、祖母に伝わっていくのがわかりました。二人の記憶が合体して、私たちは心が一つになりました」

　――口はきかなかったんですか。

「ええ、一言も。言葉なしで、全部わかりあったのです。テレパシーみたいなものです。しばらくそうしていると、今度はあたりをとりまいていた闇が少しうすらぎはじめ、やがて、私を取りまく黒い壁のようなものが、激しく回転しはじめました。グルグルものすごい勢いで回転していました。そのうち、そこから金色の光が発するのが見えてきました。激しい回転エネルギーが、光として分離してきたような感じでした。その光がだんだん強くなり、私を包んでくれました。それとともに、やさしいそよ風が吹いてきました。それから、低いブーンという音が聞こえました」

　――お祖母さんは？

「いつの間にかいなくなっていました。そして、いつの間にか、夜が明けて、私は自分の体に戻っていました。看護婦がやってきて、カーテンを開けようとしましたが、私は光がいつになくまぶしくて、カーテンを開けないでと頼みました。耳もいつになく鋭くなっていました。いろんな音がうるさくてたまりません。病室のドアも閉めたままにしておくように頼みました。それから看護婦に『昨日ベッドから外に出たのよ』といいました。看護婦は『幻覚を見たのよ』といって取りあってくれませんでした。『本当に出たのよ』と強く主張すると、看護婦は私の腕をとって鎮静剤を注射しました」

　後の話との関連で、彼女がここで、光がまぶしくなった、耳が鋭くなったといっていることを記憶にとどめておいてほしい。

「それから一週間後、二度目の体験が起きました。また体から脱け出し、暗闇の中に入りました。見おろすと、私がサークルベッドに寝ていました。しかし、今度はそれが泡の中に入っていました」

過去を再体験する

——泡というのは？

「大きなしゃぼん玉みたいな泡です。暗闇の中をただよっていくと、またちがう泡が見えました。今度はその中に赤ちゃんの私が見えました。そっちに近寄ってみると、赤ちゃんは泣いていました。ふと気がつくと、あたり一面に何千何万何億という泡がただよっているのが見えました。その一つ一つの中に、いろんな私がいるのです。私の人生のすべてが、その数えきれない泡の中にあるのです」

——その泡の中の自分というのは、写真のような静止画として見えるのですか。それとも動いているのですか。

「動いているんです。そして泡の中に入っていくと、そのときの自分が再体験できるんです。無数の泡を前にしているとき、私は自分のそばに神さまがいると感じました。神さまなんて信じていたのは、五、六歳のときまでで、その頃は全然信じていなかったのですが、でも、神さまはそこにいました。もっとも、子供のときに想像していたように、神さまは白いひげを生やしたおじいさんの姿はしていなくて、ただ、エネルギーというか、パワーというか、形のないものなんです。しかし、それが神さまで、そこにいるというのは感じとれるのです。そして、神さまの助けによって、私は自分の人生を再体験していったのです。そして、一つ一つの場面を再体験しながら、ああ、そうだったのか、そうだったのかといろいろ納得しました」

——それはどういうことですか。

「たとえば、子供のとき私は親から見捨てられ、虐待を受けていました。少なくともそう思っていました。母は病弱でいつも病院にいっていました。手術を受けて入院したり、感情が不安定になって、精神科の医者に通ったりで、いつも家をあけていました。母がいない家で、私はいつも自分は見捨てられたと思っていました。母が家にいるときは、いつも叩かれていました。毎日何かというと叩かれました。特に、八、九歳のころまでよくおねしょをしてましたので、それが見つかるたびに、お尻をビシビシ叩かれました。父のほうは意気地がない人で、母のお尻の下にしかれていたので、そういうときはいつも見て見ないふりで、私を助けてくれませんでした」

——そういう場面が泡の中に出てくるんですか。

「ええ。そしてそれを再体験するのです。だけど、今度は子供のときとちがって、自分の気持ちだけでなく、親の気持ちもわかるのです。母も、病気が苦しかったり、いろんなことがうまくいかなくて、情緒不安定になり、むしゃくしゃしていたのだということがわかりました。それに、母は自分自身が子供のとき、親に虐待されて育ったので、子供を叩くということは、当り前のことだったのです。母が私をぶっている場面を再体験すると、そのときの自分の気持ちだけでなく、そういう母の気持ちも伝わってくるのです。私も犠牲者だったけど、母も犠牲者だったんだということがわかりました。母は私を虐待するつもりじゃなかったんです」

——その再体験というのは、映画かテレビを見ているようなものなんですか。

「いえ、その泡の中に入って当時の場面をそのままに再体験するんです。ですから、現実そのままです。その場面のにおいまでよみがえってきます。それだけじゃなく、その場にいる人全員の気持ちがわかるんです。愛情、喜び、哀しみ、苦しみ、何でもわかります。外面的にでなく、その人の内面からわかるんです。それで、ああ、そういうことだったのか、と事情がわかって納得することがずいぶんありました。それから、自分のそのときの気持ちも客観的によくわかるんです。私は子供のころからずっと、自分はダメな人間だ、悪い人間だと内心思っていたんですが、本当は自分がとても愛情が深い、いい人間なんだということがわかりました。それで、みんなを許せるようになったし、自分も許せるようになったんです」

——そういう再体験をしているあなた自身は、どこにどんな形でいるんですか。子供時代の自分がいて、それを見ている自分がいるんですか。そのとき、見ている自分は姿形があるんですか。それとも、子供時代の自分になりきってしまうんですか。

「見ている私は、意識だけの点のような存在で、形は何もないんです。肉体を持っているのは、泡の中の昔の自分です。しかし、その肉体を自分の肉体のように感じることができるし、その感情の動きを自分の感情のように感じることができるのです。それはとても不思議な体験でした。いろんな泡の中の自分をみて、自分の三十二年間の人生のすべてを再体験して、そしてそれによって、私はすっかり人間が変わりました。自分という人間を見る見方が変わり、他の人を見る見方が変わり、人生というものが、すっかり変わって見えてきたのです。なぜ私がこの世に生を受けたのかがわかり、生きる喜びでいっぱいになりました。死にたかった自分が嘘のようで、生きよう！　生きたい！　と思いました。そしてこの世に戻ってきたのですが、まだ体の外にいました。サークルベッドの自分の体に戻るのはいやだなと思っているうちに、看護婦さんのいるナース・ステーションの裏にある洗濯室に入りこんでいました。そこに乾燥機があって、その中で大きな枕がクルクルまわっていました。それは私の枕でした。看護婦さんは、いつも私の腰のところに、体が楽になるように枕をあてがってくれていたのですが、その日私は何十年ぶりにおねしょしてしまって、その枕をぬらしてしまったのです。ところが看護婦は、その枕を洗いもしないで、乾燥機の中にただ放り込んだだけだったのです。そこにいた二人の看護婦が、私のウワサをしていました。私は近いうちに腰から胸にかけての胴体全体にギプスをはめることになっていたのですが、担当の医者も看護婦も六週間くらいで取れるようになるから心配しないでいいといっていました。ところがそれは嘘で、実際には、六カ月間はめていなければならないというのです。その話を聞いてから、私は病室に戻り、もう一度自分の体の中に入りました。やがて、洗濯室にいた二人の看護婦が私の部屋にやってきました。『私、またベッドの外に出たのよ』というと、看護婦は、『そんなことはありませんよ。幻覚を見ただけよ』といいました。そこで私が、『私は知ってるのよ。ギプスは六カ月間はめていなきゃならないんでしょう。六週間なんて嘘をいうのはよくないわ』というと、看護婦たちは唖然《あぜん》として、私の顔を見つめました。私はさらに追いうちをかけました。『枕は乾燥機に入れる前にちゃんと洗うべきだったんじゃないの』これを聞いて、看護婦たちはショックを受け、黙りこんでしまいました。そしてすぐに私に鎮静剤を打って眠らせてしまいました」

体外離脱か幻覚か？

前にも述べたように、体外離脱というのは、本当に何らかの認識主体が体外に離脱していくのか、それとも、本人が離脱したと思い込んでいるだけで、本当は、脳の中で起きる特殊な幻覚現象なのか、もう一つはっきりしない。しかし、本当に体外に出てどこか別の場所に行ってこなければ得られない情報を得て戻ってきたということが証明できれば、それは幻覚でなく現実体験だということができる。バーバラ・ハリスの例も、泡の体験まではどちらともいえないが、この洗濯室の看護婦の話は、後者の例としてよいように思える。

しかし、これも厳密にいうと、疑問点は残る。第一に、この話は、バーバラさんからの伝聞で、他の第三者が確かにこの通りであったと証言しているわけではない。私たちも、できれば事実関係を調べてみたいと思ったが、何しろ十五年も前の話で、看護婦の名前をバーバラさんが覚えていなかったので、とても無理だった。第二に、疑おうと思うと、このケースは別の解釈もあり得るのである。バーバラさんは、看護婦たちに、あなたがたは、洗濯室でこんな話をしていたでしょう、とストレートに斬りこみ、看護婦もそれを認めてびっくりしたわけではない。だから、事実問題として、看護婦たちが洗濯室でそういう話をして、体外離脱をしたバーバラさんがそこでそれを聞いていたのかどうかはもう一つ明らかでない。確かにバーバラさんは、知るはずがない事実を知っていた。しかしそれは、こう解釈することもできる。バーバラさんが、意識を失って昏睡状態にいる病室に二人の看護婦がやってくる。そこで、バーバラさんが枕におねしょしてしまったことを知り、それを取りかえながら、看護婦が会話を交わす。「あら、しょうがないわね。これ丸洗いしなくちゃならないわね」「丸洗いは面倒だからこのまま乾燥機に放りこんじゃえば」「そうね、誰も見てるわけじゃないから、それでもいいかしら」。そのとき、バーバラさんは完全に意識を喪失していたわけでなく、薄い意識の下で、これをかろうじて聞いて理解し、心の中では怒っていた。ギプスの話もやはりそこでなされた。それが意識下に残り、乾燥機の中で枕がクルクル回っているイメージや、二人の看護婦が会話を交わしているシーンになった。こう解釈すると、洗濯室の場面は、現実に刺激されて見た一種の夢のようなものと考えることができる。

この話は、バーバラさんの話を素直に信じれば、体外離脱の証拠と見えるが、疑いだすと、その根拠がぐらついてくるのである。バーバラさんという人は、とても誠実な人で、嘘をついたり、作り話をしたりという人ではないのだが、バーバラさんが自分の体験を百パーセント誠実に述べたとしても、このような解釈が成立するのである。体外離脱は現実体験や否やという問題はまた後に論じたいと思うが、こういう解釈が成り立つ例が多いために、なかなか決着がつかないのである。

バーバラさんとのインタビューに戻る。

——この体験をしたとき、これは何だと思いましたか。看護婦のいうように、幻覚なのだとは思いませんでしたか。

「思いませんでした。第一に、それは実感として、現実なんです。夢とも、幻覚とも、明白にちがうんです。私がその体験をしたときは、ムーディ博士の『かいまみた死後の世界』がまだ出版されていないときで、臨死体験などというものがあるなんて全く知りませんでした。体外離脱体験なんていう言葉も知りませんでした。しかし、とにかくそれは夢でも幻でもないということは自分の実感としてははっきりしていました。実は私は幻覚はよく見ているんです。苦痛止めでモルヒネを打たれると、いろんな幻覚を見るんです。しかしそれは、臨死体験とは全く異質のものです。私もはじめは、そういう薬による幻覚かもしれないと思ったのです。しかし、よく考えてみると、その体験をしたときは、モルヒネを打たれていないのです。モルヒネ以外の幻覚作用がある薬も打たれていません。そして、内容的なちがいがあるのです。モルヒネの幻覚は、とても恐ろしい内容なんです。臨死体験のように心の安らぎを与えるものでは全くありません。人生観を変えるようなパワーは全くありません。モルヒネ幻覚が与えるものは恐怖であり、いやな気分です。そして、時間がたつと、モルヒネ幻覚のほうは記憶がどんどん薄れていって、ほとんど消えてしまいます。いまになってみると、具体的内容をほとんど想い出しません。しかし、臨死体験のほうは、時間がたっても、記憶が生々しいのです。今でも、昨日のことのように、はっきり覚えています」

宇宙的クスクス笑い

——さきほどの話の中で、神さまがエネルギーのような形で出てきたという話でしたね。そこのところを、もう少し詳しく話していただけますか。エネルギーのようだったというのは、それは人格的な存在ではなかったということなんですか。

「いえ、そうじゃないんです。人間の形をしていないというだけで、神さまが具体的にそこにいるというのは、はっきりわかるんです。はっきり感じとれるんです。存在は感じとれるけど、形がないから、エネルギー体としかいえないんです。そして、私が人生を再体験しながら感じていることを、そのエネルギー体も感じ取っているということがわかるんです。前に、祖母と私が、何も語り合わなくても、お互いに心が完全に一致して、二人の心が融合したみたいになったといったでしょう。それと全く同じに、私とそのエネルギー体も心がとけ合っていました。そして、このエネルギー体が私を強く愛してくれているんだということがわかりました。祖母も私を愛してくれていました。でも、そのエネルギー体の愛情のほうが百万倍も強いのです。そしてそれは、全てをわかっていて、何もかも知っている、永遠の知識を持っているということがわかりました」

——その、形はないけど、存在はわかるという感覚ですね。それはどういうものなんですか。何かに包まれているというような感じなんですか。

「そうです。見ることもできないし、さわることもできません。しかし、そこにあって私を完全に包んでいるんです。包むだけでなく私をつらぬいているんです。それと私は一体になってしまっているんです。それはいまでも私の中にあります。私の中だけでなく、誰の中にもあります。それがわかる人には、誰でも瞬間的にその存在と直接結合することができるんです。すべての人の中に、すべてのものの中にそのエネルギー体はいまこの瞬間も存在しつづけているんです」

——泡の中に過去の人生を見て、ああ、そうだったのかといろいろ納得がいったということでしたね。それについては、その神さまというか、エネルギー体が何か教えさとすというようなことがあったのですか。

「いえ、そういう感じじゃなくて、むしろ二人で笑いあったという感じですね。人生のできごとって、現実に出会っているそのときどきでは、とても真面目で真剣なできごとのように思えますけど、ああいう風に距離をおいて見ると、しかも神さまといっしょの立場で見ていると、何かとてもおかしなできごとのような気がしてくるのです。それで、ついクスクス笑ってしまうのです。だから、そうだったのか、というのは、深刻なニュアンスではなくて、あらそうだったの、といってクスクス笑うという感じなんです。それを私は〝宇宙的クスクス笑い〟(cosmic chuckle) と名付けました」

——この体験のことは、看護婦以外の人には話さなかったんですか。

「退院してから、主人をはじめ家族に話しました。それから、離れて暮している両親にも話しました。そして、もう両親のことを悪く思っていないといいました。しかし、誰もわかってくれませんでした。それが悲しくて泣きました。私、それまでは絶対に泣かない人だったんです。ご存知かもしれませんが、虐待されて育った子供は、感情的に麻痺した人間になってしまうんです。ですから、哀しみに対して無感覚になり、泣かない人間になるんです。私がそうでした。子供時代をすぎてから二十五年間一度も泣きませんでした。それが、自分の体験がわかってもらえないことが悲しくて悲しくて、涙がポロポロ出てきたのです。家族はみんなびっくりして、私に鎮静剤をのませたり、精神安定剤を飲ませたりしました。そういう薬をのむことは私がいちばんしたくなかったことなのに、無理やりのませるのです。結局、私の頭がおかしくなったのだと思っていたのでしょう。それで私は、精神科のお医者さんなら少しはわかってくれるかもしれないと思って、精神分析医のところにいって、私の体験を話しました。しかしやはりわかってもらえませんでした。まだムーディの本が出る前で、医者の間でも、臨死体験はよく知られていなかったのです。医者は私の病気がなかなか治らないので、鬱病の症状があらわれていると診断をくだして、抗鬱剤を処方してくれました。そして、病気が治ったらもう一度いらっしゃい、そのとき精神分析をしてあげましょうといってくれましたが、そう聞いただけで、これは駄目だと思いました」

すっかり変わった人生観

——じゃ、いつそれをわかってもらえる人に出会ったんですか。

「結局、看護婦になって、終末期の患者さんたちのお世話をするようになってからです。病院を退院して、しばらくは家で療養していたのですが、家にいても気分がはれないので、はじめはボランティアとして病院のお手伝いにいき、やがて学校に通って、ほんとの看護婦になったのです。私は自分から希望して、ターミナル段階の患者さんのお世話をしました。私には、自分の体験から、そういう患者さんの気持ちがとてもよくわかり、患者さんがどうしてもらいたがっているかがわかるのです。自分が患者のときに、こういう風に看護してもらいたいと思っていた通りの愛情のこもった看護をしてあげました。臨死体験以来、私の心の中は、他の人に対する愛情でいっぱいだったのですが、それがとてもいい対象を得たという思いでした。患者さんと私は特別に心が通いあい、何でも話してくれるようになりました。私は死の床にある患者さんの枕元に何時間でも座り、話を聞いてあげました。死に対して不安や恐怖を感じている人たちには、自分の体験を話してあげて、死というのは全てが終わる終着点ではなくて、向こう側に別の世界が開けているんだということを話してあげました。そういう話を聞いて、安らかな気持ちで死んでいった患者さんが沢山います。また、こういう話をしていると、患者さんたちの中にも臨死体験をした人がいて、進んでその話をしてくれるようになりました。前に私の看護婦をしていた人のように、『そんなの幻覚ですよ』と決めつけるような人に対しては、誰もそういう話をしませんが、そういうことは、本当にあるんですよ、他にも体験者がいっぱいいますよ、別に頭がおかしくなって幻覚を見たわけじゃないんですよといってあげると、喜んでどんどん話してくれます。お祖母さんがベッドのそばにきて、もうすぐお前を迎えにくるよといったとか、夜、突然明るく輝く光がベッドの上にさしてきたのを見たとか、臨死体験とまではいかなくても、似たような体験まで含めると、実に沢山の人が体験しています。そういう交流を通じて、これまで他の人には全然わかってもらえなかったことが、患者さんたちには、よくわかってもらえたんです。それは、私にとっても大きな救いでした」

——どれくらいの患者さんの臨終を看取ったんですか。

「かれこれ五十人くらいになると思います。最近では、ＩＡＮＤＳの仕事が忙しいので、ほとんど看護婦の仕事をしていませんが、いまでも頼まれると、喜んで、死にゆく患者さんを看取る仕事をつづけています。私はその仕事が好きなんです。そんなことが好きなんですというと妙に聞こえるかもしれませんが、人がこの世から向こうへ渡る最後の手助けをしてあげられるというのは、とても名誉な仕事だと私には思えるのです」

——そのころはもう、それが臨死体験と呼ばれる現象だということは知っていたんですか。

「いえ、まだでした。ムーディの本は出ていたはずですが、私はまだ読んでいませんでした。一九八一年だったと思いますが、ある日偶然、『オムニ』という科学雑誌を手にとり、そこにケネス・リングの研究が紹介されているのを見て、はじめて臨死体験という言葉を知ったのです。それを読んで、あ、自分の体験はこれだったんだと思いました。それで、すぐケネス・リングに手紙を書いたんです。自分も体験者であること。体験者として、彼の研究が全面的に正しいと思っていること。そして、自分の看護婦としての経験から臨死体験をしたことがある人は、彼が考えているより、はるかに高い比率でいるというようなことを書いたのです。そのころ私がいた病院では、何らかの原因で心停止を起こす患者が、毎月八十人はいました。その患者さんたちに、電気ショックを与えたり、心マッサージをほどこしたりして何とか救命しようとするのですが、だいたい半数の四十人はそのまま亡くなります。助かった残りの四十人のうち、八人ないし十人くらいは、臨死体験をするのです」

バーバラはこの手紙を書いたことによって、ケネス・リングと知り合い、やがてコネチカットに移って、その研究の手伝いをするようになる。また、臨死体験者が体験を語り合い、精神的に助け合うための組織を作ったり、積極的にマスコミに接触して、臨死体験に対する世の理解をかち得るための広報活動を繰り広げるなど、実に精力的な活動をつづけている人である。

バーバラは、ここで述べているように、臨死体験によって、人生観がすっかり変わり、それ以後の人生が劇的に変わってしまった人である。宗教観も変わった。前に述べたように、子供時代はユダヤ教の環境で育ったが、子供のうちから神を信じなくなり、やがて無神論者になった。しかし、臨死体験を境に再び神を信じるようになったが、その神はユダヤ教の神でもなければ、キリスト教の神でもない。むしろ、全ての宗教を超越した神であるという。

「仏教の本も何冊も読みましたし、最近は、アメリカ・インディアンの宗教観の研究もしています。結局、どれが正しい神でどれが正しくないということはなくて、真理はどの宗教にも含まれているというのが正しいと思います」

という。これは、前に紹介した、ケネス・リングの体験者の事後変化に関する研究の中に出てくる宗教観の変化の典型のような例である。

また、前章でもちょっと紹介したが、彼女の事後効果の一つとして、電気製品、電子機器を壊したり、狂わせたりするようになったし、予知能力などの超能力も生まれるようになった。また、患者の頭に手をかざして頭痛をとってしまうなどの治癒能力も持つようになった。――その辺のところは、詳しく述べている余裕がないので、彼女の半生記（『バーバラ・ハリスの「臨死体験」』講談社刊）でも読んでほしい。

オメガ・プロジェクト

臨死体験者のこのような事後効果に興味を持って研究をすすめていたケネス・リングは、ここ数年来、〝オメガ・プロジェクト〟と名付ける新しい研究をすすめている。この研究は、いまも進行中だが、その成果の一端が九〇年にワシントンで開かれた国際臨死体験研究会議の席上で発表され、大きな注目を浴びた。これは大変興味深い研究なので、ちょっと紹介してみたい。

ケネス・リングは、この研究の動機を、次のように語っている。

「私は、一九七七年から臨死体験の研究を始めたのですが、その当初から、一つの大きな疑問を持っていました。それは、死にかかった経験を持つ人の全てが必ずしも臨死体験を持つわけではないのはなぜかという疑問です。死にかかっても臨死体験を全然持たなかったという人がかなりいます。臨死体験をする人は、死にかかった経験を持つ人のおよそ三分の一しかいません。それはなぜなのでしょうか。臨死体験が、人の死という普遍的現象の出だしの一歩であるとするなら、人によってそれが起きたり起きなかったりするのはおかしいということになります。こういう解釈もあります。臨死体験それ自体は、死にかかった人すべてが体験している。しかし、それを想い出す人と想い出さない人がいる。ちょうど、みんな毎晩夢を見ているのに、それを想い出す人と想い出さない人がいるようなものだ。この仮説が正しいとしても、ではなぜ、想い出す人と想い出せない人がいるのかという疑問が出てきます。両者のちがいは何なのか？　私は、この疑問を、臨死体験研究の大先輩であるムーディ博士にぶつけてみたことがあります。すると、ムーディ博士は、『そこは私にもよくわからないんだよ。手がかりがないんだ』と率直にいいました」

これまでの臨死体験者に関するさまざまの調査によると、臨死体験が起こる確率は、人種、年齢、性別、学歴、社会的地位、宗教、思想、臨死体験に関する事前の知識などといった要素には全く左右されないという結果が出ている。だが、その人の性格や心理的性向に関しては何らか関連がないだろうかとケネス・リングは考えたのである。それは、一九八三年に、S・C・ウィルソンとT・X・バーバーという二人の心理学者が発表した、夢想傾向パーソナリティの研究に刺激されて考えついたことだった。自分で作り出した夢想、幻想に全面的にひたりきってしまえる人がいる。よく小さな子供が、一人遊びで、架空の世界を作り上げ、架空の遊び相手としゃべったり、遊んだりしていることがあるが、あんな状態を想像してもらえばよい。そういう幻想の世界にひたりきれる人というのは、心理的にどういう性向の持主かを研究したのが二人の研究だが、その中で二人は、臨死体験もそういう性向の人間に起こる一種の幻覚ではないかと示唆したのである。ということは、二人は、臨死体験が現実体験であるとは考えず、完全な幻覚と見なしているということでもある。その後、この研究に刺激されて、夢想傾向をはかる心理テストを考案して、それで臨死体験者をはかってみたら、確かに高いスコアが出たなどという報告を出した研究者もいた。

ケネス・リングは、これを独自の調査で確かめたいと考えた。その説の真偽を確かめるだけでなく、その他にも、何らかの心理的性向が、臨死体験の発現または想起のしやすさに関係しているのではないかという説があるので、それを広く取り入れた心理調査を構想したのである。ケネス・リングは、もともと事後効果に深い関心を持っていたので、今回の調査も半分は事後効果に焦点をあてているが、残り半分は、体験者がもともとどういう性向の人であったかを調べることに主眼を置いた。そして特に、体験者の子供時代にその人が心理的にどんな傾向を帯びていたかに調査のポイントを置いている。

たとえば、体験者は、もともと超常現象一般に敏感だったのではないかという考えがある。前に紹介したように、体験者が体験後にある種の超常能力を発揮するようになったという報告がリングの研究も含めて、いくつかある。しかし、もともとその人たちがどういう性向の人々であったかを調べないで、そういった調査の結果だけを鵜呑《うの》みにすると、誤った解釈を下す可能性がある。そこでリングは、そういった体験者たちが子供のとき、超常現象をどう見ていたか、自分自身で何か超常現象を体験したことがあったかなどを調査しようとしたのである。

もう一つ調べたのは、非日常的な現実への感受性である。これは先の夢想性癖とはまた別の心的現象である。夢想傾向を問うときは、

「子供のとき、とても想像力が豊かで、生き生きしたイメージを描くことができましたか」

「若い頃、白昼夢を見ることがよくありましたか」

「子供のとき、とても豊かな空想世界を持っていましたか」

といった質問をするのに対して、非日常的現実への感受性を問うときは、

「子供のとき、物理的な存在ではないものがこの世界にあると気がついていましたか」

「子供のとき、他の人には見えない現実を見ることができましたか」

といった質問をする。それも一種の空想ではないかと思われるかもしれないが、これは心理学的に全く別の現象である。夢想は、夢想する本人もそれが夢想であることを知っている。その最中には夢想にいかに耽溺していようと、そこから脱け出せば、それが夢想であったことは本人も明白に認識する。しかし、後者は、この現実とは別の現実を、現実として見るのである。

前者はいわば夢うつつの状態で起こるのに対し、後者は、はっきり覚醒した意識の下

で起こる。本人にとっては、そのとき自分が見ている現実こそが真の現実なのである。そのとき意識は覚醒しているが、その意識は変性状態(altered states of consciousness)にあるのである。前者は本人の内的世界におけるできごとだが、後者は、自己と周囲の世界とのかかわりの中で起こる現象である。

このようなちがう現実を見るという現象が、いかにしてひき起こされるかに関しては、幾つかの理論があるが、一つの有力な理論として、それは、意識の分離現象ないし解離現象であるとする理論がある。分離（dissociation 解離）というのは、何らかの原因によって、それまで統合されていたその人の意識の一部が分離して、それがあたかも別の人格に属するかのように客観的に独立して働きだしてしまう状態をいう。意識の統合性が失われる結果、別の現実を見るようになるのである。ジキルとハイドのような人格交替現象もこの一種だし、自動書記もこれがもたらす現象とされている。

臨死体験と心理性向

ケネス・リングは、研究対象として、臨死体験者七十四名と、対照群として非体験者五十四名を選んだ。対象者はいずれも、ＩＡＮＤＳの事務局に何らかの形で接触してきた人々の中から選ばれた。従って、非体験者は、体験はないが、臨死体験に興味を持っている人々である。

臨死体験の有無と子供時代の心的傾向との関係

	臨死体験者(74名)	非体験者(54名)	P*
夢想的傾向	5.79	5.71	n.s.**
別の現実を見る傾向	1.66	0.67	.004
超常現象への感受性	2.01	0.91	<.001

数値はケネス・リングによる独自のスコア。パーセントではない。
*PはT検定による有意水準。
**n.s.は有意差が見られないことを表す。

対照群が普通の人々ではなく、そういう特別のグループから選ばれたという点には、若干疑問がある。リングも、できれば、死にかけたが臨死体験を持たなかった人々を対照群に選びたかったが、そういう人を十分な数だけ集められなかったと弁明している。過去の調査で、死にかかったが臨死体験をしなかった人々と、臨死体験に興味を持っているが経験はないという人々を比較対照した心理調査がある。その調査によると、両者の心理的プロフィールはほぼ同じであるという結果が出たので、この人々を対照群として選んだとリングは説明している。

これらの人々に、二三〇問からなるアンケート用紙を送って、それに答えてもらうという調査法がとられた。質問は、いま述べたような子供時代の心理的性向から、体験の事後効果にいたるまで、幅広くカバーしている。

まず、子供時代の性向からいうと、結果は上の表のように出た。数値はケネス・リングが考案した独特のスコアなので、両グループのちがいを知るためには、むしろ統計的有意性をあらわすP値に注目していただきたい。P値は、それだけのちがいが偶然にあらわれる確率を示している。n.s.は統計的に有意でないということを示している。ごらんになればわかるように、夢想的傾向は、体験者と非体験者の間で、ほとんどちがいがない。それに対して、別の現実を見る傾向、超常現象への感受性は、明らかに、体験者のほうが高いのである。

臨死体験の有無と幼児虐待体験との関係

	臨死体験者(74名)	非体験者(54名)	P*
肉体的虐待	8.48	6.24	<.02
心理的虐待	11.11	8.15	<.01
性的虐待	4.82	2.77	<.05
無視・放任	6.22	4.26	.005
暗い家庭の雰囲気	17.02	11.63	.002

数値はケネス・リングによる独自のスコア。パーセントではない。*Pは有意水準。

次に、この別の現実を見るという性向に着目して、それをもたらす一つの有力要因とされる、意識分離の傾向があるかどうか調べてみる。心理学の世界で、その傾向を判定するためによく使われているPIテストというものがあるが、その一般人の平均値が九一・九〇であるのに対し、体験者は一〇六・八九という高得点を示し、これは〇・〇一パーセントの水準で統計的に有意（P値は一万分の一）という結果が出ている。

そうなると、次に考えるべきことは、そういう意識分離の傾向は何によってもたらされるのかということである。

その手がかりを、ケネス・リングは、幼児虐待体験の有無に求めた。実は心理学の世界で、幼児虐待は、そういう傾向をもたらす非常に強い要因になるということが前から知られているのである。そしてまたリングは、沢山の体験者から体験談を聞いていくうちに不幸な子供時代を送った人がかなりいるということに気がついていた。先のバーバラ・ハリスなどはその典型である。

もちろん、臨死体験者と別の現実を見る傾向と意識分離と幼児虐待とは、必ずしも、一直線に結びついているわけではない。臨死体験者は必ず、別の現実を見る性向があるというわけではないし、別の現実を見る性向がある人はみんな意識分離しているというわけではないし、意識分離者はみな幼児虐待経験があるというわけでもない。しかし、臨死体験をする人は、どこか普通の人とはパーソナリティにちがいがあるはずだと考えていたリングは、この辺のところに一つの手がかりがあるはずだと考えて、いわば山勘をはってこの調査を設計したのである。そしたら、その山勘が見事に当たったというわけだ。彼は幼児虐待を「肉体的虐待」「心理的虐待」「性的虐待」「無視・放任」「暗い家庭の雰囲気」の五つのカテゴリーにわけて、その体験の有無をたずねているが、その結果は三二七ページの表に示すように、体験者と非体験者では、顕著にちがったのである。ここでもスコアはリング独特のものなので、やはりP値でちがいを見てほしい。絶対的な体験率はどうかというと、リングによると、体験者の五四パーセントは、かなりひどい虐待を受けているというから相当な高率である。

こう聞くと、まるで、臨死体験というのは、幼児虐待が原因で起きた心理現象であると解釈されそうである。この研究結果を発表したときに、会場に思わずどよめきのようなものが走ったのは、そう解釈する人が多かったからであろう。国際会議に参加していたかなり多数の人たちが、研究者でなくただの体験者だったが、その人たちは、明らかに不満気だった。そういう空気を察知したリングは、すぐにこう付け加えた。

「しかしだからといって、臨死体験は幼児虐待の産物であるなどと考えたりするのは、全くの誤りです。両者は原因と結果の関係にあるのではないのです。臨死体験というのは、この世の物理的現実とは、離れた次元で起きる現象です。そういう現象に出会ったときに、それを正しくとらえられるかどうかは、その人がどれだけ非日常的な現実に対する感受性を持っているかによって決まります。あるいはそれは、時間的に非常に短い間に起こるものかもしれません。そのとき、そういう現象に強い感受性を持っていない人は、それを見逃してしまう可能性があるということです。死にかかっても、臨死体験をする人としない人とがいるということは、これで説明できるかもしれません。つまり、臨死体験で出会うような非現実的現実に対する感受性がない人は、そういう現象に出会っても、それに気づかなかったり、それを無視したり、抑圧したりするのです。虐待される子供は、虐待という現実から逃れるために、危機的場面において、人格の一部を分離して、ちがう現実世界に入っていかせるという心理的防衛機制を発達させています。それが、臨死状態という危機的場面での、非現実的現実の受け入れに役立つということです。幼児虐待という不幸な経験の中で獲得したそのような異なる現実に対する感受性が、臨死という場面では、喜ばしい能力として発揮されるということなんです。もう一つ大事なことを付け加えておくと、そういう感受性を育てるものは、他にもいろいろあるはずだということです。私はたまたま、幼児虐待についてだけ調べた。だからこんな結果が出た。これが全てのはずはありません。他のポイントに焦点をあてて調べたら、きっとちがうファクターが発見されるだろうと思います。幼児虐待のファクターを強調しすぎるのは誤りです」

確かにケネス・リングのいう通り、幼児虐待と臨死体験を直線的な因果関係で結び付けたらおかしなことになる。幼児虐待経験者が多いといっても、たかだか半分あまりなのである。もしそれが主要な因果関係とするなら、それでは幼児虐待がなかった残り半分の人の臨死体験はなぜ起こったのかということになる。

ケネス・リングの研究の後半は、体験の事後効果にあてられていたが、こちらでも、驚くべき報告がなされた。第七章、第八章で紹介したように、これまでもリングは事後効果について幾つかの研究を発表している。これまでそのテーマは、人生観、世界観、価値観の変化、あるいは、超常能力の発現といったものだった。今回は、精神物理学的変化、あるいは生理学的変化に焦点をあてて調査してみた。具体的には次ページの表に示すような項目について調べてみたのである。

すると、これまでのいかなる調査でもあらわれなかったような大きな格差が、体験者と非体験者の間にあらわれたのである。表には出ていないが、トータルの粗点で比較すると、実に十七倍もの差がついている。体験者と非体験者の間で、これだけ大きな差が出た調査はこれがはじめてである。

調査されたのは、まず、物理的感受性で、具体的には、光に対する感受性、音に対す

臨死体験の有無と精神物理学的変化（主観的報告による）

	臨死体験者（74名）	非体験者（54名）
物理的感受性の変化		
光に対する感受性が強くなる	48.6	20.4
音に対する感受性が強くなる	35.1	7.4
湿気に対する感受性が強くなる	43.2	11.1
生理的変化		
代謝率が下がる	17.6	9.3
体温が下がる	17.6	7.4
血圧が下がる	31.1	11.1
神経学的変化		
神経系が変わったという感じ	51.4	18.5
脳の構造が変わったという感じ	36.5	7.7
エネルギーの変化		
生体エネルギーが強くなった	50.0	13.0
睡眠時間が減る	39.2	16.7
感情的変化		
気分の変化が大きくなる	28.4	13.0
拡大した精神		
心が拡大したという感じ	58.1	27.8
情報があふれ返る感じ	48.6	20.4
超常能力の変化		
超常能力が強くなる	60.8	31.5
電気・電子機器を狂わせる	24.3	7.4

数値はパーセント。非体験者については、臨死体験に関心を持つ前と持った後の変化をたずねている。

る感受性、湿気に対する感受性が調べられた。いずれも、対照群の何倍も強い変化が起きている。いずれも、統計的に通常ありえないほど有意である。バーバラ・ハリスの体験談に、光や音に対する感受性が強くなったという話が出ていたが、同じことが体験者の多くで起きているのである。

次の生理的変化でも、代謝率、体温、血圧で大きな変化が起きている。神経系や、脳の構造にまで変化が起きている気がするという。

生体エネルギーの流れが増大し、睡眠時間が減り、気分の変化が大きくなり、心が拡大したように感じ、情報が頭の中にあふれかえり、超常能力や、電気製品、電子機器を狂わせる能力を持つようになるというのが、その変化の大要である。どの項目も、対照群とくらべて実に大きな変化を示している。その現象のいくつかは、バーバラ・ハリスの体験談の中にもあったが、あれは彼女に特有な現象ではなかったわけである。

ただし、これは主観的な報告による調査であって、一つ一つの変化を測定して確かめたわけではない。しかし、それにしてもこれだけの報告があるからには、やはり何らかの客観的変化が生理的に起きていると見るべきだろう。いったいそれは何なのかということを、ケネス・リングは追究していく。

第十章　色を聴く

前章で、臨死体験者にどのような生理的変化が起きているかについてのケネス・リングの調査について述べた。リングの調査項目の中に「脳の構造が変化した感じ」という項目があったが、これはどういうことなのであろうか。

その典型的な例を、前に紹介した『生き返る』の著者、P・M・H・アトウォーターさんの体験からひいてみよう。アトウォーターさんは、臨死体験を三度している。

「最初の体験は、流産で大出血をしたときにありました。それは典型的な体外離脱体験でしたが、その他に、〝考え〟が実体をそなえたものとして空中に浮かんでいるのがありありと見えるという体験をしました。二度目の体験は、それから二カ月後に、右大腿部の静脈に発生した血栓症による静脈炎によって起こりました。このときも体外離脱しましたが、それにつづいて、死んだ知人に会うという体験をしました。そのうちの一人は、私の祖父でした。祖父は私が生まれるずっと前に死んでいるので、私は会ったことがありません。それが私の祖父だとわかったのは、私のところにやってきて、私がお前のおじいちゃんだよ、と自己紹介したからです。後で知っている人にきいてみると、祖父は本当に私が見たような容姿をしていたそうです。その次に、イエス・キリストが出てきました。私よりずっと背が高くて、白いローブを身にまとい、足にはサンダルをはいていました。髪は赤みがかった金髪で、眼はとても美しくやわらかみをおびた青い色をしていました。私はそれまで、イエスの髪は茶色で、眼も茶色だろうと勝手に想像していたのですが、そうではありませんでした。それから六年後に、歴史の中のイエス像を研究する目的でいろいろ当時の資料をあさっているうちに、ローマの役人あてに書かれた手紙の中に、イエスを目撃した人の容姿の描写があることを知りました。私が見たイエスはその描写にぴったり合っていました」

——イエスとは、会って話もしたんですか。

「長い間会わなかった兄弟に久しぶりに会ったという感じで、二人で抱き合って肩を叩きあい、笑いあいました。それから急にそれが全部消えてしまって、人生パノラマ回顧がはじまりました。私の場合、見るだけでなく、再体験しました。私が生まれてから見たことのすべてを見、考えたことをすべてもう一度考え、語ったことばをすべて語り直し、したことを全部もう一度し直しました。自分が語ったことや考えたことがすべてこういう形で残っていて、それを全部再体験しなければならないというのはショックでした。三度目の体験は、その一カ月後に起こりました。私は自殺をはかったのです。病気のリハビリがうまくいかなくて、抑鬱状態になり、こちらの世界より、あちらの世界がいいと思ってしまったのです。このときは、とてつもなく巨大なサイクロン（大竜巻）を二つ見ました。二つが上下逆の形で重なっているのです。要するに二つ合わさって砂時計の形になっているわけです。二つとも、ものすごいスピードで回転していました。回転方向は逆向きでした。中心部の細くなったサイクロンの接点のところから、サイクロンと、強烈なパワーを持った光が発していました。普通の臨死体験であらわれてくる、まばゆいけれどもやすらぎに満ちた光とは全くちがう荒々

アトウォーターさんが臨死体験で見た光景

しい力に満ちた光です。私はそれを見て、ああ私はクリエーションの瞬間に立ち会っているのだと思いました。目の前で光と闇が創造されているのです。中心部に穴がありました。穴をとりまくトーラス（円環状の構造）がありました。要するに中心部に穴があいたドーナツ状になっているわけです。穴の一方のはしはあらゆる闇が流れこむブラックホールになっていて、それが穴の中で光に変えられ、もう一方の口から噴出するのです。あの中心部に入っていけば、神に会えると思いました。しかし、実際には入っていきませんでした。そこで意識が戻ってしまったからです」

新星誕生との奇妙な一致

この話を聴いて私が面白いと思ったのは、現代宇宙論が教える星の誕生のプロセスが彼女の見たイメージとよく似ていることである。

この大宇宙のどこかで、新しい星が生まれ、古い星が死ぬという現象がひっきりなしに起きている。新しい星が生まれる最初のプロセスは、星間分子雲といわれる暗黒星雲があつまって、急速に回転する回転ガス円盤となり、その中心部から強烈な光とともに、円盤の両サイドから直角方向に双極分子流と呼ばれる超高速の巨大なガス流が噴出することだ。中心部の回転ガス円盤から光が噴出してくる様子は、彼女の見た中心部のトーラスから光が噴出してくる様子とそっくりだし、外に噴き出している双極分子流は、彼女が見たサイクロンが二つ重なってできた砂時計のような形状になっているのである。そしてそこで起きていることは、暗黒星雲から光り輝く星が作られるという正にクリエーションなのである。

――そのサイクロンをどこから見ているんですか。

「宙に浮いて、そのサイクロンの周囲をまわりながら見ていました。そこには私だけでなく沢山の人がいました。あらゆる国、あらゆる人種の人がいました。すべての人間がここにいるのだと思いました。そして、そこでは、空間とか時間の感覚が一切ありませんでした。上下、左右、前後といったものがないのです。過去も未来もありません。時空をはなれて無限と永遠の中にいるのです。そして、宇宙全体が大きく息を吸ったり吐いたりしているように感じました。私は神は呼吸なんだと思いました。宇宙の呼吸の一息一息が神なんだと思いました」

――このサイクロンを見るという体験は、他の人からは聞いたことがありません。実にユニークですね。

「私も不思議だと思います。はじめ私はこういう体験をしたことにあまり重きを置きませんでした。それどころか、これは発狂の前兆ではないかと思って、ノイローゼ状態になったこともあります。そのころ、偶然、『心は奇跡だ』というタイトルのシンポジウムがあって、何の気なしに出てみたんです。講師の一人がスタンフォード大学のウィリアム・テイラー教授という物理学の先生で、『永遠の現在』というタイトルの話をしてくれました。物理学の話なので、難しくてよくわかりませんでしたが、とにかく時間と空間はこの地球の上にしかない次元で、本当はそういう次元はリアルな存在ではないのだということでした。本当は時間は永遠の現在しかなく、空間は、同時にすべてのものがあらゆるところに存在していると考えるのが正しいということでした。そして、話の最後に、この永遠の現在の世界の力学を図形で描いてみるとこうなるといって描いたのが、何と私が見たサイクロンが二つ重なった光景と同じだったんです。中心部からパワーが出てくるというところも同じでした。私は卒倒しそうなほど驚き、そして感動しました。涙がポロポロこぼれました。私は気が狂ったんじゃない、とても大事なことを体験したんだ。あの先生も私が見たと同じものを見ているんだ、と思いました」

臨死体験のあとに、アトウォーターさんが自分は気が狂いつつあるのではないかと思ったのは、体験の内容が奇妙なものであったということもさることながら、体験の前と後で、知覚や認識、思考のプロセスなどが大きく変わってしまったからなのである。たとえば、

「あらゆるものが生きて見えるんです。あらゆるものが呼吸しているのが見えるんです。息を吸ったり吐いたりしている。脈を打っているのもわかります」

——たとえば、椅子とかテーブルとかそんなものまでですか。

「ええ、その通りです」

——今も？

「今は慣れたから、そうしようと思えば、どちらの見方もできます。無生物だと思ってみればそう見えるし、生きていると思ってみれば無生物でも生きて見えます。体験のあとしばらくは、その区別ができなかったんです。生物も無牛物も関係なく、何でも生きて見えました。だからとても混乱しました。たとえば、机にぶつかったりするでしょう。そしたら、ごめんなさいと机に向かってあやまらずにはいられませんでした。相手が本当の生き物なんですもの」

――他にも同じようなことを体験した体験者がいるんですか。

「私が調べた限りでも結構いますよ。サイクロンみたいに、私独自の体験ということではありません」

聴覚で見る

――他にも何か知覚能力の変化がありましたか。

「共感覚現象があらわれました。共感覚は子供のころあったんですが、大人になってから消失していたんです。それがよみがえりました」

共感覚というのは、心理学の正式の用語で、synesthesia の訳語だが、あまりいい訳語とは思えない。むしろ感覚複合とでもいったらよいかもしれない。アトウォーターさんも、このあと感覚複合にあたる表現（感覚のコンプレックス）を使ったりしている。

以下、感覚複合で統一する。これは要するに、音を聞くと色が見える。あるいは逆に、何かを見たときに音が聞こえてくるというように、ある感覚が刺激されたときに、同時に別の感覚が刺激される現象をいう。前者（一次感覚）は、客観的で万人に普遍的な知覚だが、後者（二次感覚）は、当人にだけ独自にあらわれる知覚で、主観的なものである。一次感覚と二次感覚の組み合わせはいろいろあるが、いちばん多いのは音を聞いて色を見るという色聴（color-hearing）である。

そういう現象があることは、音楽家の間では二百年近く前から知られていた。音楽家の中にそういう人がいるのである。最近の有名な例では、フランスの作曲家、オリヴィエ・メシアンがそうである。音楽だけでなく、人にあらわれる率は低いが、数字を聞いて色を見る、単音を聞いて色を見るなどの現象もある。フランスの詩人ランボーの有名な「母音」という詩に、「Aは黒、Eは白、Iは赤、Uは緑、Oは青」というくだりがある。文学愛好家は、これをランボーの鋭い詩的感受性が生んだ表現と受け取っているが、心理学者の多くは、これは色聴現象で、ランボーは自分が見たままを記述したのであろうとしている。

色を見るだけでなく、抽象的な形象を見たりすることもある。調査してみると、色聴は意外にポピュラーな現象で、特に幼いときほどあらわれやすい。幼稚園児では約半数、十一歳で二五〜三〇パーセント、成人で一三〜一六パーセントにあらわれるという報告もある。別の調査では成人にあらわれる率は一パーセントともいう。感動的な音楽を音刺激に用い、目をつぶっていると色聴はあらわれやすいという。我が家で実験してみると、七歳の娘にはあらわれたが、十歳の娘と成人にはあらわれなかった。

　麻薬など神経に働きかける薬を服用すると色聴はあらわれやすくなる。精神分裂病の症状としてあらわれることもある。

　一般に感覚複合が幼児に強くあらわれ、成長するに従って弱くなっていくところから、感覚神経系はもともと共通の基盤にのっており、発生初期にはそこで感覚入力が共有される仕組みになっていたのではないかと推測されている。もともとは共有されていたものが、成長するに従って、特定感覚入力と特定感覚中枢が結びつくという形に分化し、系統別に発達していったのではないかと考えられている。成長して成人になっても、もともとの共通基盤部分の入力共有の神経連絡がある程度残っていると考えられ、何らかの原因で、分化発達した感覚系の働きが極端に弱まると、より原始的な共通基盤系が働きだして、感覚複合が起こるのではないかと考えられる。そうなると、条件次第で、感覚複合は誰にでも起こりうる現象だということになる。

　あるいは、体外離脱で、見えるはずがないものを見るという現象もこれで説明できるのかもしれない。体外離脱で見るものは、聴覚情報を頭の中で再構成したものだろうという解釈がある。しかし体験者はそれに反撥して、そのとき見たものは、頭の中で再構成したイメージといった怪しげなものでなく、覚醒時にこの目で見るのと同じ外界像だったという。体験者のこの証言を信じると聴覚情報説はむずかしくなるが、人間はもともと、視覚系がシャットダウンしたときに、共通基盤系を利用して、「聴覚で見る」能力を持っているのだと考えれば、この矛盾も解消される。つまり聴覚入力が共通基盤系を通って、視覚中枢に中継入力され、あとは視覚系で情報処理されれば、本人はあくまで自分は目で見たのだと思い込むはずである。

脳損傷と診断する医者

アトウォーターさんに話を戻すと、彼女は子供のときから、強い感覚複合を持っていたという。しかし、この現象があまり一般には知られていなかったため、不幸な子供時代を送った。

「小学校のとき、私は音楽を見ることができたし、数字を見ると音が聞こえました。色を見ると、匂いをかぐことができました。私はみんなそうなのだと思っていましたから、それを隠そうともせず、見た通り、聞く通りをいっていました。しかし、そんなことをいう子は学校で私一人だったのです。先生は私のいうことを信用せず、ウソつきときめこんでいました。だから、そういうことをいうたびに、先生に叱られました。体罰を受けたこともあります。三角帽子をかぶせられて教室のすみに立たされたこともあります。そのうち、本当のことをいうから罰せられるのであって、ウソをいってみんなに調子を合わせておけばいいんだと考えるようになりました。そう考えて行動するようになってからトラブルがなくなりました。その後、十代になると、今度は実際にそういう現象が起こらなくなったのです。しばらくそのままの状態がつづいたのですが、三人目の子供を出産したあと、またはじまりました。色を見るとその匂いをかぐことができるという能力は戻りませんでしたが、あとは戻ってきたのです。もう大人になっていたので、今度はその能力を積極的に評価するようになりました。そして、これは一種の超能力なのだから、むしろ、この能力を育ててみようと思いました。そして、超能力現象の研究とトレーニングにはげむようになりました。その過程で、神秘主義や東洋の思想にも興味を持つようになり、禅の瞑想訓練もだいぶやりました。そしてついにはこういう現象に興味を持つ人たちにいろいろ教えるまでになりました。催眠術で年齢退行を起こして、前世を思い出させるということもやりましたし、自発的に体外離脱する方法を教えたりもしました。もっとも、今だから告白しますが、私はそのときまだ体外離脱したことがありませんでした。私がはじめて本当に体外離脱したのは、臨死体験によってなのです。そのとき教えていた体外離脱する方法というのは、文献から受け売りしたものにすぎませんでした」

――臨死体験でそういう超能力的なものは強化されたんですか。

「ものすごく強化されました。感覚複合も強化されました」

アトウォーターさんの話の中にあった、ことばが形あるものとして見えるというのも、もともと心理学で感覚複合の一種として報告があることである。

「私は前から感覚複合や、超能力現象についていろいろ知っていましたが、臨死体験後、ちがう要素も沢山出てきたので、医者の診断を受けたところ、あなたの頭は、臨死体験中に、脳に酸素が十分に供給されなかったので、損傷を受けたのだといわれました。要するにお前の脳は破壊されたのだというわけです。私が、自分の頭はおかしくなったのだと思いこんでノイローゼ状態になったというのは、そういうわけだったのです。私の他にも、同じような目に遭った体験者は沢山います。私は二百人以上の体験者にインタビュー調査したんですが、その半数以上が、私と同じような感覚複合や変わった知覚現象を持ち、それを医者に話した結果、検査もせずに、臨死状態で受けた脳損傷のせいだと診断されています。私の場合もそうでしたが、本当に何の検査もしないんです。見かけと話の内容だけで、脳損傷と診断してしまうのです。本当にちゃんとした検査を受けて、脳損傷が起きた場所とその程度を客観的に特定されたという人は、たった三人だけです。そのうち二人は、後に回復しています。それで私は、医者は調べもせずに見かけだけで判断しているのだから、彼らのいうことは信用しまいと思ったのです。たしかに、臨死体験者の体験後の行動や、言ってること、感じてることの中に、普通の人のそれとは相当にかけ離れた部分があり、一見、精神異常と見まちがわれかねない側面があります。臨死体験者は一般に、いろんな感受性が強くなり、他の人には見えないものを見、聞こえないものを聞くようになります。超常能力を持つようになります。植物が、とりわけ花が呼吸しているのが見えるようになるという人は沢山います。この世のさまざまの事物が、クモの糸のように細い光り輝く糸によってみんなつなぎ合わされて、大きなネットワークが形成されているのが見えるという人もいます。臨死体験の世界で見た〝光〟がその後も継続的に見えるという人もいます。体外離脱が何度も起きるようになる人もいます。私がインタビューした一人は、一人でぼんやりしているときとか、あるいは、食事をしているとき、車を運転しているとき、人と話をしているときなど、何でもない日常生活の一コマの中で、何の前ぶれもなしに、突然体外離脱が起きて、上から自分の体を見下ろしていることがあるといいます」

ブレイン・シフト

――しかし、それは危ないですね。自分がベッドの上に横たわっているときならともかく、車を運転している最中に体外離脱したら、いったいどういうことになるんですか。

「彼にいわせると、別に危険はないそうです。体外離脱が起きた脱けがらの肉体は、ちゃんと前と同じ活動を継続しているそうです。飛行機がオート・パイロット（自動操縦装置）で飛んでいるのと同じようなものじゃないかといってました。

その他、死んだ人と交流できるようになったとか、テレパシー能力を持つようになったとか、予知夢を見る、治癒能力が身についたといった超常現象をあげていったら枚挙にいとまがないくらい沢山の実例があります。白昼、光り輝く物体、あるいはなんらかのシンボルなどが空中にあらわれるのを見るといった例もあります。ある女性は、体験前からサイコキネシス（念動力で物を動かす）が可能でしたが、せいぜいちょっとした物を浮かび上がらせる程度のことしかできませんでした。ところが、体験後は、怒ったりして彼女の感情が激しているときは、電球を割ったり、灰皿を割ったりということまでできるようになりました。要するに、超能力がなかった人にはそれがあらわれ、もともとあった人はそれが強化されるのです。前に超能力の研究をしていたときにわかったことですが、人は誰でも訓練次第で、感覚能力を拡大することができます。それまでの視覚能力の限界をこえて見ることができるようになり、聴覚能力の限界をこえて聞くことができるようになります。つまり、可視光の周波数外の光を感知するようになり、可聴域外の周波数の音波を感知できるようになるということです。それができるようになると、普通の人には見えないものを見、聞けないものが聞けるようになり、それが超能力といわれるわけです。超能力というのは、人間の通常の能力の帯域拡大なのです。感覚複合も、やはり訓練で引き出すことができます。こういう超能力をさして、神の特別の贈物と考える人もいれば、悪魔から授けられた邪悪な能力と考える人もいますが、どちらも間違いです。超能力は意識の拡大によってもたらされた人間の通常の能力の拡大です。臨死体験者の中にも、その体験は自分が神に特別に選ばれた者だから起きたのだといって、自分は神の使いであると称して、神の道を説いてまわっている人もいれば、周囲の人から魔女扱いされて迫害を受けている人もいます。どちらも間違いです。前に述べた医者のように、脳損傷で起きた一種の精神異常現象として片づけるのも間違いです。臨死体験によって超能力がもたらされることが多いということは、臨死体験には意識の拡大作用があるということを意味しています。それは、臨死体験によって人生観や世界観が大きく変わった人が多いということでもわかるでしょう。みんなポジティブに変わっています。人類愛、人間愛を拡大する方向に変わっています。脳は損傷を受けて弱るのではなく、反対に、強化されて機能が拡大するのです。脳の働き方が変わるのです。だからこれまでにない現象がいろいろ起きるのです。感覚、知覚、思考、行動、あらゆるものが一挙に変わるのは、脳の働きが大きく変わるからです。私はこの変化を〝ブレイン・シフト〟と名づけました」

脳がスポンジ状に

――脳の働き方が変わるということですが、それは脳自体に変化が起こるということですか。それとも働きだけが変わるんですか。

「私は、脳が構造的に変化するんだと思います。構造的変化がもとになって、化学的、電気的変化が起こり、それが、情報処理のプロセスを変化させるとか、情報が運ばれる新しいチャネルを作るとか、スイッチングのスピードを上げるといったことを通じて、大幅な機能拡大、能力向上がはかられ、意識の拡大がもたらされるんだと思います」

――臨死体験の何がそんな構造変化をもたらすんですか。酸素不足で死にかかった脳細胞が、そんなポジティブな変化を脳にもたらしうるんでしょうか。

「まさにその死にかかるという体験が変化をもたらすんだと思います。脳は、学習能力をもっています。人間の脳は学習によってどんどん成長していきます。学習は環境から与えられる刺激によってなされます。より豊かで、よりチャレンジングな刺激が沢山与えられれば与えられるほど、脳の学習は進みます。脳の能力というのは、大きさや形できまるのでなく、何よりも成長過程で受けとる刺激の質と量できまるのです。死にかかるという経験は、人間にとって最大の刺激です。最高にチャレンジングな刺激です。そういう生命の危機にさらされて、それを乗りこえたというサバイバルの経験こそ、人間に最大の学習をさせます。人間の脳がここまで発達したのも、有史以来、何度も生命の危機にさらされながら、それを乗りこえてきたというサバイバル体験によるものです。生命の危機にさらされると、脳は何とか生き延びられないかと、その能力を極限まで使って、ありとあらゆる生き残り策を模索します。その努力が、脳の新しい可能性を切り開くのです。変化の方向がネガティブだったものは死んでしまいますから、サバイバルできたものは、ポジティブな変化を起こしたものです。極限の危機の中で脳にポジティブな変化を起こして助かったのが臨死体験者です。そしてここで大切なのは、このようなポジティブな変化によるサバイバルの積み上げが進化というものだということです。つまり、臨死体験者のこのような脳の変化は、人類進化の方向を指し示しているということです。人類全体のサバイバルが問題になっているとき、これは大きな意味を持っています。いま、臨死体験者以外にも、いろんな超能力を持つ人たちがあちこちに現われています。これはそういう進化論的変化が人類の上に起ころうとしているということを意味しているんじゃないでしょうか。いずれにしろ、進化の方向は、人間の能力の拡大、意識の拡大の方向に進むということです」

――すると、進化した新人類においては、いまの超能力といわれるものが普通の能力になり、普通の能力しか持っていない我々のような存在は、いずれ滅ぶべき旧人類だということになりますか。

「確実に起こるだろうと思うのは、感覚、知覚能力の拡大ですね。我々には見えないものが見え、とらえられないものがとらえられるようになる。それから、我々の認識能力はこの時間・空間世界に閉じこめられていますが、その次元を超越した認識能力が生まれてくるんじゃないでしょうか。そうすると、いまはありえないと思われているテレパシーとか予知といった現象が合理的に説明されるようになるかもしれません」

――脳の構造的な変化というのは、具体的にはどこにあらわれてくるのですか。

「大脳辺縁系と側頭葉だと思います。大脳辺縁系は、脳の中心部分にある円環状の組織ですが、ここは人間の心の座、あるいは心の司令室ともいわれています。感覚複合はここで起こるという研究もあります。側頭葉は、脳の横の部分ですが、ここは聴覚系があるところです。ここは、同時に体外離脱や超能力現象に関与しているという研究があります。そういわれてみると、なるほど実感として、体験後に明らかに私の側頭葉はふくれ上がったという気がするんです。ふくれ上がっただけじゃなくて、何か脳がスポンジ状になっているという気がするんです」

――ほほう。それで偏頭痛なんかは起こしませんか。スポンジ状とはどういう意味なんですか。

「どういわれても困るんですが、とにかく実感としてそういう弾力性に富んだものになったという感じなんです。頭痛はぜんぜんありません。他の体験者に聞いても、側頭葉がふくれ上がった感じがするといった人がかなりありました」

これはかなり注目すべき発言である。テレビ番組で紹介したし、この本の中でも、もう少し先にいってから紹介するが、側頭葉の一部を刺激すると、体外離脱が起きるという研究があるのである（第二十八章、二十九章参照）。大脳辺縁系と臨死体験が関係しているという説もある。そのからみで、この発言は重要だから記憶にとどめておいていただきたい。

――側頭葉がふくれ上がった感じというのは臨死体験の終わったあともずっとつづいているんですか。

「ええ、つづいています。だから、臨死体験ではじまった側頭葉の変化が、恒久的な変化として定着したということなんじゃないでしょうか。そういう脳の構造的な変化がつづいているから、体験後も体験者のいろんな意識変化、能力変化がつづいているんじゃないでしょうか。体験後に全く人格が変わったようになってしまう人もいますが、そういう変化が起きるのは、脳が構造的に変化したからだとしか考えられません」

――その変化の方向なんですが、もっぱらこれまでにあげられたような超能力の方向なんでしょうか。

「いえ、もっと広い意味で全体的に脳の能力がいい方向にアップするんです。頭がよくなるんです。私自身でいえば、超能力が高まった以外に、考え方がとてもロジカルになり、分析的になりました。それとともに目的達成の意欲がすごく高まりました。その三つの変化があったおかげで、二百人の体験者を訪ね歩いて、インタビュー調査し、その結果を一冊の本にまとめるというようなことができるようになったのです。昔の私には、とてもこんなことはできなかったでしょう」

臨死体験の解釈として、それを現実体験と解釈する立場と、脳内で起きた現象にすぎないとする立場と、基本的に二つの立場があるということは前に述べた。そして、普通、脳の話を持ち出す人は、だいたい後者なのだが、アトウォーターさんはちがうのである。側頭葉に、刺激すると体外離脱を起こさせるポイントがあるなどというと、たちまち脳内現象派が凱歌をあげそうだが、これまた解釈いかんで、どちらに有利ということもなくなってくるのである。アトウォーターさんは、体外離脱も、超能力も脳を通して働く現実現象だと考える。脳は現実現象を起こす一つのメカニズムにすぎない。こう考えると、脳でどういう現象がどう起きるといっても、それは現実現象を起こすメカニズムの説明にすぎないということになってしまう。つまり、側頭葉の刺激で体外離脱が起こるということに例を取ると、そのようなメカニズムを通して本当に霊魂（あるいはそれ的なもの）が現実に肉体を離れるのだと考えるわけである。そうなると、側頭葉刺激説は、現実体験説の反証にはならないということになってしまうのである。

脳の構造変化とは？

前に示したケネス・リングの調査結果と、アトウォーターさんの話をてらし合わせてみると、実によく内容的に一致している。「感受性の変化」、「神経学的変化」、「精神の拡大」、「超常能力の出現・強化」といったことが具体的にはどういうことなのかということが、彼女の話を聞くとよくわかるだろう。特に、「脳の構造が変化した感じ」というのは、こういう話を聞いてみて、はじめてわかることである。

アトウォーターさんの体験は決して特殊例ではない。アトウォーターさんが足で歩いて調べた結果でも、半数以上の人が、アトウォーターさんと似たようなことを体験しているという。ケネス・リングの調査を見ても、各項目の体験率が四割、五割は普通で、六割という高体験率を示すものすらある。「脳の構造が変化した感じ」は三六・五パーセントだが、「神経系が変化した感じ」は、五一・四パーセントもある。

もちろん、このような調査は、本人の申告にもとづくものであるから、本人の主張通りの客観的な変化が起きているということを保証するものではない。ポジティブな脳の構造変化があったというのも、本人の実感としていっていることで、別に客観的な証拠があるわけではない。だから、可能性としては、医者がいうように酸素不足による脳損傷が起こり、自分に何も特別の能力がないのにそれがあると思い込むようになってしまったという可能性だって、ありうるのである。

もっとも、私はその可能性は少ないと思っている。トム・ソーヤーにしても、バーバラ・ハリスにしても、フィリス・アトウォーターにしても、事実問題として、知的能力を向上させ、本を書くなどの立派な仕事をやりとげているからである。他の体験者にしても、取材してみると、立派な人が多いのである。もちろん中には、これは脳損傷を受けたのかもしれないと思われる、ちょっと危ない人もいないではないが（アトウォーターさんも、そういう人がごく少数ながらいるという事実を認めている）、大部分は尊敬に値する人物である。そして、その人たちは、必ずしも体験前は尊敬に値する人物ではなかったのである。そういう例を見ていると、それが脳損傷による変化とはとても思えない。

もう一つの実例を示してみよう。

ハワード・ストームというノーザン・ケンタッキー大学の芸術学部の主任教授をしている画家の例である。六年前、パリに滞在して絵の修業をしているときに彼の体験は起きた。彼の体験を要約して示してみる。

そのころ私は、完全な物質主義者で、無神論者でした。神とか、魂とか、そういうものは一切信じていませんでした。真理はすべて科学によって与えられると信じていました。非科学的なものは一切認めませんでした。何か信じているものがあるとしたら、それは自分だけでした。私は完全な自己中心主義者で、私以外のことに対しては、本質的に何も関心がありませんでした。妻に対して求めていたことは、私に常に服従すること、そして、世間的によき妻としてふるまうということだけでした。妻を人間として扱っていたとはいえません。物みたいにみなしていたのです。子供にしたって同じことです。独立した人格を認めず、私の自我の延長としか見ていませんでした。私の望みは世俗的な成功でした。有名な画家になり、町を歩くと、私を見る人たちがみんな、「あれが有名な画家のハワード・ストームだ」とささやき合う、そういう人になりたいと思っていました。経済的にも成功し、大金持になり、社会的地位を持って大きな社会的影響力を持ちたい。その目的を達するために、他人は徹底的に利用すべきだと考えていました。自分以外の人間は利用の対象でしかなかったのです。アメリカの卑俗な処世訓に、「自分のことだけ考えろ」、「この世は共食い社会だ (It's a dog eat dog world)」、「やられる前にやれ」、「人生に失敗したときは、死ねばいい」といった表現がありますが、私はその通りの生き方をしていたわけです。そしてそれなりの成功をおさめ、立派な家に住み、高級車を持ち、贅沢な暮しをし、酒、美食、女などの快楽におぼれていました。

体験は八五年の六月一日の土曜日、フランスのパリで起こりました。十二指腸に穴があいて、消化液がもれ出し、私の体を内部から消化しはじめたのです。はじめお腹の中がちょっと熱いと思っただけでしたが、どんどん痛みと熱が激しくなり、やがて生涯味わったこともない激痛を感じはじめました。お腹の中で炎が激しく燃えさかっているようでした。気が狂うほどの痛みとはあのことでしょう。救急病院にかつぎこまれたのですが、土曜日のこととて、手術ができる医者がいませんでした。スタッフも少ないらしく、私は十二時間も何の手当もされずに放ったらかしにされたのです。痛みはどんどん増していき、死が近いことを予感しました。やがて一人の看護婦が入ってきて、手術は次の日にならないとできないといい渡しました。次の日まではとてももたないと思い、死を覚悟しました。そのころ私は、死はただの無だと思っていました。肉体という生化学的システムがその働きをやめることが死で、それとともに、人間の自我は消滅すると思っていました。間近に迫った死に対して悪あがきするのはやめようと思いました。そばにつきそっていた妻に、「もう、さよならだ」といって、目をつぶると、そのまま気を失ってしまいました。

「神に祈れ」という声

どれくらい気を失っていたのかよくわかりませんが、ふと目をさますと、私は自分のベッドのわきに立っており、ベッドの上には私が寝ていました。とても信じられないことでした。私は不愉快でした。死後の世界なんてあるはずがないと思っていたのに、こんなことになるなんて、この私は何なのだと思いました。見ることができ、音を聞くことができ、足が床を踏んでいる感覚もありました。ベッドの上の自分に手をのばしてみると、ちゃんと触覚もありました。病室のにおいや空気の味わいの感覚もありました。感覚が全部そろっているのです。わけのわからなさに怒りがこみあげてきて、そこにいた妻に向かって、「これは何なんだ！　オレは気が狂いそうだ！」とわめきました。しかし妻は全く反応しませんでした。私がどんなに大きな声を出しても、返事をしません。私は妻が聞こえないふりをしているのだと思って、ますます腹を立てました。今度はそのわきにいた友人に向かって怒鳴ったのですが、やはり何の反応もありませんでした。するると、部屋の外から私の名前を呼ぶ声が聞こえてきました。不思議なことに、それは英語でした。ここはフランスなのに変だなと思いながらドアのところまでいくと、見知らぬ人が何人もいて、「ついてこい」といわれました。外は一面の霧で、歩いていくうちに、どんどん濃くなって、ほとんど何も見えなくなりました。まるで、放送が終わったあとのテレビの画面のようでした。ものすごく長い距離を歩かされました。何十マイル歩いたかわかりません。「どこへ連れていくんだ」と何度も聞いたのですが、誰も教えてくれません。「そのうちわかるよ」、「どこだろうと、お前には関係ない」、「急げ！もっと急げ！」というばかりです。そのうち、霧がどんどん深くなってきて、ついに真っ暗になってしまいました。私は不安になり、くたびれきっていたので、もうこれ以上歩くのはいやだといって立ち止まりました。すると、暗闇の中で、その見知らぬ人々が私をつかまえ、こづき、殴りかかってくるのです。私もやり返したので、大ゲンカになりました。敵はものすごく沢山いました。はじめは、せいぜい十人かそこらだろうと思っていたのですが、とんでもありません。何百人、何千人いたか暗闇でわかりません。次から次へ出てきて、私をいためつけるのです。爪や歯を使って、私の皮膚を切り裂いたり、嚙みちぎったりするのです。一人が足に嚙みつくと、もう一人は耳に嚙みつき、もう一人は顔に爪をたてるという具合で、何人もが私に一度にとりつき、叩いても、けとばしても、追い払っても、次々に新しいやつがかかってくるのです。持てる力をふりしぼって、必死で戦いつづけましたが、とうとう精も根もつきはてて、組み伏せられてしまいました。

そのとき、不思議なことが起こりました。私の胸のあたりから、誰かの声が聞こえてきました。私の声ではありません。それが、「お祈りをしろ。神に祈れ」というのです。「とんでもない」、と私は反撥しました。私は十代のときにキリスト教を捨て、それ以来ずっと積極的な無神論者でした。教会に行ったこともありません。「私は神を信じていないのだから、神に祈るわけにはいかない」といって拒否しました。しかし、もう一度「神に祈れ」という声がしました。私は再び拒否しました。すると、もう一度「神に祈れ」と同じ声が聞こえてきました。とうとう根負けして、神に祈ろうとしましたが、祈りの言葉がぜんぜん出てきません。それで仕方なく、アメリカ国家と、国旗への忠誠の誓い（アメリカの学校ではさまざまの機会に、国家、国旗への忠誠の誓いを唱えさせるので、これはアメリカ人なら誰でも知っている）の中から、お祈りめいた部分を取り出して、それを唱えてみました。すると、私を取りおさえていた見知らぬ連中があわてふためき、「神なんていないのだから、お祈りをしても誰も聞かないぞ」といい、さらに、悪罵のかぎりをつくして、私にそれを唱えるのをやめさせようとしました。それが思いがけない効果を持ったので、私は思い出すかぎりの祈りめいた言葉をならべました。すると、いつの間にか連中はいなくなって、私は暗黒の中に一人取り残されていました。たった一人で、そこに横たわっているうちにだんだん不安になり心細くなり、あのいやな連中でもいいから戻ってきてほしいと思うようになりました。しかし、誰も来ません。私は全くの孤独の中で、絶望感に身をさいなまれました。気持ちがどんどん落ちこんでいきました。そのときなぜか、子供のとき日曜学校で習った「イエス様は私を愛し給う」という賛美歌のメロディがふと頭の中に浮かんできました。そのメロディに引きずられて、思わず、「イエスさま、助けて下さい」といいました。すると、闇の中、ずっと遠くの方に、小さな光の点が見え、それがどんどん明るくなってきました。やがて闇は消え、私はその光に包まれて、浮き上がり、どんどん上昇していきました。私の体は、暖かい水につかっているような感じで、とてもいい気持ちでした。あの暗闇の中の戦いで、私の体は全身傷だらけだったのですが、上昇をつづけている間に、その傷がみんな癒されてしまいました。どんどん上昇をつづけるとともに、上昇スピードがどんどん上がっていきほとんど光速になっていました。そのうち向こうのほうに沢山の星が見えてきました。しかし、さらに上ってゆくと、それが星ではなく、光り輝く命ある存在だということがわかりました。私たちはそっちのほうに向かっているのです。上昇をつづけながら、私の心はパワーに満たされ、愛に満たされました。それとともに、自分に対する恥ずかしさを感じました。それまでの自分があまりにも利己的だったからです。何も信じなかったからです。いま私たちが向かっているのは、神がいるところなのだと思いましたが、私は神を信じていなかったのです。これは間違いだ。私が属する場所は神のところではない。私が属しているのは、あの下界の暗黒の中だと思いました。しかし、上昇中の私を支えていた何者かが、「間違いではない。お前はたしかにこちらに属している」といいました。その存在が私にはかりしれないほど大きな愛情を持っていてくれるのがわかりました。それが嬉しくて、私は思わず声をあげて泣いてしまいました。私は大人になってから泣いたことはほとんどありません。しかし、このときばかりは泣いて泣いて泣きつづけました。

愛と善と知識

星のような存在に近づいたところで、私と私を支えている何者かは止まりました。すると、その星のような存在が集まってきて、私たちを取り囲むようにしました。私たちはお互いに挨拶を交わしました。声は必要なく、テレパシーで語りあいました。はじめに、私の人生回顧がはじまりました。私が生まれたときから、今日までの全人生が、順番にたどられていくのです。私がしてきた利己的な行為、残酷な行為、それにたまにした親切な行為が次々に示され、評価されました。彼らの評価を聞いていると、彼らが何よりも大切にするのは、人間と人間の間の人間らしい関係だということがわかりました。他人に対して、尊敬心と愛情と共感をもった関係を作ることが大切なんです。そういう視点から見ると、私の人生は完全に落第でした。

人生回顧が終わったところで、彼らは、「なにか質問はないか」と聞きました。私は「沢山ある。数え切れないほどある」といいました。すると、「何でも教えてやるから、何でも聞いてみろ」というので、私は考えつく限りの質問をしました。彼らはどんな質問にも答えてくれました。何でも知っていました。まるで幼稚園の生徒と先生くらい知識の差がありました。このやりとりはものすごく長くつづきました。何時間つづいたかわかりません。この間に得た知識は、私の大学時代、大学院時代、それにその後の七年間に得た全知識よりはるかに大きなものでした。考えつくあらゆる質問を終え、答えをすべて理解したと思ったので、私は「これで、中央にいらっしゃる方のところに行く準備が整いました」といいました。中央には、「一なるもの」すなわち神がいるということを知っていました。しかし、彼らは、「いや、お前は行く必要はない。お前はこれから地上に戻らねばならないのだ」といいました。私は「いやだ。ここにいる」といって、しばらく、争いました。私はもう地上のあのうす汚れた、悪徳に満ちた、残酷な生活がすっかりいやになっていました。それに比較すると、天の上には愛と善と知識しかありません。永遠にそこにとどまりたくなるのは当然です。しかし彼らは、知ることより実践することが大切だ、愛を知ったら、愛せ、善を知ったら、善をなせと迫り、私に地上に戻ることを納得させました。

目を開けると、私のまわりで手術の準備がはじまっていました。時間は、土曜日の夜の十時半でした。手術をする医者がたまたま見つかったということでした。私は看護婦に思わずたずねました。「ここは天国じゃないですよね」。看護婦はにっこり笑って、「いいえ」といいました。

以上がハワード・ストームの体験である。ハワード・ストームは、この体験によって、全く別人格になってしまった。彼の人生観、世界観はすべてひっくり返ってしまった。人生の生き方も変わった。世俗的な快楽や富、成功など、かつて彼がもっぱら追求していたものには目もくれず、臨死体験中におしえられた通り、もっぱら善なるものを追求し、あらゆる意味で人を助け、社会に奉仕することに自分の人生をささげるというほとんど聖者のような人間になってしまったのである。かつて読みふけっていた卑俗な読物には手もふれず、いまや哲学や神学の本を読みふけるようになった。妻は『私が結婚した相手のハワードはパリで死んでしまった』といい、この変化を必ずしも喜んでいない。

子供たちや友人も、『ばかなことをしている』と冷たく見守っている人が多い。しかし、ストームは、世間にかまわず、どんどんわが道を進み、ついに神学校に入り、牧師になろうとしている。

といっても、伝統的なキリスト教の信仰を持つようになったということではない。彼はむしろ、あらゆる宗教は同じ程度に真理を含んでおり、真の神は、あらゆる宗教の上にいる「一なるもの」であるという認識を持っている。それにもかかわらず、キリスト教の牧師になろうとしているのは、

「アメリカ社会は伝統的にキリスト教社会なので、アメリカで神の道を伝え、人を救い、社会を救おうと思ったら、キリスト教を通じてするのが最も手っ取り早い」

と考えているからだという。

私はケンタッキーにハワード・ストームを訪ね、職場や家庭を取材した。自宅の書棚を見せてもらうと、哲学書が沢山ならんでいた。

「昔はこんな本は、難しすぎて手にとることもしなかったのに、体験後はスラスラ頭に入るようになった」

という。こういう例はどう考えても、脳損傷による人格の変化とは思えない。臨死体験には、何かよくわからぬが、それだけ人間を変えることができる一種のパワーというかエネルギーがあるのである。

第十一章　クンダリニー覚醒

先に、臨死体験者に起こる生理的変化についてのケネス・リングの研究を紹介した。ここでは、この問題について、もう少し考えてみたいが、記憶が薄れているといけないので、ここでもう一度体験者に起こる生理的変化について簡単にまとめておく。体験者は一般に、音、光などの感覚刺激に対して鋭敏になる。神経の働き、脳の働きなどがこれまでと変わったように感じる。生体エネルギーが増大する。精神が拡大したように感じる。超能力があらわれる。電気・電子機器を狂わせることがよくある、といった変化が、顕著にあらわれる。

なぜ、このような変化があらわれるのか。ケネス・リングは二つの仮説をたてている。一つは、「電気感受性」の高まり。もう一つは、「クンダリニー覚醒」である。

電気感受性というのは、文字通り電気に対する感受性のことで、これが通常の人間より極端に高い人がいるのである。普通の人でも、強い電流にふれれば、感電するし、冬、化学繊維の服を着ていると、静電気が体にたまってドアのノブにふれたときに指先から火花が散って痛みを感じたりする。

しかし、電気感受性が特に強い人の場合、テレビやラジオのつまみにさわっただけで、体がはじきとばされたりする。冷蔵庫など電気器具に近づいただけで、あるいは送電線の下を歩いただけで、エネルギーを吸い取られるような感じがして、気持ちが悪くなり、心臓の動きに異常が出たりする。あるいは、電気器具にさわったり、近づいたりするだけで、電気器具がこわれてしまう人もいる。

電気感受性の異常について、はじめてまとまった著述をしたのは、イギリスの物理学者でサイエンス・ライターのマイケル・シャリスだが、最近邦訳が出た彼の『エレクトリック・ショック・ブック』(なぜか邦訳には、『脱・電脳生活』〈工作舎刊〉という原題とは何の共通点もない意味不明のタイトルがついている)には、不思議な電気人間の実例が沢山でている。

ある人は、通常人の十倍以上の静電気がすぐに帯電してしまい、金属との間で、五センチも火花が飛び、家庭電気器具を幾つもこわしただけでなく、スーパーの冷凍陳列棚をこわしたり、銀行の窓口のコンピュータ端末をこわしたこともある。その人は、自分の電気的異常を自覚しているので、家にいるときは、足首に導線を結びつけてひきずって歩き、アースにしている。

ある人は、通りを歩いていくと、街灯に近づくたびにそれが消え、通り過ぎるとまたつく。ある人は電球をこするだけで発光させることができる。ある人がビルに入ると、そのビルの電話が誤作動し、何もしないのに、六十回も七十回も、時報サービスの番号にかかってしまう。ある人は、病院に行ったときに、その病院のX線撮影装置など検査室の機器や、手術室の機器を故障させて、大混乱を起こさせてしまった。

電気人間には、周囲の電気環境から影響を受けやすい受動タイプと、周囲の電気環境に影響を与える能動タイプがある。

人間の住んでいる環境は、地磁気をはじめとする自然の電磁場とさまざまの人工的電磁場が無数に重なりあった環境である。そして人間の肉体は化学的機械であるとともに、電気的機械でもある。人間の情報系である神経系は電気的パルスで動いているし、人間の運動系である筋肉もまた電気信号で動かされている。人間と環境が電気的、磁気的相互作用を持つのは当り前なのである。しかし、普通はその相互作用のレベルが低いから、ここにあげたような問題は起きない。しかし、特異体質の人間は、環境からの働きかけにおいて、普通の人なら全く影響を受けることのない低いレベルでも大きな影響を受けてしまい、環境への働きかけにおいても、普通の人よりはるかに高いレベルで働きかけてしまうのである。

電気感受性は、受動型あるいは能動型オンリーの人もいれば、両方強いという人もいる。働きかける、あるいは働きかけを受ける対象はかなり選択的である場合が多い。対象が洗濯機だけとか、コンピュータだけといった人がかなりいるのである。また、この感受性はいつも同じレベルで働くわけではない。むしろ、特別なときに爆発的に現象が起こるというケースのほうが多い。そしてそれは、その人の心理状態あるいは生理状態と強い相関関係をもって勝手に起きるのが普通で、本人が意のままに現象を起こすことができるわけではない。

たとえば、次のような状態のときに起きやすい。心理的に苛立っている。緊張している。恨みをかかえている。目の前のことに集中できず、心ここにあらずという状態になっている。感情的に動揺している。偏頭痛がある。妊娠をしている。

女性と男性では、圧倒的に女性が多く、シャリスが調査した例では、八割が女性で、しかもそのほとんどが既婚者だった。

このような現象があることはわかったが、それがなぜ起こるのかはわかっていない。電気感受性とは本質的に何であるのか。それは何に左右されるのか。環境との電気的相互作用のメカニズムはどうなっているのか。

そういうことは何一つわかっていないのである。とりあえずシャリスは、電気感受性が強い人々はどのような特質を持つ人間であるかを調べていって、幾つかの思いがけない発見をしている。

アレルギー体質との関連

第一に、電気感受性が強い人間はアレルギー体質であるということである。電気人間の七〇パーセントが何らかのアレルギー性疾患を持っており、しかも、それはしばしば複数なのである。そして、その症状が重いほど、電気感受性も強いという相関が見られる。

第二に、七〇パーセントの人が、音や光に対する感受性が高まっており、大きな音やまぶしい光に耐え難さを感じるということもわかった。

第三に、六九パーセントの人が、何らかの超能力体験をしているのである。超能力の中でも、テレパシー、透視、読心術、ダウジング、あるいは第六感といった現象が多い。ダウジングというのは、Y字形の木の枝や振り子などを持って歩いていくと、それが突然強い振動を起こし、水脈や鉱脈などのありかを示すというものである。

また、治癒能力（ヒーリングパワー）を身につけた人も多い。電気感受性が強い人は、普通の人より落雷に遭うことが多いが、二度も雷に打たれたあとで、ヒーリングパワーが身についたという人もいる。その具体例については、シャリスの本を参照してほしいが、驚くようなエピソードがいろいろ記録されている。

電気感受性と、ここにあげた三つの要素に何か共通点がないかと考えてみると、これはいずれも感受性が鋭敏化して起こる現象であるということがわかる。

アレルギー性疾患は、過敏症ともいわれ、何らかの物質（アレルゲン）に対して、異常な拒否反応を発現する疾患である。食物、飲物、花粉、ダニ、医薬品、化学物質など、ありとあらゆるものがアレルゲンになる。ひどい人になると、百種以上の物質に対してアレルギー反応を示すという。要するに、普通の人には何でもない物質に対して、異常に強い感受性を示すのがアレルギーなのである。

超能力現象のうち、透視、ダウジングなど受動的な能力は、何らかの特殊な感受性によってもたらされる現象ではないかとする説が有力である。

我々は何かを見るとき光という情報媒体を通して見る。光は直進し、どんな遮蔽物によっても簡単にさえぎられる。だから、こちらから見て見通せないものの裏側は見ることができない。しかし、光以外の情報媒体を使えば、見えないはずの裏側を見ること、すなわち透視することは、実は意外に簡単である。光というのは、波長がきわめて短い（一ミクロン以下）電磁波である。電波のようにもっと波長が長い電磁波なら、回折といって、遮蔽物にさえぎられても、その裏側にまわりこむことができる（光も少しならまわりこむ）。X線のように、波長が短い電磁波なら、遮蔽物にさえぎられてもそれを透過してしまうことができる。どちらにしても、裏側を見ることができるわけである。透視能力が不思議がられるのは、普通の視覚の人が可視光線に対する感受性しか持っていないからで、もし、その感受性の範囲が広がれば、透視は可能になるのである。透視だけではなく、テレパシーなども可能になる。

あるいは、電磁波以外にも、何らかの情報を伝えられる媒体があり、その媒体に感受性を持つ人がいれば、やはり、透視やテレパシーが可能になる。

第八章で述べたように、人の死をテレパシー的に知ったという話をよく聞くが、それも何らかの未知の情報搬送波によって伝えられるのだという考えがある。それは電磁波の一種であるという説もあれば、生物だけが受信、発信できる、バイオ・フィールド波というものがあるのだという説もある。

超能力を科学的に研究している人たちの間では、ESP現象などは、いずれにしろ何らかの物理的情報媒体があるから起こるにちがいない、というので、さまざまの測定器を用いて、それをつかまえようとする実験が繰り広げられているが、まだ、確かなものは何もつかまっていない。だからといって、この仮説が否定されるわけではない。既製の測定器にはひっかからない、何か未知の媒体があるのか、それとも、測定器にはひっかからないほど微弱な信号で情報が伝達されているのか、二つの可能性があるのである。

水脈や鉱脈の発見に昔からよく用いられているダウジングの場合は、地磁気や地電流がつくる磁場、電場の変化を微妙に感じる能力を持つ人が水脈や鉱脈のつくる場の歪みを感じ取って、それがダウジング棒で増幅されるのではないかといわれている。

感受性の強化

こうしてみてくると、電気感受性、アレルギー、感覚鋭敏化、超能力といった現象には、感受性の強化という共通点があることがわかる。人間の肉体においては、さまざまの領域の感受性の間に何らかの相互関連があるのではないか、ある領域の感受性の閾値《いきち》が下がると、他の領域の感受性の閾値もそれに連動して下がるということがあるのではないかと考えれば、こういう一見無関係な現象が連動して起きてくることの説明がつくのではないだろうか。

これがシャリスの解釈であるが、ケネス・リングは、臨死体験者に起きた生理的変化も、これと同じことなのではないかと考えたのである。前に述べたように、臨死体験者の中に、バーバラ・ハリスのように、一種の電気人間になってしまった人がかなりいるからである。第九章で示した、臨死体験後の生理的変化の調査結果の表（三三一ページ）では、「電気器具、電子機器を誤作動させることがある」という項目にイエスと答えた人が、二四・三パーセントもいたのである。この人たちも、電気感受性が異常に高まったわけである。

シャリスは、電気感受性人間について、そういう特別な感受性を持つ一群の人々がいるという事実を提示しただけで、その人々がなぜそのような特別な感受性を持つにいたったかについては、何も述べていない。しかし、ケネス・リングは、臨死体験がそういう感受性をもたらす原因となっている可能性があると考えた。そこで、オメガ・プロジェクトの調査票の中に、そのような感受性の変化を問う一連の質問を入れてみた。

その結果は、上の表に示す通りだが、その関連が見事に出たのである。

電気的感受性の覚醒した被験者の割合（数字は%）

	臨死体験者(74名)	対照群(54名)
アレルギー体質になった	24.3	7.4
超常能力の獲得	60.8	31.5
治癒能力の獲得	41.9	11.1
光への感受性の強化	48.6	20.4
聴覚の鋭敏化	35.1	7.4

アレルギー体質になったという人が、対照群の三倍以上いるし、超常能力を持つようになった人、光に対する感受性が強くなったという人が二倍ないし二倍以上いる。聴覚が鋭くなったという人は五倍近くいる。どの項目も、対照群に比較して多いというだけでなく、絶対値としても驚くほど多いということは表に見る通りである。

こうしてみると、たしかに臨死体験は、シャリスのいう電気感受性人間を相当高い比率で作りだしたといえそうである。

また注目すべきは、ヒーリング能力（治癒能力）を身につけたという人が四一・九パーセントもいることである。ヒーリング能力は、受動的な超能力でなく、能動的な超能力である。中国の気功師をはじめ、世界各地にヒーリング能力を持つ人がおり、たしかにそれによって病気が治る人がいる。しかし、どのようなパワーがどう働いて病気が治るのかは、はっきりしない。ただ、ヒーリング能力を持つ人を物理的に計測してみると、その指先、掌などから、ある種のエネルギー（赤外線領域の電磁波という例が多い）が出ているのを検出したという報告はかなりある。臨死体験は受動的な能力だけでなく、能動的なパワーを与えるのにも役立っているようである。

こうして、臨死体験が電気感受性を高めるということはわかっても、ではそれはいかにしてということは不明である。あるいは、前にアトウォーターさんがいっていたように、肉体的生命の危機が極限まで高まる中での必死のサバイバルの模索の結果が、それまで眠っていた能力を覚醒させたということがあるのかもしれない。実は、シャリスによると、電気感受性人間の七〇パーセントは、臨死体験まではいかないが、何らかの大がかりな外科手術を体験したことがある人だという。また、アレルギー体質と超能力をあわせ持っている人の場合、超能力現象が出てくるのは、アレルギー症状、それもそのかなり重いものが出ているときが多いという。火事場のバカ力といって、危急のときには、人間とんでもない力を発揮することがあることが昔からよく知られているが、それは筋力の能力において発揮された超常能力ということもできるだろう。肉体的に極限まで追いつめられたとき、筋力以外の領域でも超常能力が発揮されるということがあるのかもしれない。

クンダリニー覚醒

次に、ケネス・リングが提出しているもう一つの仮説、「クンダリニー覚醒」説について考えてみる。

クンダリニーとは、ヨガの用語で、生命の根源的エネルギーをいう。クンダリニーは、もともとは宇宙に存在する根源的宇宙エネルギー（プラーナ）で、それが個々の人間の肉体の中に閉じこめられたときにそう呼ばれる。人間が生まれるということは、根源的宇宙エネルギーがそのように分割分有されるということでもある。人間の肉体に入ったクンダリニーは脊椎の真下の会陰《えいん》のあたりにあってほとんど眠っている。ヨガの図解では、それはしばしばとぐろを巻いている蛇の姿で表現されている。

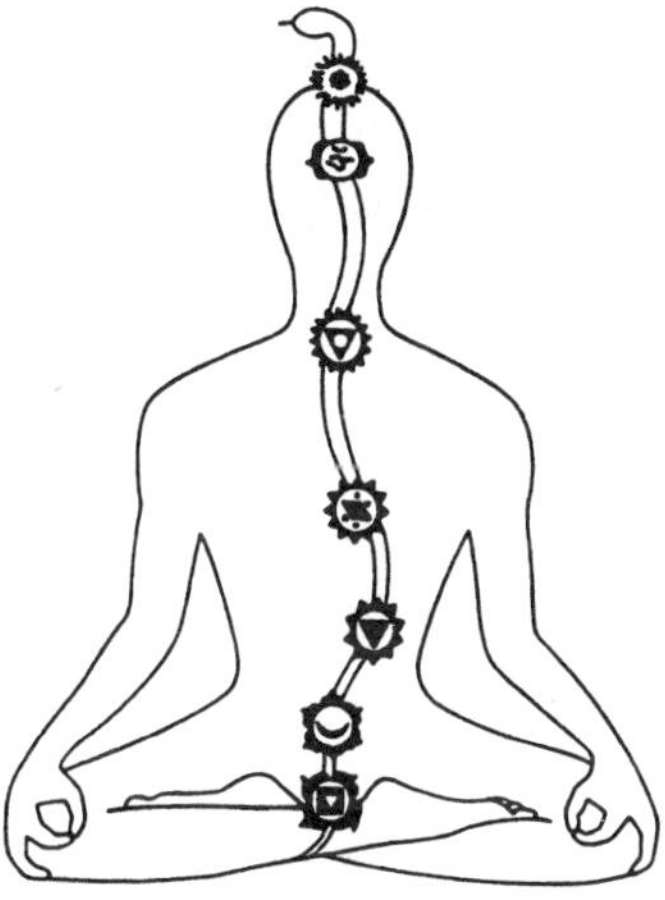
7つのチャクラ

クンダリニーはヨガの行によって覚醒させることができる。覚醒したクンダリニーは、脊椎にそって体内を上昇して行く。上昇していく過程で、前ページの図に示した七つのチャクラにおいて、外の宇宙エネルギーと交感する。それによってクンダリニーはますます活性化されてさらに上昇をつづけ、ついには頭頂部のチャクラから外に抜けて出る。そこで肉体から解放された生命エネルギーは宇宙エネルギーと合一し、そのとき、人は神と合一するのだといわれる。この場合、神といっても、キリスト教の神のような人格神ではない。宇宙の根源的なエネルギーそのものが神なのである。

インドの思想的伝統においては、この世の個別的存在は全て仮象である。真実在はただ一つしかない。その全にして一なるものが神である。そしてあらゆる個別的存在は神の一部なのである。

前に、臨死体験の事後効果について述べたとき、既成の伝統的な宗教観から離れて、普遍的宗教の立場に立つ者が顕著に多くなると述べたが、それは西欧キリスト教を離れて、インド哲学の見解（キリスト教の中でも神秘主義の見解はこれに近い）に近づくということでもある。

クンダリニーの上昇は、一挙に起こる場合もあれば、長い時間をかけて徐々に起こる場合もある。そして、頭頂部のチャクラまでたどり着く場合もあれば、途中のチャクラで止まってしまう場合もある。

クンダリニーを覚醒させ、チャクラを開いていくためには、ヨガの行が必要である。まず、座禅を組むように座って、足のかかとをクンダリニーが眠る会陰部にあてがうようにする。独特の呼吸法によって、息をととのえる。大きく息を吸って、息とともに宇宙エネルギーを吸い込み、息をいったん止めて、そのエネルギーを体内に十分循環させてから、ゆっくり吐き出す。同時に、あらゆる感覚の働きを押え、何ものにも心を乱されないようにする。精神を集中し無意識にわき上がってくる不要な雑念に心が乱されないようにする。このような瞑想をつづけていくと、チャクラがどんどん開いていき、やがて、最高のチャクラが開き、人間の意識の世界も無意識の世界も超越した精神の全き自由の世界に入ることができる。それは、個我が宇宙エネルギーと融合した境地で、三昧といわれる。いわゆる解脱《げだつ》とは、この三昧の境地に入ることに他ならない。

クンダリニーがめざめ、チャクラが開いていくに従って、肉体にも精神にもさまざまな変化があらわれるとともに、超能力があらわれてくるという。もっとも、ヨガでは、いわゆる超能力を超能力とは考えない。もともと人間が持っていたのに眠っていた能力が目ざめただけだと考える。

体が熱くなる！

クンダリニー覚醒の実例を示そう。

「ヨーガを始めて三カ月～六カ月経った時と思う。およそ三カ月目位だと思うが、ヨーガ行をしている時尾骶骨のあたりがムズムズ動くような感じ、額や頭頂がピリピリする感じ、下腹部が尾骶骨辺りから熱くなる感じが時々して、何となく不安というか、わけが解らなかった。当時、嗅覚が非常に鋭敏になった。イヤな臭いはとても我慢ができない程で、様々な臭いが敏感に感じられた。尾骶骨のあたりで何か蜂がブンブン言っているような音がした感じもある。

このような状態が二〜三カ月続いた夜、或る朝、御神前でいつものように行をしている時、尾骶骨から下腹部がすごく熱くなり、下腹部の内に丸い赤い少し黒が入っている真赤い光が、オドロオドロしくというか、熱い白い水蒸気がシュッシュッと漲っている真只中に、爆発寸前の火球のように見えた。すると、脊椎をものすごい力が頭頂まで突き抜けて、座ったままで自分の肉体が三〜五センチ程上昇した。ほんの一〜二秒の出来事であるが、確かに自分の肉体がもち上がった。非常な驚きと恐怖と戦慄を感じた。身体中、頭中が熱くなって、その日は一日中頭痛がして何もできなかった。二〜三日は身体が熱かったように思う」(本山博『チャクラ・異次元への接点』宗教心理学研究所出版部刊)

この本の著者、本山博氏は、アメリカの超心理学研究のメッカであるデューク大学に学んだ超心理学者で、その名は国際的に広く知られている。アメリカ、イギリス、インド、カナダ、ブラジル、イタリア、フランス、オランダの各国で、大学の客員教授、研究機関の客員研究員、国際学会での特別講演者などを何度もつとめ、ユネスコから、世界の著名超心理学者十人の一人に選ばれている。

本山氏はもともと母親が霊能者（小豆島の玉光神社の教主。霊視、心霊治療、などの能力を持っていたという）だったので、山の上のお堂で何時間も般若心経をあげるとか、何時間も滝に打たれるといった行を小さいときからさせられた。そういうこともあって、子供のころから、幽霊を見るといった経験はあったが、本格的な霊能力、超常能力にめざめたのは、大学時代にヨガの修行をはじめ、先に述べたようなクンダリニーの覚醒が起きてからという。クンダリニー覚醒が起きるころは、毎朝二時に起きて冷水をかぶる水行をし、三十分間ヨガの体操をしてから、三〜四時間瞑想をするという日課をつづけていたという。それが二、三カ月つづいたところで、先に述べたような突然の覚醒があったのだが、そこに記されたような、体のあちこちがムズムズ、ピリピリする、体の内部が熱くなる、感覚が鋭くなる、光や火球を見るなどが、初期クンダリニー覚醒の特徴である。

このあと、一年半くらいの間に本山氏のチャクラはどんどん開いていき、本山氏によると、順を追うと、次のようなことが次々に起きていったという。

「太陽が千も一度に輝いたかのような、真白な光が見えた」

「ＥＳＰが生じ、霊視、テレパシーとか、透視がよくできるようになった」

「神々の御声が聞こえた」

「信仰治療ができるようになった」

「暗紫色の光に自分が包まれる。白色の輝く光が眉間より出る。神の自分への呼び掛けが、谷間でこだまするように聞こえる。恍惚の法悦に満たされる」

「人間の意識ではない、超意識ともいうべき、広く大きい、次元の高い、深い意識、その内では過去、現在、未来のすべてが同時に明らかである意識が常にめざめている」

「頭頂の門から自分の魂或いはアストラル体が抜け出る（幽体離脱）」（以上いずれも前掲書）

チャクラの目ざめによって、いわゆる超能力的なものは何でも可能になったという。しかし、

「それは、いってみれば、チャクラが開いたことのおまけみたいなもので、本質的なことではありません。チャクラが開くことで、内界と外界が一致していく。そうすると、何でも可能になる。自分の内側を知るのと同じように、外側の世界のことが何でもわかる。自分を動かすのと同じように、外界を動かすことができる。時空に制限された物質の世界から脱け出して、時空の制限が何もない精神の世界へ移れば、何でも可能になるわけです」

という。超能力は、我々の三次元世界から見るから超能力なのであって、三次元世界を超越した、主観も客観もない、根元的実在の世界へ入れば、人間も神と同じように、全知全能になるというわけだ。ヨガの根本教典、ヨーガ・スートラには、チャクラが全部開いて三昧に達したときに、可能になる能力が三十種余り列挙してあるが、それは全て超能力現象である。実際、ヨガの行者たちが、さまざまの超能力を発現したという報

告は少なからずある。しかし、ヨガでは、このような超能力は修行の当然の結果として生まれるが、解脱にはむしろ妨げとなるから、それにとらわれてはならないと説いている。何でもすることができ、何でも知ることができるが、すべきことは何もなく、知るべきことは何もないという状態が本当の解脱なのだという。

ここまでに記してきたようなクンダリニー覚醒によって起きる現象と、臨死体験によって起きる現象との間には、驚くほどの類似点がある。まばゆい光を見る。超能力が出てくる。ヒーリングパワーの獲得。神の声を聞く。エクスタシーを感じる。超自然的な認識を獲得する。体外離脱するといったことがどちらにもあらわれている。

これだけ同じような現象が起こるからには、両者の間には、何か共通の生理学的、生物学的基盤があるにちがいないと、ケネス・リングは考えた。ヨガの場合には、現象の基盤にあるのはクンダリニーという生命エネルギーの覚醒である。臨死体験で同じような現象が起きるということは、臨死体験者においても、クンダリニーの覚醒が起きているのではないか、と考えたのである。

リングがそう考えた背景には、体験者の間に、クンダリニー覚醒と同じような内的エネルギーの強い発現があったという例がかなりあることを知ったからだった。ある体験者は、リングにこんなことを語っている。

「信じていただけるかどうかわかりませんが、私の手が電気放電を起こして火花が散ることがあるんです。そのエネルギーが私の体の中をグルグルグルグルグル駆けめぐっているのです。手は火がついたように熱くなって、ヒリヒリ、ピリピリします。エネルギーが指先から流れ出ていくのが、自分でもわかるんです」(『オメガに向かって』)

肉体の衰弱がもたらすもの

別の体験者はこういう。

「私は自分の体が燃え上がっているような気がしました。脊椎に沿って、体の中心部のところがものすごく熱いのです。喉がかわいてたまらなくて、水差しで何杯もの水を飲みました。何か私の体内で生物学的変化があったように感じました」

体験者の中には、ヨガの文献の中からクンダリニー覚醒に関するくだりを自分で見つけ出して、そのコピーとともに、自分に起きたことはこれとそっくりだと書いてきた人もいる。

前に紹介したバーバラ・ハリスもその一人だった。バーバラは、自分の体験が何であったか自分でもよくつかめないで思い悩んでいた頃、偶然の機会から、スーフィーズというイスラム神秘思想に共鳴するヒーラーたちの集会に参加した(偶然にも、この集会には、本山氏が特別講演者として列席していた)。そのとき、インド人指導者によるクンダリニー呼吸法のワークショップに出た。教わったばかりの呼吸法を実践しながら瞑想していると、指導者が美しい色に包まれるのを見たり、青いガス状の玉が部屋の中を飛ぶのを見るという体験をした。その後、クンダリニー関係の文献を読んでいくうちに、臨死体験で自分に起きたことは、正にこれなのだと確信したという。彼女の場合も、手からものすごい熱が発したり、脊椎の下から上にエネルギーが上がってきたりという感覚を何度も体験している。バーバラ・ハリスからこういう話を聞いていたので、ケネス・リングは、オメガ・プロジェクトの質問項目に、クンダリニー覚醒の徴候が他の体験者にも出ているかどうかを問う質問を幾つか入れておいた。その結果を集計したものが、三八三ページの表である。

ごらんになればわかるように、クンダリニー覚醒の徴候は臨死体験者に顕著にあらわれているといえる。約半数の人が、体内のエネルギー放出やエネルギー流を感じている。手にエネルギーを感じている。エネルギーを感じる人の大半は、熱として感じている。体のあちこちがヒリヒリ、ピクピク、チクチクするといった体性感覚の異常を訴える人が約四割いるし、自分の体の中に光や色を感じる人が四割以上いる。また、オルガスムスのような強い恍惚感を感じる人が三分の一以上いる。

対照群と比較してみると、三倍以上の体験率の項目が多く、ものによっては十倍近いものもある。統計的有意水準を計算すると、〇・〇一パーセント以下である。このようなことが偶然に起こる確率は一万分の一以下なのである。

しかし、なぜ、普通はヨガの修行の果てに起こるクンダリニー覚醒が、臨死体験によって起こるのだろうか。

ヨガの行では、心をできるだけ静かに保ち、精神を集中することが何よりも大切とされる。しかし、精神をどんどん集中させていくと、自分の心臓の動きや呼吸の動きそのものが、自分の心をかき乱すことに気がつく。そこで、心臓の動きも、呼吸の動きも、自分でコントロールして、可能な限りそれを低い水準におさえようとする。呼吸は意識的に調節することが可能だから、息を吸って吐くサイクルをどんどん長くする。先に述べたようにヨガの呼吸法で、宇宙エネルギーを吸いこんでから、それをゆっくり時間をかけて体内循環させるというプロセスは息を止めて行われるから、これをできるだけ長くやる。それにつれて、心臓のリズムもゆっくりになり、代謝水準が全体的に落ちていく。修練を積んだヨガの行者になると、自律神経を自由にコントロールして、臓器の動きを自由に調節できるようになるという。心臓を数秒間完全に止めることができるという行者もいる。ウソと思われるかもしれないが、心電図の記録を取りながら行者にそれをやらせた実験もある。ヨガの行者の中には、お棺に入って地中に埋めさせ、その中で何日も断食して過ごすという行をする人もいる。この場合も代謝レベルを極端に落して、動物の冬眠中のような一種の仮死状態に自分を持っていくのである。

クンダリニー覚醒は日常的な生理活動が低下した中で起きる。肉体の現象的な生命活動が低下するとき、生命エネルギーのほうは活性化するのである。

ヨガの場合は、行と呼ばれる厳しい肉体的修練によってそのような状況を意識的に作り出していく。いわば、肉体をいじめ抜くことによって、生命エネルギーの活性化をは

クンダリニー覚醒の徴候が表れた被験者の割合（数字は％）

	臨死体験者(74名)	対照群(54名)
手にエネルギーを感じる	47.3	14.8
理由なく強い恍惚感を感じる	35.1	14.8
ひどい(偏)頭痛がある	17.6	9.3
体内のエネルギーの流れを感じる	50.0	13.0
チクチク、ピリピリとした痛みを感じる	39.2	3.7
体内に光や色を感じる	43.2	9.3
手が熱くなる	33.8	11.1
体内に熱い、又は冷たい流れを感じる	37.8	20.4
理由なく体がふるえる	25.7	3.7

かるのである。ところが、臨死体験の場合は、本人は意識的に何もしないのに、肉体の生命活動は極限まで低下する。クンダリニー覚醒が、肉体の活動レベルの低下によって引き金を引かれるものなら、臨死体験がその引き金を引いても不思議ではないのである。

第三章で紹介した小森さんという老人は、意識的な訓練によって、断食をしたあと自分の呼吸を止め、自分をほとんど仮死状態に追い込むことで、「太陽の何倍もの白光を見る」とともに、意識的に体外離脱することができるようになったということだが、この人の場合、ヨガの行者と同じことをやっていたわけである。また、先に述べたバーバラ・ハリスさんの場合も、クンダリニー覚醒体験をしているとき、ふと自分の呼吸のペースがあまりに落ちているのに気がついて、時計片手に測ってみると、わずかに一分間に四回だったという。これまたヨガの行者と同じような生理的状態におちいっていたわけである。

根源的エネルギーの覚醒などというと、なにか全身にエネルギーが満ちあふれた状態を想像するかもしれないが、実はエネルギーが満ちあふれるのはあくまで内面的、精神的にであって、外面的、肉体的にはむしろ低エネルギー状態になっているのである。臨死体験者の場合、そういう肉体的低エネルギー状態にある人が多いということは第九章に記した、リングの調査データによっても明らかだろう。それによると、体験前と後を比較して、「代謝率が下がった」「血圧が下がった」「体温が下がった」という人が顕著に多いのである。

生理学的根拠を求めて

ところで、そもそもこのクンダリニーとはいったい何なのであろうか。ヨガの伝統的な教義の上では、先に述べたように生命エネルギーということになっているが、それは生理学的に何らかの実体的基盤を持つものなのだろうか。それとも、それはそのような科学的分析のアプローチを全く許さない神秘的なものなのだろうか。

クンダリニーは、トランスパーソナル心理学、ホーリスティックメディシン、超心理学など、新しい目で人間と生命現象を見直そうとしている欧米のニューエイジグループの人々に、最近、注目を浴びている概念である。生命現象を従来のサイエンスの概念だけで分析しようとすると、どうしても見落してしまうものがある。そこに一つの仮説として、普通は眠っているが、ある特別の条件下で、突然活性化して眠りからさめ、大きなパワーを発揮する生命エネルギーの存在を仮定すると、既成の科学の枠組では説明しきれなかった現象がうまく説明できるようになるというのである。

こういう観点からクンダリニー仮説を取り入れる人は、ヨガの教義を丸ごと取り入れるわけではなく、クンダリニー説だけを便利な作業仮説として取り入れる。そしてこれが、仮説として有効に働くのなら、その生理学的根拠が何かあるはずだと考える。

そういう考えから、クンダリニーとは何か、チャクラとは何かを問う科学的探究がさまざまの角度から試みられているが、まだ定説は何もない。

ケネス・リングも、クンダリニーを作業仮説として取り入れているだけである。しかし、何か生理学的根拠があるにちがいないと考え、それを何とか科学的にとらえようと、いま新しい研究計画を練っているところだという。

ケネス・リングのこれまでの研究は、超能力が出た、ヒーリングパワーが出た、クンダリニー覚醒があったといっても、全部本人がそういっているだけで、客観的にそういう事実があったかどうかを確かめたわけではないという問題があった。

だから、何とかして客観的なデータをおさえたいのだが、といって、超能力的な現象は、そういうデータを取ることがなかなかむずかしい。超能力の場合、現象がいつどういう形で起こるか分からないので、完全に条件をコントロールした実験というのが、ほとんどできないのである。

そこで、ケネス・リングのグループは、まず、クンダリニー覚醒の生理的なデータを取ろうとしている。手が熱いというとき、本当に手が熱を持っているのか、エネルギーの流れが脊椎に沿って走るというとき、本当にそれを裏付けるような物理データが得られるのかである。

具体的にどのような測定をするのかとリングに問うと、アメリカのイツハク・ベントフの研究や、日本のヒロシ・モトヤマの研究を参考にしたいと考えているということだった。

ここに話が出たヒロシ・モトヤマとは、先の本山博氏のことである。本山氏は、自身がクンダリニーの覚醒者であるとともに、その客観的研究者でもあり、この二十年来、クンダリニー覚醒の客観的物理データを取ろうと研究を重ねてきた。そして、AMI（経絡＝臓器機能測定器）とチャクラマシーン（生体エネルギー測定器）という二つの測定器を発明して、それをある程度可能にしたという。ケネス・リングはその話を知っていたのである。

ヨガの教義によると、生命エネルギーは体内のナディと呼ばれる多数の経絡を流れていくことになっている。チャクラはナディのセンターという位置づけになっている。しかし、人間の体を解剖しても、ナディもチャクラも見当たらない。だから、西洋医学しか信じない人は、チャクラとかナディというものは、古代インドの何も知らない人間が作り出した仮象の存在と一笑に付している。

漢方の鍼灸でいう経絡、つぼなどという概念も、西洋医学からは、実体のないデタラメとみなされている。

しかし、本山氏は、インドのナディと中国の経絡の類似点に着目して研究を積み重ねていった結果、両者は基本的に同じものであるという結論に達した。ナディと経絡が同じだけでなく、中国で「気」と呼ばれる生命エネルギーは、インドの「プラナ」と呼ばれる生命エネルギーと同じで、それは、ナディ＝経絡系を通路に、肉体の各部に流れていくのだという。

ではそのナディ＝経絡系の正体は何かというと、本山氏によると、皮膚の表皮の下の真皮層の中にある間質液の流れだという。

間質液というのは、細胞の外にある体液で、細胞はここから酸素と、栄養分を取り入れ、またそこに老廃物を捨てている。この体液の成分が一定に保たれてないと、細胞の生命活動は狂い出し、悪くすると死んでしまう。

人間の体は体重の六〇パーセントまでが水である。うち四〇パーセントは各細胞の中にある。残り二〇パーセントのうち、血液が五パーセントを占める。残りの一五パーセントがこの間質液と呼ばれる細胞外液である。

それだけ大切な役割を果たし、血液の三倍の量がある間質液について、実はあまりよくわかっていない。どこにどれだけ、どのようにあるのか、体内各所の間質液は相互にどのように関係しあっているのか、何らかの循環作用があるのか、そういった基本的なことが何もわかっていないのである。

本山氏は、真皮の結合組織の中に、間質液が流れる通路があり、その通路が体中くまなくはりめぐらされており、それが経絡の実体であるとした。本山氏によると、間質液はこの経絡を伝って、一秒間に五センチから五十センチのスピードで動いてゆき、一日に五、六回転するという。

本山氏はさらに、経絡のつぼの部分に三ボルトくらいの電圧をかけて、その部分の間質液の誘電率等の各種パラメータを測定してやると、その経絡が関係している内臓機能が測定できることを発見した。

これが「経絡＝臓器機能測定器（ATM）」なのである。そして、ナディも経絡も本質的に同じものだから、これによって、チャクラの活性度も測定できるのだという。健常人二千人を測定して得たデータが標準値としてコンピュータに記憶されていて、新しい人を測定すると、その偏差値がすぐに表示されるようになっている。

このATMは、必ずしもチャクラの研究だけでなく、東洋医学一般の研究に役立つというので、国内の研究施設はもとより、世界各地の東洋医学研究所に売れている。

もう一つのチャクラマシーンというのは、被験者の体から発しているあらゆる生体エネルギーの物理データと生理データをマルチチャンネルで同時に測定するものである。生理データとしては、脳波、呼吸、皮膚電気反射（GSR）、脈波（動脈内の圧変動）、

MT（生体表面の微小振動）を測定する。物理データとしては、被験者から出る電場、磁場、光を測定する。測定は、外界からの電気、電磁波、光、音などの物理刺激を排除するために、コンクリート、鉛、銅で三重におおわれたシールドルームで、真っ暗闇の無音状態で行われる。

本山氏はチャクラ・マシーンで、ヨガの行者や超能力者などを多数測定した経験を持つ。「普通の人が持っている静電場はせいぜい十ボルトから数十ボルトくらいですが、そういう人の場合、百ボルト、二百ボルトといった電位が記録されます。また、光については、普通の人でも三、四秒に一回くらいはフォトン（光子）が出てくるのですが、そういう人の場合、一秒間に四百フォトンとか五百フォトン、強い人の場合には一千フォトン以上も出てきます」（本山氏）

人間からフォトンが出てくるなどというと、そんなことが本当にあるのかと思われるかもしれないが、これは、生物科学の世界ではよく知られており、最近医学界で注目を集めている現象なのである。日本でも東北大学の電気通信研究所といったれっきとした研究所が、生物（人間）フォトンの研究に取り組んでいる。その発光メカニズムなど、まだわからない点が沢山あるが、普通の人の場合は、健康な状態より体が弱っている場合のほうがより強く光を出すので、病気の診断に使えそうだという。それだけでなく、気功師を測定してみたら、やはり発光していたという報告もあり、方向としては、本山氏の研究と一致している。

ケネス・リングのグループでは、このチャクラマシーンを用いて臨死体験者の物理データを取りたいといっていたが、予算があまりないためか、まだ本山氏のところには接触してきていないという。

現実か仮象か

ケネス・リングがもう一人名前をあげていたイツハク・ベントフは、本山氏とは全くちがう角度からクンダリニー覚醒を考えている。

ベントフは、クンダリニー覚醒は、脳の振動現象が生み出した仮象だというのである。クンダリニー覚醒は一般に瞑想をしているときに起こる。しかし、瞑想をしている人は頭をできるだけ動かさないように静かに保持しているため、その人の脳は特別な低振動環境に置かれたことになり、外部からの振動の影響を受けやすい状態になっている。普通なら、脳にはさまざまの振動が同時に沢山伝わってくるので、振動はお互いに打ち消しあって特別な影響を与えないが、安静状態だと、特別な振動の影響が強く出てくる。

頭を安静状態に保っていても脳に伝わってくるという振動は、一つは、血管の脈動によるもので、これは七ヘルツの振動である。もう一つは、呼吸にともなって上半身が上下し、その上下運動で動く頭蓋骨が脳に与える振動である。それに心音が骨伝導で伝えてくる音響振動がある。これら三つの振動が合成されて、側脳室の脳脊髄液に定在波

（波形がくずれずに揺れつづけてなかなか消えない波）を作る（上図）。定在波の振動が脳実質に伝わると、脳は圧電性のゲルなので、振動によって電流が発生する。その電流が、大脳皮質の感覚野を順次刺激していく（下図）。その刺激は、図で見るように脳の感覚野の配列に従って、足からはじまり、順次下から上にあがっていって、最後に喉首に達する。この連続刺激を受けると、実際には何も起きていないのに、強い刺激感覚が体の下から上に吹きあがってくるように感じる。そして最後に、快感中枢が刺激されること

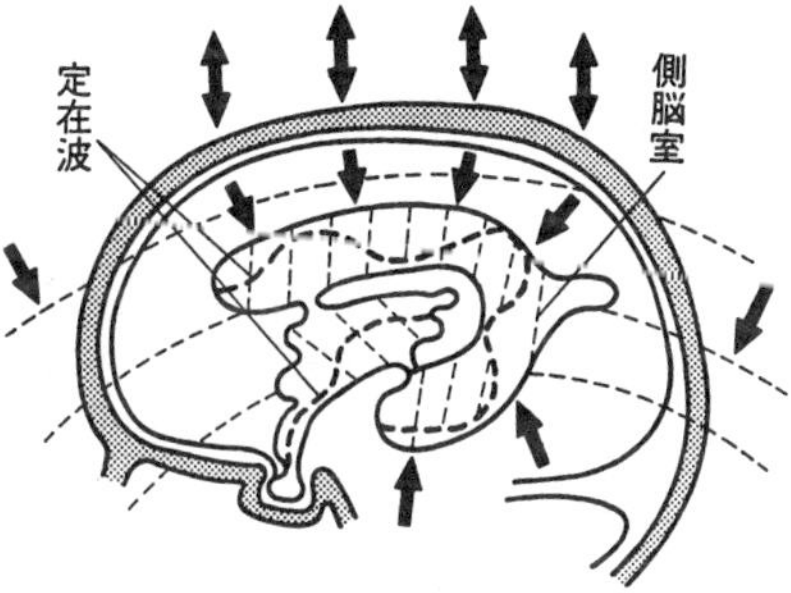

定在波の伝わり方

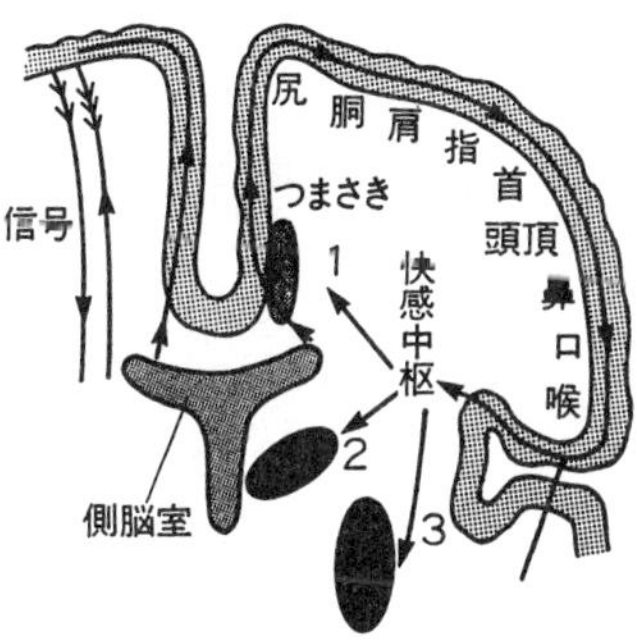

大脳皮質感覚野の刺激の伝わり方
※快感中枢は3つある

でエクスタシーを感じる。

以上の全ての過程は、脳の振動が起こした仮象の感覚異常にすぎないのに、本人にとってはクンダリニー覚醒と感じられるというのである。このようなことが本当に起こっているかどうかは頭の外から、脳磁場を精密に測定すればわかるはずだとベントフはいっている。いま説明したような特殊な電流が脳内で流れれば、それに喚起された脳磁場が発生するはずだというのだ。そのような微小な磁場の測定には、squidという超伝導素子を使った精密な測定をしなければならないので、ベントフは実際にはやっていない。だから、この理論はまだ仮説にとどまっている。

かくして再び、クンダリニー覚醒についても、それを現実現象とする理論と、脳内の仮象にすぎないとする理論がならびたつのである。

第十二章　時間なき世界

　前にも述べたことだが、ケネス・リングは今、人類が新しい進化の途上にあり、臨死体験者は、その進化の先駆けであると考えている。つまり、臨死体験者に起きたような精神的変化、精神能力の変化が、将来世代の人間においては、普通のものになるだろうというのである。具体的には、物質中心主義的生き方から、精神的価値を求める方向への価値観の転換、宇宙的真理を一瞬に洞察する能力の獲得、さまざまの超常能力の獲得、悟りの境地に入ること、万物への深い愛情に包まれることなどがそれに含まれる。

　このような見解を臨死体験者たちはどう思っているのだろうか。ケネス・リングは、オメガ・プロジェクトの中で、それも調査している。その結果は、三九五ページの表に示す通りだが、大半の人が、リングの次のような見解に賛同しているのである。

「臨死体験後に自分にあらわれた変化は、進化にともなってあらわれる人間性の変化の一部だと思う」

「臨死体験が広範な広がりを見せているという事実は、意識拡大の進化が人類の種のレベルで引き起こされんとする壮大なプランの一部だと思う」

「我々はすでにニュー・エイジ（新しい時代）の入口にさしかかっている」

「人間性を、より高い自意識を持ち、よりスピリチュアルな感受性を持つ方向に改変させていこうとする進化力がすでに人類総体に働きはじめている」

「自分の臨死体験は、より高次の存在によって、あらかじめ起こるべく定められていたものであるという気がする」

「私に臨死体験が起きたのは、我々の生が、実は高次の宇宙的パワーによってコントロールされているのだということを私に気付かせるためだったのだ」

「私は自分の臨死体験から学んだことを活用して、神の愛を万人に伝えるべき使命を託されている」

　左の表に見るように、こういった一連の見解に、大半の人が賛同しているのである。前に紹介したキルデさんが、やはりこのような考えを表明していたことをご記憶かもしれない。そのときちょっと述べておいたことだが、臨死体験をこういう人類の未来進化と結びつけるのが、臨死体験解釈の一つの有力な流れになっており、ケネス・リングはその代表的論者なのである。

進化についての見解

（数字は％）

		臨死体験者（74名）	非体験者（54名）
臨死体験後に自分にあらわれた変化は進化に伴う人間性の変化の一部だと思う。	yes	54.1	55.6
	no	16.2	14.8
臨死体験が広範な広がりを見せているという事実は意識拡大の進化が人類の種のレベルで引き起されんとする壮大なプランの一部だと思う。	yes	52.7	50.0
	no	14.9	13.0
我々はすでにニューエイジ（新しい時代）の入口にさしかかっている。	yes	67.6	53.7
	no	10.8	9.3
人間性を、より高い自意識を持ち、よりスピリチュアルな感受性を持つ方向に改変させていこうとする進化力が、すでに人類総体に働きはじめている。	yes	59.5	38.9
	no	8.1	13.0
自分の臨死体験は、より高次の存在によって、あらかじめ起るべく定められていたものであるという気がする。	yes	63.5	44.4
	no	18.9	25.9
私に臨死体験が起きたのは、我々の生が、実は高次の宇宙的パワーによってコントロールされていることを気づかせるためだった。	yes	50.0	44.4
	no	20.3	22.2
私は自分の臨死体験から学んだことを活用して、神の愛を万人に伝えるべき使命を託されている。	yes	58.1	50.0
	no	27.0	31.5

創発（emergence）という、進化論で用いられる独特の概念がある。進化史をふり返ってみると、ダーウィンの自然選択説だけでは説明できない大進化がときどき突然あらわれる。生命そのものの誕生にしてからがそうだが、水中生物が突然陸の上にあがったり、突然空を飛ぶものが出現したり、突然人間が生まれたりといった、先行条件からは予測不可能かつ説明不可能な飛躍的進化が突然起こることを創発というのである。

いま人類進化の上で、新しい創発が起ころうとしているところだというのが、リングの考えである。その未来進化によって新しく生まれてくる人間の原型を、彼はオメガ・プロトタイプと名付けている。人類という種全体が進化するのはまだ先の話だが、その先駆けとして、臨死体験者が、オメガ・プロトタイプとして、出現し、新しい進化の方向がどちらを向いているのかを示しているのだとリングはいう。臨死体験者は新しい進化の触媒となって働く。旧人類の間にオメガ・プロトタイプが種子のようにばらまかれ、それが周囲の社会に影響力を与えることで、人類進化が加速されるというのである。先のアンケートの文章は、リングのこのような考えを下敷きにして書かれたものである。

リングは国際臨死体験研究協会（ＩＡＮＤＳ）の会長で、その影響力はきわめて大きなものがあり、彼のこの考えは、アメリカではかなり有力なものになっている。リングのいるコネチカット大学は、臨死体験の科学的研究がはじまった最初から研究センターの役割を果たしている。リングは、臨死体験研究の歴史を誰よりもよく知る人なので、ワシントンで開かれたＩＡＮＤＳ国際会議で会ったとき、研究史から、進化の問題までいろいろインタビューしてみた。それを読んでいただくと、臨死体験研究の現段階における全体像をよりよく把握していただけるだろう。

臨死体験研究史

──まず、アメリカにおいて臨死体験の研究がどのように進んできたのか、簡単にその歴史を紹介してください。

「臨死体験の研究は、二人の偉大な先駆者、エリザベス・キュブラー・ロスと、レイモンド・ムーディの二人の研究をもってはじまりました。特にレイモンド・ムーディが一九七五年に書いた『かいまみた死後の世界』はベストセラーになり、社会の広範な層に大きな反響を呼び起こし、臨死体験に関する社会的関心を一挙に高めるきっかけとなりました。

この二人以外にも、先駆的な研究者が何人かいて、重要な研究を発表してはいたのですが、世にあまり知られず、影響力という点においては、この二人とは比較になりませんでした。エリザベス・キュブラー・ロスは、ターミナル・ケアとサナトロジー（死の科学、死生学）の世界的権威として世に広く知られていましたから、その影響力の大きさは大変なものがありました。彼女は、多くのターミナル患者の死の床での看取りをつづけるうちに、必然的に多数の臨死体験者と出会うようになったのです。彼女はいずれは臨死体験に関する研究を本にまとめるとずっと前からいいつづけていますが、いまだに本にはなっていません。しかし、彼女は、ムーディ以前から講演、シンポジウム、レクチャーなどの形で、アメリカのいたるところで、何年にもわたって、臨死体験について語りつづけてきたのです。その聴衆の総数は何万人にも及び、ムーディ以前にロスによって臨死体験を知ったという人も多いのです。ムーディは本を出版した当時、世に全く知られていない若い医学研究者でしたが、ロスがその本に序文を寄せ、〃ムーディの研究はわたし自身の研究結果とぴったり一致する〃と書いたので、ムーディの研究への信頼性がぐっと高まったのです」

ここでリングが語っている通り、キュブラー・ロスは、いまだに臨死体験の本を書いていないが、いまでも、ターミナル・ケアについて講演をするときは、たいてい臨死体験のエピソードを入れて話をしている。一九八五年には日本にきて講演をしているが、このときも臨死体験について語っている。

たとえば、脳腫瘍で死を間近にしていた五歳の男の子の話である。その子が臨死体験をしたときに、自分が見たものを絵に描いて、キュブラー・ロスに送ってきてくれた。

「虹があって、その虹のはじっこには美しいお城があり、そのとなりで太陽が笑っているのです。臨死体験からもどってきて、おかあさんに言ったそうです。

『これが神さまのクリスタル・キャッスル(水晶のお城)で、笑っているお星さまが踊りながらぼくに、〃おかえりなさい!〃と言ってくれたの』

臨死体験をしてから、この子はもう死ぬことを恐れなくなりました。でも、一つだけ未解決の問題があったのです。かなり真剣な様子で電話をかけてきて、『エリザベス、ぼくどうしても知らないと困るんだ。ぼくが死んだら、カサールが待っててくれるだろうか』と言うのです。カサールとは、二週間前に死んでしまった愛犬のことです」

彼女はその子に、

「欲しいものは必ずしも手に入らなくても、必要なものは必ず手に入るものなんですよ。カサールが本当に必要なら、神さまにちゃんとそうお願いしなさい」

といってやった。

するとその子は、もう一度臨死体験をしたのである。

「その子は二、三日して、また臨死体験をしました。そして、とても興奮して電話をかけてきました。カサールがそこにいるどころか、しっぽまでふっていた、と言うではありませんか」（「死――成長の最終ステージ」、「春秋」一九八五年八・九月号）

彼女は、こういうエピソードを沢山持っており、よくそれを語るのである。

――臨死体験の研究者に、なぜこの研究に関心を持つようになったのかを尋ねると、たいてい、ムーディの本か、キュブラー・ロスの話をきいたことをあげますが、あなたの場合もそうだったんですか。

「そうです。しかし私はムーディにも、キュブラー・ロスにも不満でした。どちらも臨死体験の体験談を断片的にならべるだけで、とても科学的な研究といえるものではなかったからです。そういう研究からは、科学的に意味ある結論は何も導き出せないと思いました。それで自分で研究してみようと思いたったのです。科学的に研究するためには、データを沢山集めて、それを統計的に分析する必要があります。ムーディは、百五十人の体験者の話を総合してあの本をまとめたといいますが、その百五十例がどういう風に選び出されたのか、どういう人々からなるのかもはっきりしていませんでした。統計的階層分析が何一つありません。そもそも、死にかけた経験を持つ人の何パーセントが臨死体験を持つのかもはっきりしません。ムーディは百五十例の体験から十幾つの要素体験を抽出して、人によってどの要素とどの要素を体験するかはちがうといいますが、では、どの要素の体験率が何パーセントなのかというデータが全くありません。ムーディの研究は、行きあたりばったりに出会った体験談から適当に恣意的要素を引き出してならべたように見受けられ、客観的データは皆無に等しいのです。これでは、一般読者の関心はそそっても、医者、心理学者など、ものごとを科学的に見ようとする人からは相手にされません。そこで私は、まず、そういう現象がそもそもあるのかないのか、あるとして、どういう人がどういう要素体験をしているのか、その辺のところを、数量的にきちんと把握したいと思ったのです。そこで、コネチカット州の大きな医療機関に手紙を出して、死にかかったけれどかろうじて蘇生したという体験を持つ患者を紹介してもらい、その中にどれだけ臨死体験者がいるかを調べるところから研究をはじめました。それが一九七七年のことです。そのころ、ムーディの本に刺激されて、臨死体験に興味を持つようになったが、やはり科学的データ不足に不満を持って、自分たちで独自の研究をしたいと考える人たちがアメリカ各地で何人かあらわれて、互いに連絡を取り合った結果、研究者の団体を作ろうということになりました。それが後にＩＡＮＤＳになるのです」

七七年に研究をはじめたケネス・リングは、医療機関の協力を得るほかに、地元の新聞に広告を出すなどして、死にかかったが蘇生したことがある人を百二人探し出した。その全員に、一年三カ月の時間をかけてインタビューしたところ、うち四十九人、すなわち四八パーセントの人が臨死体験をしていることがわかった。相当高い体験率である。しかもこの数字はかなり深い体験をした人だけをカウントした数字なのである。

一般に臨死体験者の体験内容には相当のバラツキがある。いろんな要素体験を深く体験する人もいれば、一つ二つの要素体験を浅く体験しただけという人もいる。そこでリングは、第三章で述べたように十の要素体験（大部分はムーディの要素体験と合致しているが、細部でちがう）に分け、その体験の深さに従って、合計二十九点満点の得点をつけ、六点以下のものは、体験していないに等しいとして切り捨ててしまった。かなり厳しいデータ処理をしているわけだ。

主な要素体験について、その体験率を示すと次のようになる。数字は全調査対象者に対するパーセントである。

- 安らぎに満ちた気持ちよさ　六〇％
- 体外離脱　三七％
- 暗闇（トンネルなど）の中に入る　二三％
- 光を見る　一六％
- 光の世界に入る　一〇％
- 人生回顧　一二％

・何らかの超越的存在との出会い　二〇%
・死んだ親族、知人との出会い　八%

これらの体験率が、体験者の何らかの属性と関係するかどうかのクロスチェックが行われた。その結果、すでに述べたように、性別、社会的階層、人種、既婚か未婚か、宗教、臨死体験についての予備知識の有無などとは全く関係がないということがわかった。そこで、臨死体験はほぼ万人に普遍的に起こり得る現象と考えられるようになった。

ただし、どういうことが原因で死にかかったかは、ある程度体験要素の出現率と関係してくる。死にかかる原因は、病気か事故か自殺かであるが、病気の場合はあらゆる要素が満遍なく出てくるのに対して、事故の場合は、人生回顧が顕著に多い。五五パーセントの人が人生回顧を経験している。また、自殺の場合には、光を見る、光の世界に入る、超越的存在と出会うといった経験がほとんどないことが特徴となる。

ただし、自殺の場合は薬品を服用していることが多く、その影響がかなり出る（逆行性健忘が起きたりする）ことと、ケースの数があまり多くないので、以上のことは、必ずしも確実に断言できることではないという。

ケネス・リングのこの研究結果は、一九八〇年に"Life at Death"という本にまとめて発表された。科学的に収集され、科学的に分析されたデータによって、ムーディの説が裏付けられたということで、この本は社会的に大きな注目を浴びた。

セイボムの研究

その二年後、八二年に、もう一冊の注目すべき研究書が出た。フロリダの心臓医、マイケル・B・セイボムによる"Recollections of Death"（邦訳『「あの世」からの帰還』日本教文社刊）である。セイボムは知人にすすめられてムーディの本を読んだが、それが現実の話とはとても思えなかった。しかし彼がそれまでに扱った患者の中に、心臓が一時停止したが、その後蘇生したという経験を持つ人々がかなり存在していたので、試みに、カルテを繰って、そういう経験者を拾い出して何人かに話を聞いてみた。すると、三人目の患者が、ムーディの本にあったのとほとんど同じ体験を話してくれた。

それに驚いて、セイボムは独自の研究を開始した。彼もムーディの研究方法が科学的でないことに不満を持ち、あくまで客観的データを、厳密公正にかつ系統的に収集しようとした。

七六年から八一年にかけての六年間に、セイボムは、死にかかったが蘇生した経験がある患者七十八名にインタビューした。そのうち六十六名は一時的心停止を起こした患者である。

臨死体験があったのは、七十八名のうち、三十三名だった。体験率は四二パーセントということになり、リングの研究の体験率とかなり近い線が出た。

セイボムもまた、体験者の個人的社会的背景と体験との間に何か相関があるかと思って調べたが(年齢、性別、人種、居住地、家族数、教育程度、職業、宗教、信仰心など)、何ひとつ関係がなかった。唯一ちがいが出たのは、臨死体験に関する事前の知識である。事前に知識があった者は三十一名いたが、うち体験者になった者はわずかに四名である。体験者三十三名のうち事前の知識があった者はわずか一二パーセント、それに対して、非体験者の六六パーセントは事前に知識があった。臨死体験の通俗的な解釈の一つに、予備知識説がある。人から臨死体験の話をいろいろ聞くうちに、自分も死ぬときにそういう体験をするにちがいないと思い込み、人から聞いた話を夢にみることがあるのと同じように、聞きかじりの臨死体験の話を視覚的ヴィジョンとして見てしまうのだという説である。セイボムのデータは、この説を真っ向から否定するものだった。事実は全く逆で、事前の知識がない人のほうが体験しやすかったのである。

臨死状態にいたる原因別ではどうかというと、セイボムの場合、被験者の八割が心停止患者で、他のケースは少ないため、あまりはっきりしたことはいえない。しかし、心停止患者の中で、かなりはっきりちがいがでてきたことが一つある。それは、意識不明におちいっていた時間の長さと体験率である。意識不明が一分以内ですぐに蘇生したという患者が十四名いたが、そのほとんどは非体験者で、体験者はたった一人だった。意識不明が一分から三十分の者が四十四名いたが、うち体験者は十九名で、この層でも非体験者のほうが多い。ところが、意識不明三十分以上という層になると、二十名のうち十三名が体験者で、体験者のほうが多くなったのである。

要素別の体験率はどうかというと、次のようになった。（この調査には、先に述べた三十三名の体験者の他に、別のルートから得た二十八名の体験者のデータを加えてある。調査結果はパーセントで示すが、それは総数六十一名に対するパーセントである）

⑴自分が死んだという実感をもつ　九二％
⑵安らかな気持ちになる　一〇〇％
⑶自分が肉体から分離したという感じ　一〇〇％
⑷自分の肉体の周辺で起きているできごとを知覚していた　五三％
⑸暗い空間の中に入る　二三％
⑹自分の一生を見る　三％
⑺光の存在に出会う　二八％
⑻超越的な世界に入る　五四％
⑼他の霊的存在と出会う　四八％
⑽自分の肉体に再び戻る　一〇〇％

ここでは、いわゆる体外離脱が、⑶と⑷に分けられている。⑶は認識主体が肉体から離れた非物質的な存在となってしまったという感じである。⑶のうち、自分の肉体を天井のあたりから、自分で見ているという典型的体外離脱状態は⑷となる。⑷は基本的には視覚的な体験だが、そのうち半数のものは同時に周辺で交わされている会話などの音を聞いている。

先のリングの研究と、要素別の体験率にかなりちがいが見られる。ただし注意していただきたいのは、リングの数字は非体験者を含む調査対象全員に対するパーセンテージであるのに対して、こちらは体験者全員に対するパーセンテージであることである。それを考慮してもかなりちがうのは、セイボムの調査対象者が心停止に大きく偏っていたためかもしれない。

ギャラップの調査

リングとセイボムによる、科学的にデータを収集し、科学的にデータを処理した二つの研究が出そろったことで、臨死体験の存在そのものはもはや疑えないということが一般に認められるようになった。そして、それまではオカルトの領域と考えられていたこの体験が、立派に科学的研究の対象になり得るということが、広く認識されるようになった。それにダメ押しともいえる効果をもたらしたのが、同じ八二年に発表されたギャラップの世論調査である（この調査をまとめた“Adventures in Immortality”の邦訳は『死後の世界』というタイトルで三笠書房から出ている）。

この世論調査の主目的は、アメリカ人は死後の世界をどう考えているかをとらえようとすることにあり、臨死体験そのものが調査対象だったわけではない。

まず、死後の世界のとらえられ方について述べておくと、次のような結果が出ている。

・死後の世界を信じますか。
　はい　六七％
　いいえ　二七％
・地獄は存在すると思いますか。
　はい　五三％
　いいえ　三七％
・天国は存在すると思いますか。
　はい　七一％
　いいえ　二一％
・輪廻転生を信じますか。
　はい　二三％
　いいえ　六七％

日本人と比較して、はるかに死後の世界を信じている人が多い。同じ時期に日本の統計数理研究所が行った「日本人の国民性」調査によると、「あの世」とか「来世」を信じている人は一二パーセントしかいない。また、林知己夫らが行った「お化け調査」（一九八七）によると、「死者のたたり」があると思っている人は一三・五パーセントである。日本ではだいたい何らかの宗教を信じているという人は三〇パーセント前後で、あとは何も信じていないのである。アメリカは逆に、大半の人が何らかの宗教を信じており、何も信じないという人は少数である。

ギャラップは、この調査で、一般成人を対象に無作為抽出で選んだ千五百人をサンプルにしたが、このとき同時に、医者と科学者だけを対象に同じことをたずねるという調査も行っている。すると、死後の世界を信じるという人が、医者で三二パーセント、科学者でも一六パーセントいた。日本の一般人より高率なのである。いかにアメリカが宗教的な国かわかるだろう。

話が飛んだが、この調査の一環として、臨死体験についても調査が行われた。しかし、その質問の仕方がちょっと曖昧だったので、その数字を臨死体験率としてそのまま受け取っていいかどうかは疑問である。

使われた質問は次のようなものだった。

「死の瀬戸際まで行ったとか、間一髪で死ぬところだったというような経験をした人の中には、死後の生命が存在することを実感したとか、死後の世界に足を踏み入れたというような異常な体験をしたという人がいます。あなた自身、これまで死の瀬戸際まで行って、何か異常な体験をしたことがありますか」

こういう質問だと、通常の意味での臨死体験より、かなり幅が広い状態がカバーされてしまうことになるということを頭に置いていただきたいが、とにかく結果を示すと、死にかけたことがあると答えた人が約一四パーセントあり、そのとき異常な体験をしたことがあるという人がその三五パーセント（総数に対するパーセンテージでは五パーセントになる）いたのである。先のリングの調査やセイボムの調査と比較して、体験者の割合では、若干少な目だがかなり近い線の体験率が出たわけである。この数字をアメリカの成人人口にかけて、実数を推定してみると、死にかかった経験者が二千三百万人、異常体験をしたという人が八百万人いるということになる。

その異常体験のうち、どれだけが本当の臨死体験といえるかが問題だが、この調査では、具体的な異常体験の中身も調査している。その中に臨死体験の要素体験がどれだけ含まれていたかを示すと次のようになる。（数字は異常体験者総数に対するパーセンテージである）

(1)体外離脱　二六％
(2)はっきりした視覚体験があった　二三％
(3)夢ないし人の声を聞いた　一七％
(4)苦痛は消え、この上ない安らかな気持ちだった　三二％
(5)明るい光に出会った　一四％
(6)人生パノラマ　三二％
(7)この世ではない別の世界に足をふみ入れた　三二％
(8)あの世で別の存在（死んだ人など）に出会った　二三％
(9)トンネル体験　九％

⑽未来予知　六％

具体的な内容を見ていくと、疑いもなく臨死体験が相当含まれているということがわかる。ここに示した数字の一〇パーセントは八十万人を意味するから、少なくとも臨死体験者の総数は数百万人に達すると考えられるのである。

これは、それまでのあらゆる研究者の推測をはるかに越えるものだった。しかし、ギャラップというアメリカで最も有名な世論調査のプロの会社がやった仕事だけに、その内容に疑いをさしはさむ余地はなかった。

「アナバイオシス」誌（ＩＡＮＤＳの理論機関誌）に、この本の書評を寄せたケネス・リングは次のように書いた。

「ギャラップのこの記念碑的労作によって、臨死体験なんて本当にあるのかというような初歩的疑問はいまや全く吹き飛んでしまった。臨死体験が存在し、しかもそれが多くの人に体験されている重要な現象であるということは疑う余地がなくなった。これまでは臨死体験などというものは、一部の研究者が誇張して騒ぎ立てているだけの無意味な異常現象にすぎないといった一刀両断の批評がまかり通っていたが、これからは、誰もこの現象を無視できなくなるだろう」

実際、この調査によって、アメリカでは臨死体験の存在そのものを認めないという人はいなくなったのである。

心因性健忘の可能性

リングのインタビューに話を戻す。

「七〇年代の終わりから八〇年代のはじめにかけて、さまざまな調査が精力的におこなわれ、臨死体験とはそもそもどういう現象なのか、どのようなときに、どのような頻度で起こるのかといったことが明らかにされていったわけです。その仕事がだいたい八二年までに終わり、つづく八三年から八六年にかけては、臨死体験の事後効果に関する研究がふえました。体験によって体験者の人間性がどのように変化するかという問題です。それ以後は、特にこれといった特徴的流れはありません。むしろ研究者の関心領域が多方面に拡散してきているといったほうがいいでしょう。というか、多方面から研究者が出てきたのです。特に、人の死がかかわる場にいる人々、たとえばホスピスや病院の医師、看護婦、カウンセラー、セラピストなどが関心を持ち、自分たちの仕事に役立つような方向の研究をしています」

――この間、リングさん自身の関心も変化してきたわけですね。

「そうです。はじめは、ムーディの本を読んで、本当にそんな現象が起きるかどうか自分で調べてみたいというのが、研究の動機でした。しかし、その研究のために、体験者に次々に会って長時間の聞き取り調査をしていくうちに、聞く話聞く話みんな驚きの連続で、次第に体験者一人一人の人間性により興味をひかれるようになり、研究対象も体験の事後効果のほうに移っていったわけです」

――その研究が、すでに出された二冊の本に結実したわけですね。そして、その後、いま進めている、臨死体験しやすい人としにくい人のちがいの研究、臨死体験で起こる意識の変化と生理的変化の研究といった方向に移ってきたわけですね。そのはじめのほうの問題についてうかがいますが、そもそも臨死体験を起こしやすい人と、起こしにくい人がいるというのは、本当なんでしょうか。本当は死にかかった人はみんな臨死体験をしているのに、それを思い出す人と思い出さない人がいるということなんじゃないですか。

「おっしゃる通り、そういう可能性もあります。たとえば、ある臨死体験者の場合、自動車事故にあって臨死体験をしたのですが、その直後は何も思い出さなかった。ところが、かなりたってから、別のあるできごとが引き金になって、突然、奔流のように臨死体験の記憶がよみがえってきたという例があります。そういう例は幾つかあります。臨死体験の記憶を意識下のレベルに抑圧してしまう人がいるのです」

特定の記憶が心理的に抑圧される結果、選択的に失われてしまうという現象は、昔からよく知られている心理現象で、心因性健忘と呼ばれる。その人にとって不快な事実は抑圧されやすい。不快な事実だけでなく、異常な事実も抑圧されやすい。

「しかし、私は、臨死体験がなかったという人みんながみんな記憶を抑圧しているわけではないだろうと思っています。本当に経験しなかった人もいるのではないか。あるいは実際には体験が起きたのに、それを見逃した人もいるのではないかと思います。たとえ話でいうと、仮に、臨死体験が稲妻のごときものであるとすると、それが光った瞬間に別の方角を向いていた人は、それを見逃してしまうわけです。臨死体験というのは、この世的な三次元世界で起きる現象ではなく、次元を異にする現実世界で起きる事象だろうと思うのです。そういう次元の現象をとらえるのが得意でない人は、それが起きても見逃してしまうのではないか、というのが私の解釈です」

――すると、客観的には臨死体験というのは普遍的に起こるものだけれども、それを見逃してしまう人たちの主観においてはそんなものは存在していないということになる。

「そうかもしれませんが、そうだと断定することもできません。その辺がこの研究の難しいところで、臨死体験の問題で、我々研究者が扱えるのは、例外なく、主観的体験の主観的な報告でしかないのです。こういうことを体験しました。あるいはしませんでしたという言語による報告しかありません。そのとき実際に客観的事実としては何が起きていたのかなどということは知りようがないのです。だから、ある人の主観的報告は正しく、別の人の主観的報告（たとえば、「自分は何も経験しなかった」という報告）は誤りだとする根拠は我々にはありません。臨死体験が万人に普遍的に起きる現象なのか、それとも死に接近するとき起こる人と起こらない人がいるのかについては、どちらともいえない、わからないという以外ありません」

――あなたの研究によると、子供のときに幼児虐待を受けた人ほど臨死体験をしやすいという結果が出たということですが――。

「そこはあんまり直線的に結びつけて考えられると困ります。死にかかっても、臨死体験をする人としない人がいるというのは客観的事実です。その二つのグループのちがいはいろいろあるはずです。たまたま私たちの研究で、その要因の一つが見つかったということで、他にも沢山の要因があるはずです。それがもう少し見つかってこないことには、何が主要な要因なのか見当もつきません。この段階で、幼児虐待というファクターをあまりに強調されると困ってしまいます」

――いま人類は新しい進化の途上にあり、臨死体験者は、その進化を加速する触媒の役割を果たすことになるとおっしゃってますが、その触媒作用というものを、もう少し、説明していただけませんか。本当に人類はスピリチュアルな方向に進化しようとしているんでしょうか。世の中の動きを見ていると、人間はスピリチュアルに進化するどころか、退化しつつあるのではないかと思わせるような現象が多分に見受けられますが。

「臨死体験者の事後変化を調査してみると、より人間性を高める方向に、よりスピリチュアルな方向へと、良い変化が起きていることは疑いようがありません。臨死体験者は、体験から明らかにスピリチュアルなエネルギーとパワーを受け取っています。そういう人が、この社会に数百万人規模でいるのです。その人たちの多くが、自分たちはこの世にニュー・エイジの到来を告げ知らせる任務を負わされていると考え、行動しています。

彼らが持つスピリチュアルなエネルギーが周囲の人々に伝わり、周囲の人々を変えていくことによって、進化が加速されるだろうと思います。臨死体験者だけが変わるのではなく、臨死体験に影響を受けた人も同じ方向に変わるのだということは、先の表（三三一ページ）を見ればわかるでしょう。ここで対照群とされているのは、臨死体験に関心を持つようになった非体験者です。ものの見方、考え方において、彼らにも体験者とほとんど同じような変化が起きていることが表から読み取れます。超能力を持つようになったとか、何らかの生理的変化があらわれるようになったといった具体的な変化では、体験者と体験に関心を寄せているだけの非体験者との間には明確なちがいがあります。しかし、ものの見方、考え方においては、非体験者も、体験者に影響を受けて同じように変わりうるということです。私が予測するような方向の人類進化が必ず起こるかどうかは私にも断言できません。しかし、そういうことが起こる可能性は十分にありそうです。そういう可能性が十分にあるということを人類の多くが認識して、その方向にみんなが身を寄せるようになると、本当にそういうことが起こるようになります」

我々は何も見えていない

――臨死体験とはそもそも何であるかという解釈をめぐって、死後の世界をかいま見た体験であるとする解釈もあれば、これは死を目前にした人の脳の中で起こる一種の幻覚にすぎないとする解釈もあります。大別するとこの二つの解釈があると思いますが、ケネスさんはどちらの立場なのですか。

「私はどちらの陣営にも属していません。私は臨死体験が死後の世界の存在を証明するものだとは思っていません。たしかに、体験者の多くは、体験によって、物質的な生命活動が終息した後も、何らかの形で生命が存続するのだということを確信するようになったと語っています。しかし、その証拠はあるか、それは証明されているかと問われれば、ノーという以外ありません。しかし、また一方では、この現象は全て純粋に生物科学的に説明がつけられることであって、そういう説明がつけば、全て終わりということでもないと思っています。たしかに、人が死ぬとき、一連の生物科学的現象が次々に起こります。脳の機能は低下し、失われていきます。肉体のあらゆるシステムが機能を失い、解体していきます。そのこと自体は疑いようがありません。私がいいたいのは、肉体がそのような状態におちいったときにはじめて見えてくる別の現実があるのではないかということです。人間が健康な状態にあるときの日常的な目覚めた意識があると、それにおおい隠されていて見えない現実が、そのような状況下ではじめて見えてくるということがあるのではないかということです。それはちょうど夜になると空に星が光っているのが見えてくるようなものです。星は昼間も出ているのに、昼間は見えません。太陽の強烈な光が星の微弱なまたたきを圧倒して見えなくしてしまうからです。しかし、太陽が沈み、他を圧倒する光がなくなると、全天に光り輝く無数の星が見えてきます。

そのときはじめて我々に、宇宙の広がりが見えてきます。昼間、太陽の光の下で我々に見えているのは、このちっぽけな地球という惑星のごく限られた一画だけです。昼間、我々は自分には何でも見えていると思っていますが、宇宙的スケールでいえば、実はほとんど何も見ていないのです。広大無辺な宇宙の広がりが見えてくるのは、太陽が沈んだ夜になってからです。それと同様に、日常的な意識が目覚めた状態にあるときには、我々の認識は強烈な感覚入力に圧倒されて、本当は見えるはずの内的宇宙の広がりが見えていないのです。肉体的死の接近とともに、それまで太陽のように輝いていた日常的な感覚能力、認識能力が姿をかくし、それによってはじめて真の内的宇宙が見えてくるのです」

——なるほど。しかし、その比喩が成立するためには、肉体が死んでも何らかの認識主体が存続すると考えなければなりません。それは何なのでしょう。そういうものがありうるのでしょうか。

「何かが存続するかもしれないし、何も存続しないのかもしれない。存続という概念を使うこと自体が誤りなのかもしれない。存続という概念は時間に関わる概念です。我々が生きているこの世界は時間的にも空間的にも限られた世界です。そこでは存続というような概念が成立しています。しかし、死、あるいは臨死状態の向こう側にある世界が永遠の世界だったとしたら、そこでは時間というものは存在しない。従って、存続というような時間を含む概念は意味を持ちません。体験者の話に、『時間というものがない世界に入った』、『時間と空間を超越した世界だった』という表現がよく出てきます。そして、その世界に入った途端、『全ての真理を把握した』、『全ての知識が獲得できた』、『我々が何のために生きているかがわかった』、『数年にわたって疑問に思っていたことが全てわかった』ともいいます。死の境界をこえるとそういう時空を超越した、人智を超越した世界に入るのであるとするなら、〝存続〟だの、〝認識主体〟だのといったこの世でのみ通用する概念は意味を失ってくるわけです。我々がこの世で使っている概念がみんな意味をなさなくなってくるような異次元の世界が向こうには広がっており、その中に入ると、我々も一気に時間を超越した存在になってしまうのだと考えれば、そういう疑問はなくなってくるでしょう」

臨死体験は死の予告篇

――しかし、こうも考えられるのではないでしょうか。『私は時間を超越した世界に入った。これは永遠だ。私はあらゆる真理を獲得した。全てがわかった』と思ったのは一時のことで、それが実は死のプロセスの最後の瞬間であり、次の瞬間、一切は闇の中に消える――。

「それも確かにありえます。研究者として、その可能性を否定はできません。しかし、体験者たちは皆その考えに憤激するでしょうね。『あの素晴らしい光の世界に入り、一瞬のうちに宇宙的認識を獲得したというのに、次の瞬間、最後の幕が引かれて、一切が消滅してしまうんだって！　そんなバカなことがあってたまるものか』というだろうと思います。しかし、体験者たちの実感はさておき、純粋に科学的に論理的に可能性を探るなら、確かにそれもありうることです」

——もう一つの可能性も考えられます。プラトンは、我々人間は、真実在たる魂が肉体に閉じこめられた状態にあるといいました。死とともに、魂は肉体の牢獄から解き放たれ、真実在の世界であるイデア界に入っていく。死んで肉体から解放されたときに、我々ははじめて真の存在形態に立ちかえる。

「それは素晴らしいアイデアです。その通りなのかもしれない。我々の本当の存在は、もっと広がりを持った存在なのにこの世においては、時空に歪められ、肉という容器の中に押し込められている。それが死んで肉体をはなれるとともに、もとに戻ることができる。この物理的世界にあるのは真実在の一部で、肉体を離れたときにはじめてフルスケールの真実在に戻る。臨死体験というのは、それを一時的に体験することなのかもしれません。体験者の多くは、この世に戻ってきたくなかったといいます。向こうにずっととどまっていたかったといいます。それは本当の真実在の世界を一度体験してしまうと、この牢獄のような仮象の世界、存在の次元が低い世界に生きることが耐えられなくなるということなのかもしれません」

——リングさんの話をうかがっていると、あの可能性もあれば、この可能性もあるということになります。ロジカルな可能性を離れて、証明があろうがなかろうが、リングさん個人の実感としてはどれがいちばん本当らしいと思っているんですか。

「私は、臨死体験というのは、本当の死で起こることの予告篇のようなものだと思っています。私は死の向こう側において存在の本質があらわれるのだと思っています。それはいかなる人間の表現能力もこえるほど素晴らしい世界だろうと思います。そこでは人は言葉を失い、ただ目を見張るだけだろうと思います。臨死体験者が一様にいうことは、その世界の美しさ、素晴らしさは、いかに言葉をつくしても表現しきれないということです。結局私は、十五年間の研究を通して、臨死体験者が語る実感が一番真実に近いのではないかと思うようになったのです。私は臨死体験を研究することで、はじめて死とは何であるのか、人は何のために生きているのかがわかったような気がします。もちろん、一方で私は科学者ですから、こういう考えが全て誤りである可能性もあるということは十分に認識していますが」

――そしていま、人類が新しい進化の途上にあり、臨死体験者はその先駆けであり、かつ進化をおしすすめる触媒として機能するというのが、リングさんのお考えでしたね。

「それが私の仮説です。必ずそうなるといい切れるだけの自信はありませんが、臨死体験とは何なのだろう、なぜあるのだろう、なぜ世界的に増えているのだろうと考えたときに、これが一番合理的な仮説なのではないかと思っているのです。現在進行している事態がもう少し進んでいくと、ある日、人類という種全体が進化論的に新しい次のステージに押し上げられる」

――〝オメガに向かって〟のオメガというのは、その進化の方向を示しているわけですね。

「そうです。オメガという言葉は、テイヤール・ド・シャルダンが人類進化の究極の目標点をオメガ・ポイントと名付けたことから借用したものです。しかし、テイヤール・ド・シャルダンが、進化には究極のゴールがあると考えたのに対して、私はそういうゴールはなく、進化はどこまでもつづいていくと考えています」

――臨死体験者が進化の触媒だとすると、我々はもうずいぶん沢山の触媒を持っていることになりますね。

「その通りです。ですから、進化のプロセスは加速度的に進行しつつあるところだと思います。ここ二十年くらいの世の中のいろいろな動きの中に、人類が新しい高次の意識レベルに向かって自己の意識を拡大しつつあると解釈される現象が沢山見られるでしょう。その一つ一つを小さな水の流れと考えれば、それが合流に合流を重ねて、やがて大河の流れとなるように、滔々《とうとう》たる進化の流れがいま形成されつつあるところだろうと思うのです」

――超能力現象の流行なんかも、その流れの一つですか。

「そう思います。それだけではありません。いろんな流れが合流しつつあります。私はそのうちのたった一つの流れについて研究したにすぎません。私はいま臨死体験者の研究から、もう少し幅を拡げて、さまざまの超常現象に出会いやすい人間全体を研究対象にしてみたいと考えているのです。なかにはインチキもあるでしょうが、本当に超常能力を発揮し、超常現象に出会う人たちがいます。私はあの人たちの能力は、もともと人間なら誰でもポテンシャルに持っているけど十分に発達させられなかった能力を発揮できるようになった人間なのだと思っています。進化の新しい段階に達すれば、人間はすべてああいう能力を持てるようになると思っています。だから、彼らを研究することは、人類の未来を研究することになると思っています。臨死体験者の超常能力について研究しはじめたのも、こういう目的があるからです」

客観的データの収集へ

――しかし、これまでの研究は全部アンケート調査にもとづくもので、本人が自分には超能力があり、超常現象の体験があるというと、全部その通り信じるという形になっていますが、本当にそういう現象があったのかどうかは、あれではわかりませんね。本人の思い込みだけなのかもしれない。アンケート調査では何ともいえない。

「そうです。それがアンケート調査の限界です。そこで私たちはいま、実験室で客観的データを収集する研究をはじめようと思っています。臨死体験は、実験室で被験者にやってもらってそのデータを取るというような研究はできませんが、超常現象の幾つかは、実験室におけるコントロール実験が十分可能だと思います。それより先にまずやりたいのは、体験者の生理的データの綿密な測定です。アンケート調査では、体験者の血圧、体温、代謝率など人体の基礎的生理のパラメータが変化するとともに、電気感受性が高まるなどの特徴的変化が生じるとされています。私たちの進化論的な仮説に従えば、この生理的変化も超常現象の発現も同じ楯の両面であると考えられます。超常現象の実験研究より、生理変化の測定のほうがずっと簡単ですから、まずこれを系統的にやってみようと思っています。その結果、体験者がたしかに普通の人間と生理的に異質な人間になっているということが確認されれば、私たちの仮説もかなり信憑性が高まるのではないかと思っています」

――超常現象といえば、体験者の中にUFOを見たという人がかなり出ていますね。ああいう現象も、進化論的未来の人間のポテンシャルな能力から出てくるとお考えですか。リングさんの大会スピーチの後の質疑応答の中でその話題が出たとき、UFO体験を全てデタラメときめつけるのは誤りだとおっしゃってましたが、あれはどういう意味ですか。本当にUFOが実在すると思ってるんですか。

「UFOの実在を信じるかといわれれば、私は信じていません。他の天体から宇宙人がUFOに乗って地球にやってきてどうのこうのといった話は、私はまるっきり信じていません。しかし、UFO現象をシンボリックに解釈すると、これは心理学的にかつ社会学的に実に面白い現象だと思うのです。いろんな点において、UFO体験は臨死体験と似ています。体験者は自分の体験が絶対に客観的真実だと思っているが、その証明はできないとか。臨死体験者とUFO体験者の心理分析をやってみると、似た点がいろいろ出てくるとか。UFO現象はいまのところ、正統科学からは真面目な研究の対象とは考えられず、嘲笑の対象となっていますが、私はこれは、真面目な研究の対象になりうる現象だと思っているのです」

——実在は信じないが、シンボリックに解釈すると面白いというのは、要するに、UFO現象というのは、幻覚であり、幻覚として研究すれば面白いということですか。

「いや、私はそれが幻覚だとも思わないのです。ある意味では実在している。しかし、物理的に存在しているわけではない。この世の中にあるのは、全て物理的存在か幻覚かのどちらかであって、どちらでもないものは存在しないと考えるのは誤りだと思うんです。物理的存在と幻覚の間にある存在に対して、私は疑似現実（quasi-real）という言葉をあてていますが、UFO現象は、そういうものとしては、確かに存在している」

——その疑似現実というのがもう一つよくわかりませんが、それはどういう場に存在しているんですか。

「存在の場ですか。うーん、とにかく空間ではない。空間というのは物理的実在のための存在の場です。疑似現実は、空間には存在の足がかりを持たない。それは純粋に視覚的ヴィジョンとして体験されるが、決して幻覚ではない。その独特の存在の次元では存在している」

時間がなかったために、この点について、これ以上突っ込むことはできなかったが、この辺のリングの答えに、私は納得していない。リングとしても、うまく答えられたとは思わないという表情だったが、考えてみれば、この物理的世界に生まれ育ち、この世界で認識能力をみがいてきた人間にとって、この世界とは異次元の世界の存在様式など、そう軽々にわかるはずがないのである。

だがそもそも、そのような異次元の存在というものがあるのだろうか。

第十三章　光の存在、光の世界

ＩＡＮＤＳ（国際臨死体験研究協会）の国際会議では、体験者のパネルディスカッションが三回にわたって開かれ、各国から合計十二人の体験者が出席した。その出席者の中には、すでに紹介した、ルーカネン・キルデ、バーバラ・ハリス、フィリス・アトウォーター、トム・ソーヤー、ハワード・ストームなどが含まれていたが、他にも興味深い体験者がいるので、それを紹介してみたい。

一人は、スウェーデンの麻酔医のゴラン・グリップさんである。グリップさんは、アメリカの臨死体験研究のスウェーデンへの紹介者でもある。レイモンド・ムーディ、ケネス・リングなどの著書を翻訳している。そういった本を読んだ人の中から、自分も体験者であるといって、グリップさんのところに、自分の体験談を書いてくる人が、すでに百人以上もいるという。

グリップさん自身の体験は、五歳のときに起こった。思い出したのは、レイモンド・ムーディの『かいまみた死後の世界』を読んだときです。ああ、自分もこういうことを体験したことがあったんだ、と突然思い出したのです」

前にも述べたが、体験したあとにそれを忘れてしまい、何かがきっかけで突然思い出すということは珍しいことではない。

「体験した前後の状況のことはあまり覚えていませんが、五歳のときに、ヘルニアの手術を受けて、エーテル麻酔をされ、それがちょっとうまくいかなくて、短時間呼吸停止状態になったときに起きたのだろうと思います。体外離脱とか、死んだ知人に会うといった体験はありませんでした。私の体験は『光の存在』との出会いと、人生のパノラマ回顧です。前者は一般によくある体験ですが、後者は、子供の場合は滅多にありません。子供の場合、そもそも生きてきた時間が短いので、回顧すべき内容があまりないからかもしれません。

昨日、ケネス・リングが、幼児虐待体験と臨死体験の間に相関関係がありそうだという研究発表をしていましたが、私の場合は、両親にとても愛されており、幼児虐待のようなものは何もありませんでした。しかし、それにもかかわらず、私はすでに五歳にしてかなりのトラウマ（精神的外傷）を受けていました。

臨死体験で弟の気持ちを知る

私の臨死体験は、いきなり光の世界に入ることではじまりました。少なくとも、記憶ではそうです。その前段階があったのかもしれませんが、何も記憶していません。光の道が、はるかな地平線のかなたまでつづいていました。その光の道のなかを私は飛んでいるのです。その向こうの端の方に行くと、何とも表現し難いものに出会いました。それは昔の街の城壁のようなものでした。しかし、その向こうに街があるわけではありません。そして、城壁には入口がありませんでした。いや、あるにはあったのですが、鍵がかかっていて開きません。私はそこに入りたいとは思っていませんでしたから、それはどうでもいいことでした。私の目の前に『光の存在』(Being of Light) がいました。それは、光の中にある光の点でした。それは男でした。なぜそれが男とわかったのかと聞かれても困ります。とにかく、それは男であるとわかったのです。その『光の存在』は、私の心の中を見通すことができました。彼は、私がそれまでの人生においてなしてきたすべてのことを知っていました。それで私は逃げようとしました。

私には三歳下の弟がいました。その弟が生まれたとき、私の世界は、粉々に砕けてしまいました。そのとき私は三歳でした。三歳の子供に弟か妹が生まれるとそういう心理状況になるのはよくあることだといわれますが、私の場合は、また特別の事情がありました。母は弟を産むと、産後神経症にかかり、ひどい抑鬱症になったのです。私のことなんか、まったく忘れられてしまいました。私が母親の愛情を最も強く求めているときに、母は私を無視していました。これは三歳の子供にとっては恐ろしい体験でした。それが何カ月もつづきました。私はこれは弟のせいだ、弟が生まれたのが悪いんだと思いました。そこで、機会さえあれば、弟をぶったり、つねったりしました。玩具を取り上げたりもしました。そのうち、弟に意地悪することを楽しむようになりました。それは、ほとんど大人の犯罪者の心理と同じでした。心の奥底では、それはいけないことだ。それはしてはならないことだとわかっていながら、それをしてしまい、しかも楽しんでいるのでした。

『光の存在』はそのすべてを知っていました。私が弟にしたことを何でも知っていました。両親が知らないことまで知っていました。それで私は逃げようと思ったのです。しかし、逃げようと思ったのは、一瞬間だけでした。次の瞬間、私は『光の存在』からたとえようもなく大きな愛があふれ出していることに気がついたのです。その愛に気がつくと、私は逃げる理由がなくなりました。それどころか、その愛のもとにとどまっていたいと思いました。

そして、そこにとどまり、『光の存在』とともに、自分のそれまでの人生をことこまかに、一つ一つ再体験したのです。弟に対する嫉妬や憎しみを再体験しました。ときどき弟に対して感じていたあふれるような愛情も再体験しました。私が弟に意地悪していたといっても、いつもしていたわけではありません。可愛がったこともあったのです。それから、弟の気持ちも再体験しました。弟の感じていた苦しみ、痛み、怒り、そして、復讐心などが自分のことのように感じられました。そして、私がやさしくしてあげたときに弟が感じた驚きと喜びと、私への愛情もわかりました。そういう一連のできごとを『光の存在』と再体験することで、私は自分の行為の結果がどういう風に自分にははね返ってくるかがわかりました。『光の存在』は、裁きを与えるようなことは一切しませんでした。ただ私に無条件の愛をそそぎつづけただけです。私は自分を弁護する必要もなければ、弟に罪をかぶせて非難する必要もありませんでした。過去をよりよいもののように見せかける必要もありませんでした。すべてはあるがままでよかったのです。良いことも悪いことも、すべてあるがままに受け入れてもらうことができました。そして、誰も悪くはなかったのだということがわかりました。私は悪くはなかった。弟も悪くなかった。母も悪くはなかった。『光の存在』は、私に、『実際にお前がしたこと以外、何が可能だったか考えてごらん』といいました。彼は、『お前はこうすべきだった』とさとすようなことはいっさいいいませんでした。ただ、『他にもできることがあったかどうか考えてごらん』といっただけです。彼はモラルを強制するようなことはしませんでした。

蘇生してから、私は弟への態度を変えました。弟にいつもやさしくふるまうようになりました。しかし、両親はそのちがいに気がついてくれず、『また弟をいじめる』と、私を怒ってばかりいました。これは五歳の子供にはやりきれないことでした。せっかく心を入れかえて、弟にやさしくするようになったのに、怒られ、罰されるのです。私はすっかりいやになって、一、二カ月のうちに、もとに戻ってしまいました。前と同じように弟とケンカし、いじめ、弟に嫉妬するようになってしまいました。それと同時に、両親に悪感情を持つようになりました。

そのころは気がつかなかったのですが、両親は両親で、そのころいろんな問題をかかえていて、子供のことを考えるどころではなかったのです。だから、私の変化に気がつかなかったのです。私は子供でしたから、そういう両親の状態を思いやることができず、ただ、私を正しく扱ってくれないことを恨むだけでした。そして、そのときから、もう両親なんか頼るものかと思いました。親は親、自分は自分と思って、距離を置くようになりました。親はもう私にとって他人同然の存在になりました。私がそういう態度を取るようになったことは、両親を苦しめましたが、そのことに私は気がつきませんでした。そして私も、それから孤独で淋しい人生を送ることになったのです。

人生を変えたムーディの本

私の人生が変わったのは、八年前にムーディの本を読んで、自分の臨死体験を思い出してからです。そのとき私は、すべてを理解し、すべてを許すことができました。私は今、両親を少しも恨みに思っていません。両親は両親で、彼らにできる精一杯のことをしてくれたのだと思っています。

あの『光の存在』とは、いったい何だったのだろうとよく考えます。私はそれが神であるとは思いません。そもそも私は神の存在を信じていないのです。両親が神を信じない人たちだったので、家庭に宗教的な空気は全くありませんでした。私が会った相手が、神であろうと、イエスであろうと、アラーであろうと、ブッダであろうと、あるいはチャーリー・スミス（ここでは最もありふれたアメリカ人の名前の代表として使われている）であろうと、私には関係ないことです。

それから、臨死体験は、脳内の酸素が不足して生まれた幻覚だという考えもありますが、これも私を納得させるものではありません。私にとって大切なのは、その体験を通して私が何を学んだかです。学んだことがこの現実世界においてどれだけ有効だったかということです。夢の中で海賊の宝物を発見したとします。目がさめて何もなかったら、それは確かに夢だったのでしょう。しかし、目をさましたら、手の中に金貨があり、その金貨を持って買物に行ったら、ちゃんと買物ができたとしたらどうですか。それがただの夢だったとはいわないでしょう。私は臨死体験によって、ある真理をつかみ、目がさめたあと、それを実践してみたら、それが正しいということがわかったのです。弟にやさしくし、それがいいことだということがわかったのです。だから、これは夢のような体験とは違うのです」

グリップさんは、幼児虐待の経験はなかったと述べているが、ここで彼自身が述べているような、両親から自分が見放されていると感じるような意識状態こそ、ケネス・リングがいう幼児虐待なのである。ケネス・リングがいう幼児虐待は、暴力をふるうといった客観的物理現象がどれだけあったかではなく、子供の心にどれだけトラウマが残ったかという心理的事実によってはかられるのである。

また、グリップさんは、体験の中でつかんだ真理が現実世界で有効であったことをもって、臨死体験の真実在性の証明としようとしているが、これは十分な証明とはいえないだろう。

人は小説や映画などが作ってくれるフィクショナルなイメージ世界からも、現実世界に適用可能な真理を導き出してくるものだからである。小説や映画だけでなく、しばしば夢の世界からも現実に適用可能な真理が導き出される。夢の分析は昔から精神分析の最も有用な技術の一つである。

グリップさんは「光の存在」が、他人が誰も知らないことを知っていたといい、それが超越的存在の証であるかのように考える。同様の考えは、他の体験者からもよく聞かれる。しかし、それが、光の世界で出会う神的存在の神性の証明になるかといえば、必ずしもそうではない。他人が誰も知らないことを知り得る立場の人は神以外にもう一人いる。それは自分自身である。臨死体験はさまざまの外的存在が登場してくる一種のドラマの形式をとっているが、実は、登場者の全てが、自分自身の投影に他ならず、すべては自分の内的世界の中で繰り広げられるドラマにすぎないという見方も成立し得るのである。

苦しみ悶える体が見える

もう一つの体験を紹介してみよう。アメリカのニュージャージー州で、五つのスーパーマーケットを経営しているジェリー・クレイズナーさんである。クレイズナーさんは十五年前、手術のときに用いられた薬品に対するアレルギー反応から臨死体験をした。

「そのとき私は、自分の体から離れ、天井のあたりから自分を見おろしていました。トンネルに入ったりとか、光の世界に入ったりという現象は起きませんでした。光の感覚はありましたが、私は病室の中から動きませんでした。なんともいえず安らかで、幸福で、全てが美しく見えました。私の肉体が下で苦しみもだえているのが見えましたが、そのことは全く気にかかりませんでした。私の魂はもう肉体から離れたのだから、肉体がどうなろうとかまわない、と思っていたのです。そこに戻りたいとは思いませんでした。ですから、現実に自分の肉体に戻ってしまったとき、私は本当にガッカリしました。失望があまりにひどかったので、それから三日間、私は鬱状態になり、誰とも口をききませんでした。私はカトリックの家庭に生まれましたが、ハイスクールの頃から、神を信じないようになっていました。もし神様が存在するなら、この世にこれほど多くの苦しみが存在するのを放っておくはずはないと思ったからです。臨死体験のあと、これは神様が私をもう一度神様の愛の世界へ引き戻すために与えてくれた体験なのだと思って、信仰を取り戻しました。臨死体験中、私は、かねて疑問に思っていたことが疑問でなくなりました。なぜこの世に苦しみが存在するのか、なぜ私が存在するのか、私がすることにどんな意味があるのか、すべてわかったと思いました。しかし、この世に戻ってみると、それがどういう風にわかったのかは忘れてしまい、ただ、『わかった』という思いだけが残りました。だけど、それで十分でした。

ものすごく明るい光が……

信仰を取り戻したおかげで、それから間もなく訪れた夫の死にも耐えられたのだと思います。夫は健康そのものの人でしたが、ある日家に帰ってきたとたん、お腹が痛いといって苦しみだしました。急いで病院にかつぎこむと、重症の膵臓ガンだということがわかりました。膵臓ガンは痛みが激しいのです。医者は、数カ月しか持たないだろうといいましたが、夫はそれから三年半、苦しみながら生きつづけました。もし臨死体験によって信仰を取り戻していなかったら、私にはとてもあの三年半を耐えることはできなかったでしょう。私は自分の体験を夫と何度も話しあっていました。夫の死が近づくにつれ、私の体験した、肉体を離れた魂が存在するという事実は、夫の大きな心理的支え

になったようです。夫だけではありません。私たち家族全員にとってそうでした。夫の死の瞬間は美しいものでした。彼は、

『ジェリー、ぼくはもうすぐ死ぬ。あと二時間くらいだろう。息子たちを呼んでくれ。さよならをいいたいんだ』

といいました。私が息子たちを呼び入れると、彼はさよならをいいました。それから、私にもさよならをいいました。そして、

『ベッドの足元のところに兵士がいる。黄色い花を持っている』

といいました。私は何も見えなかったので、

『私には見えないわ。それは恐い人なの』

と聞きました。すると、

『いや、そんなことはない』

と答えました。そのうち、兵士がふえて、ベッドの両側に三人ずつ、足元に一人の計七人になりました。それから、

『天井のところの灯りを消してくれ』

といいました。そのときは、午前中でしたから、電燈なんかついていませんでした。

そういうと、夫は、

『いやついている。ものすごい明るい光だ』

といいました。私は、あの光の世界がいよいよ彼のところにやってきたのだと思いま

した。夫は少しも取り乱すことなく、とても冷静でした。声をあげて泣いたりして、取り乱しているのは家族のほうでした。彼はもう一度みんなにさよならをいい、それから、兵士たちは、一人だけを残してみんな引き下がったようだ、といいました。そして、

『ぼくを抱いてくれ』

といいました。私がそうしたとき、彼は息を引き取りました。

もし私の臨死体験がなかったら、私は彼をこんな風に安らかに、幸せに、美しく送ってやることができなかったでしょう」

こういう反応もまた、アメリカの臨死体験者のパターンの一つである。体外離脱は、肉体を離れた魂の存続の証明であると考え、キリスト教の伝統信仰に回帰するのである。

このパネルディスカッションで、会場からの質問に答えて、ジェリー・クレイズナーは、死の過程における、魂と肉体の関係について、次のように述べている。

「人が死の床にあるとき、人は死の恐怖におののくものだとみなさんは思っているにちがいありません。しかし、現実にはそうではありません。その場にいる誰よりも心静かに死を迎えるのは、死にゆく人その人です。死の恐怖におののいているのは、むしろ周囲の人たちです。死の苦痛はどんなにひどいだろうとおもんぱかって恐れるのです。しかし死に苦痛はありません。人は死ぬとき、必ず苦しみから逃れ、安らかに死ねるのです。拷問にかけられ、火あぶりの刑にされた昔の殉教者たちにも苦痛はなかったと私は確信しています。惨殺される子供にも苦痛はありません。いわゆる死の苦悶の前に、神

様は魂を肉体から解き放ってくれるからです。私の場合も、私が上から自分を見ているとき、私の肉体はまだ苦しみ、のたうちまわり、叫び声をあげていました。しかし肉体を離れた私のほうには、苦しみは一切なく、幸せな気持ちでいっぱいでした。肉体に死が訪れる前に、魂は肉体を去るのですから、人は死の苦しみを味わうことがないのです。魂が去ったあとの肉体は、ただの骨と皮と肉のかたまりにすぎません」

臨死体験で、体外離脱する場合、ほとんどのケースで、ベッドの上に残された体は、まるで死んだように横たわっているだけなのだが、彼女の場合は、苦しみのたうち、叫び声さえあげていたという。後でまた体外離脱について述べるところで紹介するが、体外離脱は、臨死体験以外でも起きることがあり、その場合、肉体は必ずしも昏睡など意識喪失状態にはなく、ある種の行動を継続しているということも結構あるのである。

ベトナム帰還兵にみる体験

もう一人紹介したい体験者は、ベトナム戦争に陸軍軍曹として参戦したジェリー・デュレーニーさんである。この人には、私のテレビ番組にも出演してもらっているから、ご記憶の方も多いかもしれない。彼の体験を、パネルでの発言と、独自に行ったインタビューから構成してみる。

「私たちの部隊はサイゴン北東四十キロのところにあるビエン・ホワ・ロン・ビン基地

に駐留していました。そこから周辺のジャングルのベトコン掃討作戦に、毎日交代で出撃するのです。毎日新しい命令がきて、小隊単位でヘリコプターに乗せられます。基地の周辺数キロないし三、四十キロの地点まで運ばれ、その周辺数キロの地帯をベトコンを求めて探索討滅するのです。数メートルずつ離れて、一列縦隊でジャングルの中を進んでいくと、突然ベトコンを見つけたり、あるいは逆にベトコンの待ち伏せ攻撃に出会ったりして、銃撃戦がはじまります。ジャングルに入ると、神経がピリピリし、ちょっとした物音にもビクッとして銃の引き金にかけている指に力が入りました。一度この探索に出ると、十五日から三十日は基地に戻れません。ヘリコプターから糧食や水の投与を受けて頑張るのです。終わって基地に戻ると、三日間の休みがあってまた次の探索に出ます。その繰り返しでした。そして、その間、ほぼ一日おきか二日おきに銃撃戦がありました。時とすると、毎日続くこともありました。

ある日、いつものように、ジャングルの中を、一列縦隊で進んでいくと、沼地に入りこんでしまいました。はじめは、水が足にかぶる程度だったのが、どんどん深くなり、そのうち、腰より深くなってしまいました。本当はそのあたりで引き返すべきだったのかもしれません。あとから考えると、まるで、自分から罠にはまりに行ったようなものです。水はさらに深くなり、ついには胸のところまできました。そこに、水中から生えている竹藪が壁のように立ちはだかっていました。部下の一人のビルという上等兵が、なたを取り出して、竹の壁に人が通れるくらいの穴をうがちました。穴を抜けると、向こうはまた水面が広がっていましたが、その向こうに乾いた陸地が広がっているようでした。ビルが先にそこまで渡ると、陸にあがって、なたを振りあげ、

『アメリカ大陸を発見したぞ！』

とおどけてみせました。そのときです。銃声が聞こえ、ビルは倒れて水面に落ちました。ベトコンの待ち伏せ攻撃でした。ベトコンは我々をU字形に取りかこんで、容赦ない一斉射撃を浴びせてきました。まるで、大粒の雨が水面を叩くかのように、一面に水しぶきがあがりました。そばに大きな丸太が倒れていたので、その向こうにもぐって逃げようとしましたが、向こうに出たら、目の前にベトコンがいました。あわてて元に戻りましたが、激しい射撃はいっこうに止みません。逃げようとあせるうちに、足が竹の根茎のからまりに引っかかって、動きが取れなくなりました。何とかしようともぐったところ、そこにベトコンが手榴弾を投げこみ、それが爆発したとたん、一瞬にして全てが真っ暗闇になってしまいました。

ふと気がつくと、私は広い広い野原の端に立っていました。見渡すかぎりデージー（ひな菊）の花でした。はるかかなたまで、目の届くかぎりデージーの花でいっぱいで、他には何もありません。空は何ともいえず美しい青空が広がり、雲ひとつありません。デージーの花の中に一本の道があって、その道の向こうに、大きな強い光がありました。ものすごい大きさです。そして、その明るいことといったら、太陽より明るいくらいです。しかし、不思議なことに、その強い光を直接見ても、目は少しも傷つかないのです。

ベトナム戦争で臨死体験をしたジェリー・デュレーニーさんの描いた絵

その光を見ていると、私は自分が強く愛されているのを感じました。暖かく、心地よく、何もかもこれでよしという気持ちになりました。私の全てが受け入れられていると感じました。その光があまりに魅力的なので、私はそれから目を離すことができませんでした。そのとき私は、自分のすぐそばに何ものかがいるのを感じました。そちらに視線を向けさえすればその存在が見えたでしょう。しかし、光から目をそらすと、その光から発して私を包んでいる完全な愛が消えてしまうような気がして、そちらを見ることができませんでした。その光は私を招きよせているような感じでもありました。しかし私は、そっちに行くと死ぬことになると思いました。そして、どうか神様、まだ私を死なせないで下さいと祈りました。私には病気の母がいました。私がベトナムに出発する前、母は大手術をしたばかりでした。私が死体になって帰ったら、母はきっと精神的ショックに耐えられずに死んでしまうにちがいないと思いました。それで、神様、どうかもう少し生かして下さいと祈ったのです。すると、『お前はまだ死ななくてよい。この男を連れ戻せ』という声を聞きました。そして、私のそばにいると感じていた『存在』が私の手を取るのを感じました。私は、その『存在』が私の手を握りやすいようにそちらに向かって手をのばしました。私はあいかわらず、その『存在』を目で見ることはしませんでしたが、私の手は握手でもするみたいに、彼の手にしっかり握られていました。

次の瞬間、私は意識を回復して、地面に横たわっていました。目を開けると、戦友たちが私を取りかこんで、泣いているのが見えました。私が目を開けたのに気がついて、みんな仰天しました。『いったい、どうしたんだ』、『お前は今の今まで死んでたんだぞ』と、口々にいいながら、みんな信じられないという表情で、私のことを見ていました。

後から聞いたところによると、まだ竹の壁の穴のところにいた戦友たちは、ベトコンのあまりの射撃の激しさに我々を救出することができないでいるうちに、私の体が水中に没してしまったので、一度は、もう死んだものとあきらめたのだそうです。ところが、私の体が再び浮き上がり、水の中から腕を一本だけ突き出すような格好で、竹藪の穴のところに流れ寄ってきたので、あわててその腕をつかみ、救出したというのです。しかし、水から引き上げたときには、息が止まり、心臓も止まっていたので、もう死んだものと思っていたというのです」

傷ついた肉体と精神

デュレーニー軍曹は、この臨死体験の話を、誰にもいわずに、自分の胸にしまっておいた。そして再び戦線に復帰した。この時は、大した怪我をしなかったが、一カ月後、ベトコンの部隊との接近戦で、ほとんど片腕を吹き飛ばされるという重傷を負い、除隊した。

「そのときは、ベトコンの塹壕のふちまで行って、壕の中の相手と撃ち合いをやるというほどの接近戦で、敵のＡＫ47自動小銃の乱射を受けて、右腕の下半分を吹き飛ばされたのです。腕の動脈が二十センチくらいなくなってしまい、出血多量で、ほとんど死ぬところでした。サイゴンの野戦病院では、腕を上腕部から切断しなければだめだといわれましたが、腕だけは切らないでくれと泣きながら懇願し、何とか残してもらいました。腕を残しても、どうせ使いものにはならないよといわれましたが、整形手術を重ねたり、リハビリにつとめた結果、何とか手の指を何本か使えるところまで回復しました。

しかし、精神的には、肉体以上のリハビリが必要でした。いつも神経を張り詰めていなければならなかった戦場の生活が、すっかり私の神経を痛めつけ、かなり重症の神経症になっていたのです。ちょっとでも変な音がすると、体がパッと反射的に反応するというハイパー・ヴィジラント症（過敏警戒症）になっていました。たとえば、陸上競技の試合を見に行って、スタートのピストルの音が鳴ったとたん、私は観客席の床の上に伏して、はったまま逃げようとするのです。ヘリコプターの音がしたときもそうです。反射的に伏せの姿勢をとってしまうのです。しかも、他の人にはほとんど聞こえない、遠いかすかな音にも同じように反応してしまうのです。完全なパラノイア症です。現実の音だけでなく、幻聴を聞くこともありました。前に、ジャングルで聞いた音がフラッシュ・バックのように耳元によみがえるのです。そのたびに、体が反射的に伏せの姿勢をとりました。妻はそういう私の症状に耐えられず、離婚して家を出ていきました。妻に見捨てられ、私は孤独でさみしくなり、心が空っぽになり、死にたくなりました。あの臨死体験を思い出して、向こうの世界では、自分がトータルに愛され、受け入れられ、幸せで安らぎを得ていたことを思い出し、この世で苦しい思いをつづけるより、あっちの世界に戻ったほうがいいと思ったのです。そして、首をつるつもりで、ロープを取り出して地下室の一角にそれをぶら下げていよいよというときに、知り合いの婦人が訪ねてきました。そして、目ざとくロープを見つけて、あんたは、いったい何てバカなことをしているの、といいました。私が、いや、何でもない。私は大丈夫だというと、彼女は、何でもないわけがないじゃないの、といって、私の肩を抱きました。私は思わず、彼女の胸に顔を埋めて、ワーワー泣いてしまいました。彼女の弟がやはりベトナム帰りで、帰国してから私と同じように神経を病み、自殺していたのです。ベトナム帰還兵の自殺率、離婚率というのは驚くべき高さなのです。彼女は黙って、私を抱きしめていました。私は久しぶりに人に愛されているという気持ちを味わうと共に、臨死体験のときに上で味わった、全面的に、完全に愛されているという気持ちを思い出して、そうか、あの体験は、私に、人が愛し合うことがどれほど大切なのかを教えるためにあったのだと思いました。

そこで私は、気を取り直して大学に入り、精神的に困難な状況におちいっている人たちの手助けをしようと、心理学コースを取り、カウンセラーになりました。大学で、心理学をやっている友達ならわかってくれるかもしれないと思って、自分の体験を話してみたことがありました。ところが、友人たちの反応は全く否定的で、ワハハハと笑って、そのときどんなドラッグをやっていたんだといいました。ベトナム戦争中、兵士たちがみんなドラッグをやっていたことはよく知られていたので、ドラッグによる幻覚にちがいないと思われたわけです。それまでもその体験を人に話すことはなかったのですが、それ以後、より一層人にしゃべる気が失せました。その次に人に話したのは、つい数年前、一九八六年、祖父が心臓発作で死にかけたときです。最初の発作のとき、妹が多少医療の心得があったので、すぐに心肺蘇生術をほどこして、何とか一命を取りとめましたが、そのあとも、意識が出たり戻ったりで、いつ死んでもおかしくない状態がつづきました。私は病院に見舞いに行って、じいちゃん、もうすぐお別れだな、だけど何も心配することはないよ、といって、私の体験を話してやりました。すると祖父はうなずいて、『知ってるよ』といいました。私はびっくりして、『なんで知ってるの』ときくと、発作で倒れて死にかけたときに、祖父も臨死体験をしたというのです。妹が祖父の上にまたがるようにして心臓マッサージしてる場面を天井のあたりから見ていたというのです。それからやはり光の世界に入っていったというのです。『あそこは、ほんとにきれいなもんだな』といいました。私が、うん、と答えると、『そのうちお前ともあっちで会えるよ。待ってるよ』といいました。それからしばらくして、祖父は安らかに息を引き取りました。私は臨死体験は、死後も人間の生が存続することを証明しているのだと思っています。だから死を恐れません。体験した人はみんなそうです。死を恐れなくなります。

臨死体験なんていうものは、一種の幻覚にすぎないと主張している人たちがいるのはよく知っています。しかし、その主張も仮説の一つにすぎません。科学的に証明されているわけではありません。脳の中の現象にすぎないなどといっていますが、では脳のどこでどういう風にして起こる現象なのかという説明は誰もつけていないのです。

それとは逆に、臨死体験は死後生存の証明だといっても、それは科学的な意味での証明ではありません。私は体験者として、そう思わずにはいられないということです。私だけでなく、多くの体験者がそう信じているということです。臨死体験の内容というのは、本当に言葉につくしきれないものがあります。だから、どうしても、言葉だけではわかってもらえないのです。その不十分な言葉をもとに、それは幻覚だの何だのと論じる研究者を見ていると、お産をしたことがない男が、産婦からのことばによる報告をもとにお産を論じているみたいなものだと感じます。体験者にはわかりきったことが、非体験者にはなかなかわからないのです」

デュレーニーのこの考えにも一理はある。しかし、では、臨死体験者がみなそれが死後の世界の存在の証明だと思っているかというと、そうでもないのである。日本の場合、あれは幻覚だと、はっきり断言する体験者が結構いるということは、前にも書いた。

ベトコンにやられた右脚

アメリカには、ベトナム戦争に参戦して、戦場で臨死体験をしたという人が珍しくない。アメリカの研究を見ると、たいてい体験の何例かはベトナム帰還兵の体験から取られている。

私が取材した中にも、もう一つベトナム帰還兵の例がある。現在、ワシントン州シアトル郊外に住むデーブ・クックさんで、一九六五年に、ベトコンの迫撃砲攻撃にやられて右脚を失った人である。

「当時、私は空軍第一騎兵師団のヘリのパイロットで、サイゴン南方百六十キロのバク・リウというところにある空軍基地にいました。そこはメコンデルタ地帯で、ベトコンの勢力が強く、空軍基地は孤立していました。基地の周囲は壕が張りめぐらされ、迫撃砲による自動反撃装置もありました。レーダーで基地の周囲を常にチェックしていて、どこかから砲撃や銃撃を受けると、そこに直ちに迫撃砲を撃ち込むという仕掛けになっていたのです。そういう装置があるので、基地が直接攻撃を受けることは少なかったのですが、基地を一歩出ると、いつでも攻撃される可能性がありました。基地から近くの町へ通ずる通路などは、ベトコンが繰り返し仕掛ける地雷で穴だらけになっていました。

その日は実をいうと、私の二十三歳の誕生日でした。それで町へ三人の仲間といっしょに出掛けて、かなり酒を飲み、酔っ払って帰ってきました。そして十時すぎにはベッドに入ってぐっすり眠っていました。基地の中には滑走路があり、飛行機やヘリがならんでいました。その端のほうに、木造の兵舎が八つならんでいて、一つの兵舎の中に、ベッドが五十ぐらいならんでいたと思います。暑いので、私はパンツ一丁で毛布もかけずに寝ていました。

夜中の一時すぎに、半分夢見ごこちの状態の中で、私は、迫撃砲の砲身の中に弾を入れる音を聞きました。迫撃砲というのは、普通の大砲とちがって、砲口から弾を入れるとそれが砲身を落ちていって、底にある撃針に触れることで発射されるという構造になっています。その音が聞こえたのです。

その日はなぜか、基地を守っている自動式の迫撃砲反撃装置が三組もあるのに、三組とも故障していて使えないという状態にありました。それを知ってか知らずか、ベトコンは迫撃砲攻撃を加えてきたのです。

最初の一弾は、滑走路のほうにある航空燃料置場を狙っていました。その爆発音が聞こえたとき、私はベッドの上に起き上がっていました。つづいて二発目が、やはり滑走路のほうに飛んでいきました。私は『みんな逃げろ！』と叫んで、兵舎の外に裸足でかけ出しました。兵舎のならびのはずれのところに、砂袋で六重に防護したコンクリート造りの掩蔽壕《えんぺい》があり、そこなら、迫撃砲弾をくらっても大丈夫なので、そこに逃げ込もうとしたわけです。三発目が頭の上をこえて、また滑走路のほうに飛んでいきました。私が必死になって走って、掩蔽壕まであと三メートルというところまできたところに、四発目の迫撃砲弾が飛んできました。

砲弾が飛ぶ音が急にきこえなくなったので何だろうと思って振り返ると、一・八メートルくらい後ろ側の地面が大きく口を開けようとしているところでした。それから突然、スローモーション撮影の場面のように、すべての動きがゆっくりになり、一瞬一瞬がくっきりと順を追って見えました。地面に穴が開き、それがすり鉢状に広がり、そこにあった小石が吹き上げられていくさまがスローで見えました。なんてきれいな石なんだろうと思いました。

次の瞬間、私の体は宙を飛び、三メートルはなれた掩蔽壕に背中から叩きつけられていました。叩きつけられた場所は少し上のほうだったのですが、ズルズルと地面まですべり落ち、掩蔽壕によりかかるような姿勢になりました。右脚がグラグラして、何も感覚がないので、見ると、膝のあたりが大きく吹き飛ばされていて、上と下はわずかにひものようなものでつながっているだけでした。そこへもう一つの砲弾が飛んできて、目の前で炸裂しました。その辺にいた何人かが吹き飛ばされました。一人は同じ部隊の友人でした。あたりは血だらけでした。

私がいたのは掩蔽壕の入口のところで、その辺は次から次へ兵舎から避難してくる兵士たちが押しかけてくるので、人でごった返していました。混乱の中で何人かの兵士が、私の脚を踏みつけにしたり、顔のあたりを蹴飛ばしたりしました。そういう兵士の一人にしがみついて、『お前のバンドをくれ。脚をしばって血を止めるのに使うから』といいましたが、その男は、私をふりほどいて行ってしまいました。別の男にもう一度頼んでみましたが、やはりだめでした。

真っ白な光の中で

私は自分の手で傷口をギュッとおさえつけて、血を止めようとしていましたが、血は指の間からどんどん流れ出していました。そのうちに、体がピクピク痙攣したかと思うと、何も見えなくなり、私の体は地面にくずれ落ちました。すると、私の目の前に、私が生まれたときからそれまでにたどった人生のさまざまなシーンが、カラーで生き生きと映し出されてきたのです。音はなく、静かで美しい絵巻でした。最後は、そこに横たわっている私の姿で終わりました。次に長い長いトンネルがあらわれました。他の体験者はトンネルは丸いチューブ状だったといいますが、私の場合は、四角でした。トンネルの向こうには光が見えました。トンネルをずっとあがっていくと、トンネルの口径がどんどん大きくなり、やがて向こうに見える光から、光線がトンネルの中に差しこんで入ってきました。光の色は真っ白でした。これまでに見たことがないほど純粋な白でした。トンネルの向こうに出ると、光しかありませんでした。グルッと見まわしてみましたが、三百六十度、光しかありませんでした。そして、それがとても強い光なのに、まぶしさを全く感じないのです。地上でそれだけ強い光に出会ったら、必ず目を細めなければならないところですが、目を大きく見開いていられます。

そのとき、声はしないのですが、私に質問が投げかけられました。お前はここにとどまりたいか、というのです。私は大声で、『ノー』と叫びました。『私は息子に会いたいんです』と叫びました。妻が妊娠していて、予定日が二週間後だったんです。どうしても、自分の子供が抱きたかったんです。

そう叫ぶと、私は意識を取り戻して、野戦病院のベッドの上にいました。輸血用の血液パックが四つも目の前にブラ下がっていて、私の体に血液を送りこんでいました。大出血したので、大量輸血をしているところでした。『ぼくは生きているんだね』と、思わず看護婦にききました。それから間もなく手術室に連れていかれて、右脚を切断されました。切断といっても、脚は四本の腱と一本の太い神経でつながっていただけでしたから、手術は簡単でした。チョンチョンと切って、脚をそこにあったゴミ袋みたいなもの中に放り込んだだけでした。そこまで見たところで、また気を失いました」

デーブ・クックさんもまた、臨死体験を伝統的なキリスト教の枠組の中でとらえ、自分が足を踏み入れたところは天国だと思っている。

「人間が死ぬとき、魂は肉体を離れて、天国に行き、永遠の生命を受けつぐ。そこには、神という至高の存在があって、それがすべての魂の面倒を見てくれるので、悩みも苦しみもいっさいなくなる。そういう風に信じてますから、死ぬのは全く怖くありません。前から天国があるとは思っていましたが、どういうところか見当もつかなかった。だけど、いまはあれがそうなんだと思います。あそこは天国の入口だったんです。あそこで、ここにとどまりたいといえば、中に入っていけたんだと思います」

日本の体験者

戦争という異常な状況は、臨死体験を生みやすいのか、私のところに寄せられた日本の体験談の中にも、戦争による体験が少なからずある。

たとえば、新津重雄さん（東京・江東区）は、昭和十九年、中国の河南省洛陽市を攻略しているとき、敵の銃弾を頭に受けて体験した。

「一弾が鉄帽を貫通。私は地上に倒れ、出血がひどく、鉄帽を上げると鮮血がサーッと顔に流れ軍衣を赤く染めました」

出血がひどくなり、「地中に引きこまれるように」気が遠くなるかと思うと、頭のズキズキという痛みで気がついたりという状態を三十分あまり繰り返した。

「その間、子供のときのことが走馬燈のように、次から次へ現れては消え、消えては現れました。遠足にいったときのこと、誰かに怒られたこと、浅草のお祭りにいったことなど、いろいろありました」

そのあと完全に気を失って、約一時間半後、野戦病院にかつぎこまれるまでの間、幽明界《さかい》をさまよった。その間に、次のような体験をした。

「私は河原にあお向けに倒れていた。足が河を向いていた。河の水音に気がついて、前方を見ると、誰かが手招きをして私を呼んでいる。よく見ると、四年前に死んだ父親だった。そっちのほうに少しでも近づきたいと思って、身体をまげて、そちらのほうにはいずっていく努力をしたが、気があせるばかりで、近づけなかった。河のこちら側にも、向こう側にも、大勢の人がいた」

新津さんは、自分が見たものは、三途の川だったのだろうという。そして、父の呼びかけにこたえて向こう岸まで行っていれば自分は死んでいただろうという。といっても、宗教心を持っているというわけではない。昔も今も無宗教という。臨死体験で、人生観、死生観が変化したこともないという。

しかし、不思議に思っていることが一つある。それはその体験の三十年後に、会社の旅行ではじめて上高地に行って、梓川のほとりに立ったときのことだ。この風景はたしかにどこかで見た風景だと思って、河原にしゃがみこんで、視点を低くしてみると、そのときに見た三途の川と同じだったというのである。なぜ三途の川が梓川と同じだったのか、全く見当もつかない。体験前に梓川の風景を写真で見たこともなければ、絵で見たこともないという。

高取道武さん（東京・西多摩郡）は、海軍経理学校卒の見習尉官として、空母瑞鶴に乗組み、比島沖海戦に出撃、魚雷を受け沈没した。

「戦闘は苛烈を極めて、そのうちに『瑞鶴』にも魚雷が機関室付近に命中。私のいた烹《ほう》炊《すい》所はもの凄い振動とともに停電。植木中尉と私は、主計兵たちにただちに上甲板に昇れと命じた。その間にも魚雷を三発ばかり受けて浸水した艦はやや傾斜し、速度もかなり落ちてきた。

突然あたりが真っ赤になって真っ黒になった。後甲板のラムネ製造室のあたりに、直撃弾が飛行甲板を撃ち抜いて炸裂した。私は格納庫の壁に叩きつけられた。周囲では、そこでもここでも、『天皇陛下万歳』、『天皇陛下万歳』の声が聞こえる。――私は故郷の家の手前の橋を渡っている。しかも橋板の二メートルくらい上を渡っている。家の門には父母と兄弟が出て、じっと私のほうを見ている。意識の底のほうで『死』とはこういうものかと思っている。さらにその底のほうで、これで門までたどりつけば、本当の『死』だと思っている。俺も『天皇陛下万歳』といわなければ、と思う。

ふと気がついてみると、私の上に何人もの兵がかぶさって息絶えている」

森崎兼守さん（長崎県・大村市）は、昭和十五年、駐蒙古軍が展開した五原作戦に上等兵として参加し、烏鎮という草原地帯で、敵の蔣介石軍と遭遇した。

「その夜は敵が構築していた散兵壕で、敵と約五十メートルの距離で対峙しておりました。私は、分隊長が戦死していたので分隊長代理をしていました。二月一日午前零時を過ぎていたと思います。ちょっと上体を乗り出し、右側方の敵の動静を確認し、異常が無かったので、上体を左に回した瞬間、左前頭部にガァーンと強い衝撃を受けました。鉄の棒で殴られたような感じでした。脳震盪を起したらしく、そのまま気を失いました。

それから、何の痛みもなく、雲のようなフワフワしたものに乗ってふわりふわりと円を描くようにしながらどんどん上昇していきました。これが死出の旅、行きつく先は故郷だろうか、それとも靖国神社だろうかと思いました。

そのうち誰かが遠くでかすかに『森崎』『森崎』と呼んでいるのがきこえました。その声がだんだん近づいてきて、大きくなったかと思うと、私はハッと我にかえりました。気がつくと、散兵壕の中で倒れており、戦友が一生懸命私の名前を呼んでいるところでした」

森崎さんは、これは魂が肉体を出て、死出の旅についたところだったのだろうと解釈している。まだあの世にはたどりつかなかったが、あのままいけば、あの世だったろうと思っている。あのときのように、何の苦痛もない死出の旅は、極楽浄土への旅であろうと思っている。この体験で、特に人生観、死生観が変わったことはないという。

五味啓次さん（東京・杉並区）の体験は、戦場の体験ではなく、空襲によるものである。

昭和二十年三月四日、当時中学五年生だった五味さんは、駒込にある先生の家で寝起きしていた。

「当日は朝からどんより曇った日でした。朝六時半頃警戒警報のサイレンが鳴り響き、その数分後には空襲警報、敵機来襲と矢つぎ早につづきました。小高い場所で四囲を眺めると、王子方面に噴煙が上がっている。シュルシュル、ドカン！　と近くに爆弾が落ちてくる。恐怖と孤独。先生に頼まれていた家系図を持って防空壕に飛びこんだ瞬間です。シュルシュル、ピューという音と同時に大きなショックを受けた」

爆弾が防空壕を直撃したのである。五味さんはそのまま気を失い、次のような体験をした。

「暗黒の中に、まばゆいばかりの閃光の世界が開けていた。花園が見えた。美しい花園である。色はいまでもはっきり覚えている。紫、黄色、白、赤の花がいりみだれていた。その花園の中に、私を手まねきする人がいる。真っ白い衣裳をまとったお坊さんだった。一見、光の束のようにも見えたが人格的なものを感じた。こちらへいらっしゃいと手まねきしている。その花園へ何とかして行きたいと足を踏み出そうとすると、足元が底無しの暗黒の淵に変わってしまう。右側の淵を、一人のお嬢さんが平気で渡っていく。私もそちらへ行こうと試みるが、どうしてもその暗黒の淵が渡れない。そんなことを二、う。
「三度繰り返しているうちに、大きな声で自分が呼ばれているのに気がついた」
気がついてみると、防空壕がくずれ落ち、くずれた壁にはさまれて、身動きができない状態だった。土を掘り起こすつるはしが鉄兜にあたった衝撃で意識が戻ったのだという。

この体験をはじめは夢かもしれないと思っていたが、その後、人は死ぬと霊界に入るのだと信じるようになった。そして、三途の川も存在すると考えるようになったという。それとともに、死を恐れなくなった。その後、胃ガンの手術もしたし、心臓の手術もしたが、周囲の人が不思議がるくらい、恐れを持たなかった。そして、生きている間はいい思い出を沢山作ろうと思って、一日一日を大切にするようになったという。

臨死体験の受けとめ方は、人さまざまである。生まれ育った文化によってもちがうし、個人によってもちがうのである。

第十四章　星への旅

前にもちょっと紹介したが、臨死体験研究の世界的先駆けとなったのは、エリザベス・キュブラー・ロスの研究と、レイモンド・ムーディの研究である。

この二人が、どのようにして臨死体験研究に入っていき、いま臨死体験をどう考えているかを、直接インタビューしたので、それを紹介してみる。

キュブラー・ロスは、前にもちょっと紹介したが、ターミナル・ケアとサナトロジー（死生学）の世界的権威で、『死ぬ瞬間』をはじめとするその著作は、世界中の医者、看護婦の必読文献となっている（邦訳は五冊。『死ぬ瞬間』のほかに、『続　死ぬ瞬間』、『死ぬ瞬間の対話』、『死ぬ瞬間の子供たち』、『新　死ぬ瞬間』。いずれも読売新聞社刊。『死ぬ瞬間』は七十六版を重ねている）。

キュブラー・ロスは、スイス生まれの精神科医だが、アメリカ人の神経生理学者と結婚したので、結婚後は、アメリカを中心に仕事をしている。かつては、シカゴ大学医学部助教授などを務めていたが、いまは一切の公職を退き、バージニア州の人里離れた山中の農場に住んでいる。そこで自給自足的生活を営む一方、農場の一画に国際セミナーハウスを作り世界各国からやってくる医療関係者に、ターミナル・ケアの指導を行っている。といっても、世界各地から講演やセミナーなどの依頼が殺到しているので、この農場にいられるのは、一年の半分くらいだという。世界中から取材の申し込みが殺到しているが、マスコミが嫌いなので、ほとんど断っているという。私たちの取材が受け入れられたのは、全くの好運からである。

エリザベス・キュブラー・ロスは、一九二六年にチューリッヒで生まれた。父は不動産会社の副支配人だった。

キュブラー・ロスについては、伝記『「死ぬ瞬間」の誕生』（読売新聞社刊）に詳しいが、彼女は娘時代から一貫して、病める者、苦しむ者への奉仕と救済に献身してきた。十九歳のとき、「平和のための国際ボランティア奉仕団」に入り、ベルギー、スウェーデン、ポーランド、ドイツ、イタリアの各地で、六年間にわたって難民救済の仕事にあたった。そのとき、苦しむ者を救うためには医学技術が必要であることを痛感し、チューリッヒ大学で医師の資格を取った。卒業後はアフリカかインドでシュバイツァー博士やマザー・テレサのように貧困と病気に苦しむ人々の救済に当たろうと考えていた。しかし、アメリカからきていた留学生にプロポーズされ、「世界で最も野蛮なジャングルはニューヨークだ。ニューヨークにも、アフリカやインド以上に悩み苦しむ人たちがいる」といわれた。彼を愛していたので、その説得を受け入れ、結婚してアメリカに渡った。アメリカでは、マンハッタンの、「患者が、動物か、見世物か、人間モルモットみたいに扱われている、悪夢のような精神病院」で働いた。そこで、医者からは完全に見放されている重症の精神病患者の救済に力を注いだ。

その後、コロラド大学に移り、精神科の助手を務めているうちに、ターミナル・ケアの問題に取り組みはじめた。そして、医者は患者の死の問題に目をそむけているが、医者と、死を目前にしている患者とは、お互いに死を直視したコミュニケーションを持つべきであると説くようになった。

サナトロジー研究のきっかけ

――キュブラー・ロスさんが、人の死の問題について、最初に関心を持つようになったきっかけは何なのですか。

「第二次大戦が終わったあと、私は荒廃したヨーロッパ各地をまわって、難民救済の仕事をしていました。そのとき、ポーランドのマイダネクで、ナチスのユダヤ人強制収容所のあとを見学しました。その収容所は、二十九万人の子供たちが虐殺されたところで、犠牲者の遺品は、ベビーシューズだけでも、トラック何台分もあるほどでした。ガス室にはまだ異臭が残っており、それは本当にショッキングな光景でした」

そのときの様子が、『「死ぬ瞬間」の誕生』の中では、次のように描かれている。

「バラック内部の暗がりになれると、木製の二段ベッドがみえた。二段ベッドには収容者が五人も詰め込まれていたのだ。壁にはひっかいて書いた落書きがあった。何百もの頭文字、悲痛なメッセージ、蝶の絵……。ひっかいて描いた蝶の絵は、いたるところにあった。数日後、いやおそらくは数時間後に、ガス室での死を控えた男女、子供たちが、最後のメッセージを残していた」

蝶は、魂の象徴だった。死を覚悟した人々が、自分たちが死んだ後、魂として生き残る夢を蝶の絵に託していたのである。第一章で、キュブラー・ロスが死の床にある子供たちに、死とは何かを説明するために、いつも、さなぎと蝶が裏表になっているぬいぐるみを持ち歩いているという話を紹介した。はじめはさなぎのほうを見せておき、それをクルリと裏返しにして蝶に変身させ、肉体（さなぎ）を脱ぎ捨てることによって魂（蝶）が羽ばたいて飛んでいくのが死だと説明するのである。このアイデアは、強制収容所で見た蝶の絵からきている。

収容所を見学しているときに、彼女はゴルダという一人のユダヤ人女性に出会った。

「ゴルダは、かつてその収容所の囚人でした。両親、祖父母、兄と姉、みんないっしょに収容されていました。そしてある日、とうとうガス室に入れられる日がきました。その日のリストに載っている人間をみんな押し込んでみると、ギュウ詰めになって、ガス室のとびらが閉まりませんでした。そこで、一番外側にいた彼女が外に出されました。こうして彼女だけが奇跡的に助かったのです。戦争が終わったら、彼女は収容所の生き残りとして、この恨みを一生語り伝えてやろうと決心していました。しかし、実際に戦争が終わったとき、彼女は、恨みをはらすという行為は、ネガティブな行為だと思うようになりました。ナチスがやったネガティブな行為の上に、もう一つのネガティブな行為を積み重ねたところで何になるだろうと思ったのです。ネガティブな行為の連鎖を打ち消すものは、許ししかないと思って、彼女はヒットラーも含め、あの恐ろしいことをした人々をすべて許し、小児科病院で、ドイツ人の子供の世話をする仕事を選んだのです。誰の心の中にも、必ずヒットラーが住んでいます。それとともにマザー・テレサも住んでいます。ネガティブな行為をしようとする心はヒットラーのものです。私はゴルダの話を聞いて、彼女のように、自分の心の中のヒットラーの存在を認識し、あらゆる意味でネガティブな行為をやめ、ポジティブな生を生きることが何よりも大切なんだと思うようになりました。これが、人の生と死について、私が真剣に考えるようになったはじめです。しかし、まだこのときは、人の死のプロセスなどといったことには関心がありませんでした」

——死に瀕する患者の話を聞き、死の心理的な受容過程を明らかにする研究をはじめるようになったのは、どういうきっかけだったのですか。

「一九六三年、コロラド大学で、精神科の助手をしていたときのことです。教授が、どうしても授業を休まなければならない事情があって、二時間だけ私に授業をやってくれというのです。授業の内容は何でもよい。私にまかすということでした。いろいろ考えた末、私は死について講義することにしました。死は、医学生にとって、最も身近なテーマであるはずなのに、それまで誰も何も教えなかったのです。私は授業を二部にわけ、一部で、死というものが、世界のいろいろな文化の中でどういうものとして受けとめられているかを講義し、二部では、死を間近にしている患者を教室につれてきて、学生たちと語り合わせようと思いました。そういう状態の患者が、どういう気持ちでいるのかを知ることが、医者になる人間にぜひとも必要であると思ったからです。その役目を引き受けてくれたのは、リンダという白血病の十六歳の少女でした。彼女は、あと一年ももたないだろうと診断されており、本人もそれを知っていました。リンダが車椅子に乗って教室に入ってくると、学生たちは息をのんで、何もしゃべらなくなりました。六人の学生を選び、彼女に何でも聞きたいことを聞いてごらんなさいというと、学生たちは、口ごもって、症状はどうですかとか、苦しくありませんかといったことを聞くだけでした。そこで私は、『リンダ、あなたが話したいと思っているのは、こんなことなの』とききました。リンダは、『いえ、わたしが話したいのは、まだ十六歳だというのに、あと一年しか生きられないと宣告された女の子の気持ちです』と、きっぱりいいました。そこで私が次々と質問しました。はじめて白血病と宣告されたときどんな気持ちだったか。迫りくる死をどう受けとめているか。家族や友人は、彼女にどういう態度をとっているのか。いま彼女がいちばん望んでいるのは、どういうことなのか。一つ一つの質問にリンダは率直に自分の心の内を語ってくれ、学生たちはその一言一言に涙を流して感動していました。これが、死と死にゆくことについての私のセミナーの最初の試みになりました。この授業が評判になり、その後も、瀕死の患者を呼んでその心理状態を聞き、医者としてそういう患者に何をしてやれるかを考えるというセミナー形式の授業が行われることになったのです」

その研究の積み重ねが『死ぬ瞬間』に結実することになったのである。同書が出版されると、世界的なベストセラーになり、キュブラー・ロスのもとには、世界中の医者、患者から助言を求める手紙が殺到するようになった。その数は、現在でも、月に三千通に達するという。

父の臨終に立ち会う

——その研究がはじまった当時は、死というものをどう考えていたんですか。人間は死んだらどうなるのかとか、死後の世界とか、そういうものにも興味を持っていたんですか。『死ぬ瞬間』では、そういう問題にぜんぜんふれていませんが。

「その当時は、そういうことには全く関心がありませんでした。私は医者でした。私の関心はもっぱら末期患者の肉体的、精神的苦痛をいかにすれば軽くしてやれるかということに集中していました。『死ぬ瞬間』に書いたような末期患者の死の受容のプロセスの研究も、そういう観点からなされたものです」

——その頃、死というのは何だと思っていたんですか。単なる存在の消滅だと思っていたんですか。

「死とは何かということを突きつめて考えたことはありませんでした。ただ私はキリスト教徒ですから、神が存在すると信じていました。私は神を完全に信頼しています。神がなすことは、人の死も含めすべて正しく、すべて善きものであると信じています。人が死んだらどうなるかは、そのときになればわかることだから、死ぬ前からあれこれ思いわずらうことはないと思っていました」

——しかし、次第にそっちのほうに関心が移っていかれましたね。

「二つのきっかけがあったのです。一つは、父の死でした。父は肘《ひじ》に炎症を起こしてちょっとした手術をしたところ、手術が失敗して敗血症を起こしてしまったのです。私が急いでスイスに帰ったときには、もう手遅れになっていました。父は入院していましたが、どうしても家で死にたいというので、家に連れて帰りました。家に帰って三日目の晩、父は突然見知らぬ人と会話を交わしはじめました。私にも家族にも何も見えませんでしたが、父には目の前に誰かがいるのが見えるらしく、その人と話をしているのです。話の内容から、その相手は父の父、つまり私の祖父だということがわかりました。祖父は私が生まれる前に死んだので、私は会ったことがありません。話を聞いていると、父は祖父に許しを乞うているのでした。祖父は馬から落ちて首の骨を折り、全身麻痺状態で重症身体障害者の施設に入れられました。家族の者はあまり見舞いにもいかず、死ぬときも施設で孤独に死にました。父はそのことを悔んでおり、自分も病院にいたら、同じように孤独に死ぬにちがいないと思って、どうしても家で死にたいと主張したのです。父が死んだ祖父と会話を交わしはじめたからといって、父の意識が混濁して、譫妄《せんもう》状態に陥っていたということではありません。父の意識は、最後の最後まで正常に保たれていました。見当識《けんとうしき》（ここはどこ、今はいつ、その人は誰という理解）も最後まで正常でした。祖父と話している最中に、急に私のほうを向いて、『エリザベス、水を一杯持ってきておくれ』といってからまた話しつづけたりするのです。父は祖父に『お父さん、本当にすみませんでした。自分が死ぬときになって、はじめてあのときのお父さんのつらさがわかるようになりました。本当にすみません』といったことを繰り返していました」

——その現象をどう解釈したんですか。幻覚だとは思わなかったんですか。

「幻覚とは思いませんでした。医者の常識としては、それは幻覚です。父のケースと同じように、死を目前にした患者の前に、他の人には見えない誰かが現われて、その人と会話を交わすという現象は結構あるのです。私も多くの患者を看取るなかで、そういう事例に何度も出会っていますし、他の医者からも沢山の報告があります。医者はこういう現象に出会うと、『ああ、幻覚を見ているな』といって、カルテに幻覚と記入するだけで、その内容には、一切注意を払いません。会話を交わしている相手が誰で、その会話の内容が何であるかといったことは、医者の関心外なのです。幻覚というラベルを貼ったら、それでおしまいなのです。父のケースに出会うまでの私もそうでした。そういうことがあるということは知っていましたが、私もそれを幻覚ということで片づけていました。しかし、父のケースを目の前にして、私はこれは幻覚ではないと確信を持ったのです」

人は死んでも存在し続ける

――幻覚でないとしたら、それは何なのですか。

「多分、人は死んでも、別の存在の仕方で存在しつづけるのだと思います。そして、人間は普通の意識状態にあるときは、そういう存在とコミュニケートできないけれども、死を目前にしているといった何か特別の意識状態にあるときには、そういう存在とコミュニケートできるようになるのだと思います。だから他の、幻覚を見たとされている末期患者にしても、本当は幻覚を見ていたのではなく、父と同じようにそういう存在とコミュニケートしていたのではないかと思うのです。父の死以後、私はそういう〝幻覚〟体験をしている患者に出会うと、誰とどういう会話を交わしているのかを注意深く観察するようになりました。そしてますます、これは幻覚ではなく現実体験なのだということを確信するようになりました。現実体験といっても、当人以外の第三者にも同じように知覚できる客観的現実というわけではありませんが」

――そうすると、人が死ぬとき、さなぎから蝶がかえるように肉体から魂が抜け出して別の次元の世界へ羽ばたいていくのだという話を、子供向けの比喩としてではなく、文字通りそうなのだと信じていらっしゃるのですか。

「ええ。その通りです。私は何千人という患者を看取ってきました。私ほど多くの患者の臨終を看取った人間は他にいないと思います。私は自分の患者と、いつも深い人間関係を持ちました。親兄弟のように、他の人には話せないどんなことでも打ち明けて話ができるような関係を患者との間に作りました。その人たちが死ぬと、その存在が一切消滅してしまうのだというのは、私にはどうしても信じられないことです。ついさっきまでその人と親しく話し合っていたのに、死の訪れとともに、そこにあるのは亡骸《なきがら》だけで、その人自体はどこにもいなくなってしまう。そこにある死体はその人ではない。その人自体はどこに行ってしまったの。これが人の死に出会うたびに私の心の中でつのる疑問でした。人が死ぬとき何が起こるのか。人は死んだらどうなるのか。私はそれを何とかしてつかみたいと思いました。そして、その研究に私ほど適している人間はいないと思いました。私は誰よりも多く臨終の場に立ち会っていたからです。そして、そういう関心で人の死を観察すればするほど、父の死に際して私が感じたこと、つまり、人は死んでも、存在の様式を変えるだけで存在しつづけるのだということが正しいと思うようになったのです」

——そうすると、この世というのは存在の一部にすぎないと。

「ええ。そしてそれは、死後の問題に限ったことではありません。七〇年代から、私は子供の末期患者を中心的に看るようになりました（子供と死の問題については、彼女の八番目の著作『新・死ぬ瞬間』——原題 On Children and Death——に詳しい）。そのとき気がついたことですが、子供たちというのは、大人がコンタクト能力を失ってしまったスピリチュアルな世界とコミュニケートする能力をしばしば保持しているのです。たとえば、子供の場合は、別に死にかかっていなくても、私の父が死に臨んでしたように、スピリチュアルな存在と言葉を交わすことができるのです。子供はしばしば、他の人には見えない自分だけの遊び友達を持っています。そして、その友達としゃべり合ったり、遊んだりしています。大人はそれを想像上の産物と思っていますから、子供がちょっと大きくなると、『お前はもう大きくなったんだから、いつまでもそんな小さな子供みたいなことをしていては駄目だよ』と叱って、そういうコミュニケーションを禁じてしまいます。私はあれは、子供の想像だとは思わないのです。子供は、本当にスピリチュアルな存在とコミュニケートして遊んでいるのだと思います。カトリックの教えによると（キュブラー・ロスはプロテスタントである）、人は誰でも、生まれてから死ぬまで、いつも守護天使が身近につき従ってくれているといいますが、それが守護天使かどうかはともかく、コミュニケートする能力さえ持てば、すぐにコンタクトできるスピリチュアルな存在が誰のそばにもいるということはほんとなんじゃないでしょうか」

彼女がここで語っている、子供が想像上の遊び友達を持つという現象は、発達心理学の上でよく知られた現象で、「想像上の友達（imaginary companionship）」と名付けられている。三、四歳児ではかなりポピュラーに見られる現象だから、子育ての経験者なら、思い当たる人がかなり多いはずである。我が家でも、上の娘が二歳の時に、その手の友達を持っていた。見ていると、本当にそこにもう一人の子供がいるかのように会話を交わしながら、いつまでも遊んでいる。「その子はどういう子なの」と質問すると、ちゃんと教えてくれる。なんでも、ヘンドロという奇妙な名前を持った男の子だった。何か悪さをして叱られると、「あ、それは、わたしじゃないの。ヘンドロがやったの」といって、罪をヘンドロにかぶせてしまうということがよくあった。

発達心理学の本をひもとくと、こういう想像上の友達は、「ままごと遊びの延長上にある高度な象徴遊び」とか、「友達と遊びたいのに友達が持てない、あるいは友達と遊び足りない不満をまぎらわすための代償的行為」といった解釈が与えられている。悪いことをしたとき、その子に罪をかぶせてしまうというのも、発達心理学上、健全な現象とされている。

「こうした空想上の友達が果たす機能はいくつかあり、現実の友達がいないときには、その代役を果たしてくれる。私的な問題を打ちあけることができる親友となることもある。『正しいこと』と『まちがっていること』を区別しようとするときにもよく登場する。子供は自分をおさえることができないために、悪いこととわかっていても、ついしてしまうことが少なくない。このような場合、自分のまちがった行為にたいして責任をとれないことを知る。悪い子になりたくないし、母親を悲しませたくない。このとき空想上の友達が、都合のよい身代りをしてくれるのです。一生懸命やめさせようとしたのだけど、友達はそれを振り切って『悪い』ことをしてしまったのだと訴える。こうした言い訳をするのは、自分は善悪の区別がわかっているが、自分のしたまちがいにたいして責任はとりたくないし、またとれないということを伝えようとしているのである。一般に空想上の友達を持つことは、その子供が自分と他の子とを区別でき、自分の行動をコントロールしようとしているとも考えられる。空想上の友達は、子どもの想像が生み出したもっとも高度なものであろう」（B・M・ニューマン『生涯発達心理学』川島書店刊）

自分の娘についていえば、悪いことは何でもすぐにヘンドロという訳がわからない存在に押しつけるので、私は、この娘は、ずるい性格を持って生まれたのではないかと一時かなり心配したが、この本を読んで安心した。そのころ、娘とヘンドロのやりとりがあまりにもリアルなので、私も、もしかしたら、娘には我々大人には見えないものが本当に見えているのではないかとキュブラー・ロスみたいなことを考えたこともある。しかし、明らかに彼女自身がやった悪さを何でもかんでもヘンドロに押しつけてしまうのを見て、ヘンドロが実在ではあり得ないことを知った。

だから私は、キュブラー・ロスの、これは子供が持つスピリチュアルな存在との特別なコミュニケート能力のあらわれとする解釈には、疑問を感じている。また彼女の父親の臨終時体験にしても、そのやりとりのリアルさをもって、それは幻覚でなくて実在と結論づけるのは、無理があるだろうと思う。幻覚もまた、それを見ている当人にとっては限りなくリアルなのである。

体験例は二万件を突破した！

しかし、キュブラー・ロスは、こういう体験にひかれて、どんどん死後の生への関心を深めていった。それに強いドライブをかけたのが、臨死体験との出会いである。

「私がはじめて臨死体験と出会ったのは、ムーディの本が出る五年前のことですから、一九七〇年だったと思います。シカゴの病院にいるときでした。内臓の大量出血で救急車でかつぎこまれた女の患者がいました。もうほとんど死にかけている状態だったので、看護婦は彼女を一目見るなり、心肺蘇生チームを呼んできて、すぐに心臓マッサージをしたり、呼吸器を取り付けたりという作業がはじまりました。後から聞いた話によると、そのとき彼女は体外離脱していて、体の上のほうを漂いながら、医者たちのやっているる蘇生術を見ていたということです。彼女はとても安らかな気持ちだったので、気が狂ったように心臓マッサージをつづける医者が気の毒に思えて、『もう私は大丈夫よ。もっとリラックスしてやってちょうだい』といいながら、その医者の腕を手でおさえようとしたということです。しかし、医者には、彼女の声も聞こえなければ、姿も見えないようでした。彼女は四十五分もの間、何とか医者に自分の意志を伝えようとしましたが、無駄でした。しかし、そのうち、医者のほうでも、どんなに努力しても彼女の肉体が何の反応も示さないので、もう蘇生術をやめようかという話になり、そのとき、医者の一人が、聞くに堪えないようないやなジョークを口にしたというのです」

——どんなジョークですか。

「内容は忘れてしまったのですが、とにかく、医者が患者の前で絶対に口にしてはならないたぐいのものでした。それで彼女は、憤激して、そのジョークと、それをいった医者をしっかり記憶しました。そして、三時間後に意識を回復したとき、その話をすると、みんなびっくりし、唖然としたといいます。しかし、あなたは幻覚を見たのよと誤魔化されてしまったというのです。それどころか、あの女は頭がおかしくなったといいふらされたのです。

『先生、私は本当に頭がおかしくなったんですか。私が見たのは幻覚だったんですか』

とその患者が私にいうので、私は、

『いいえ、あなたの見たのは現実だったのよ。どうしてそんなことが起きたのかわからないけど、それは間違いなく現実だったのよ。あなたの頭はおかしくなんかなっていないわ』

といってあげました。そのころはまだ臨死体験という言葉すらなく、そういうことが起こり得るということも知られていませんでしたが、彼女の話を詳しく聞いてみると、実によく事実と一致していたのです。彼女は普通の家庭の主婦でしたから、心肺蘇生術のやり方など詳しく知っているはずはないのに、彼女が見たということは、細部にいたるまで実際に行われる蘇生術と一致していました」

——今では、彼女のような体験はかなりあることが知られていますね。

「ええ、しかし、当時は全く知られていなかったのです。それで私は、彼女が死にかかったときに体験したこの事実こそ、死と死後の問題を考える上で、一番大きな手がかりになるのではないかと考えたのです」

——つまり、彼女の体験は、死後の世界に片足を踏み入れた体験であると。

「そう考えたわけです。それで、彼女以外にも、死にかかったことがある人なら、同じような体験をしているかもしれないと思って、そういう人に次々と質問してみたのです。すると、次から次へ体験者が現われたのです。はじめは、二十例くらい事例が集まったら、学会誌に発表して、関係者の注意をうながしてみようかと思っていたのですが、体験者が続出して手がつけられないようになりました」

——どれくらい事例が集まったのですか。

「あれから二十年になりますが、今日までに軽く二万件は突破しています。はじめは件数を数えていたのですが、十年くらい前に二万件を突破したところで、記録するのも数えるのもやめました。結局、臨死体験というのは、基本的にはみんな同じ話なのです。だから、ケース例をふやすことにあんまり意味はないのです」

——でも、文化によって体験内容にかなりちがいがあるのではないですか。

「ちがいは表面的で、本質的には同じです。私はしょっちゅう世界のあちこちをまわっているので、いろんな民族の事例を集めています。私の集めた二万件の中には、エスキモーのもあれば、アメリカ・インディアンのケースもあり、オーストラリアの先住民族のアボリジニのものもあります。あらゆる宗教の例があり、無神論者の例もあります。現象的にはそれぞれに面白いちがいがありますが、基本的な構造はみな同じです。それは、人種、民族、文化、哲学などのちがいはあっても、人間は結局みんな同じなのだということだろうと思います」

臨死はヘソの緒つきの死

——臨死体験が人間であるが故に万人に普遍的な体験であるとするなら、現象的にしろ、どうして体験内容がちがってくるのですか。死後の世界も、民族や文化によってちがう世界がいろいろあるということなんでしょうか。死後の世界が普遍的なら、体験内容も同じになるはずじゃありませんか。

（ここで私は、臨死体験イコール死後の世界体験説に対して、かねがね抱いていた疑問をぶつけてみたわけである。これまでに述べてきたことでわかるように、臨死体験は人によって、その内容が大きくちがう。たしかに体験のパターンというか、基本的な構造は互いに非常によく似ている。しかし、具体的な内容はあまりにちがっている。同じ体験は二つとしてない。トンネルの描写にしろ、光の世界の描写にしろ、あるいは川やお花畑にしろ、具体的にはみなちがうのである。死後の世界というものが、客観的に普遍的なものとしてあって、そこに足を踏み入れるのが臨死体験だとするなら、それほど報告内容にくいちがいがあるという事実はどう説明できるのだろうか。臨死体験が脳内現象にすぎないとすると、これは簡単に説明がつく。個々人の脳が作り出すイメージはそれぞれにちがったものになるというのは当り前のことだ。

この疑問に対して、キュブラー・ロスが与えた答えは、なかなか巧みなものだった）

「私はこう思うのです。臨死状態で体験するのは、死後の世界そのものではなく、生から死への移行過程なのではないか。臨死体験者というのは、死んでしまった人ではなく、生き返る人なのです。死後の世界に完全に移行した人ではないのです。いわば彼は、死後の世界においては、生まれたばかりの、ヘソの緒をつけた状態の赤ちゃんのようなものです。赤ちゃんはヘソの緒を切らないかぎり、本当の意味でこの世に生まれ出たことにはなりません。ヘソの緒を切らなければ、もう一度お母さんの胎内に戻ることだって可能なわけです。臨死体験者はそういうヘソの緒つきの死者なのです。ヘソの緒によってこの世とつながっている。だから戻ることができる。本当の死を体験するのは、そのヘソの緒が切られてからなのです。それが切られたら、もうこの世には戻ってこれない。だから、臨死体験者が語っているのは、あくまでもヘソの緒つきの状態で、生と死の境界領域をさまよったときの体験なのです。では、その向こうには何があるのか。恐らく、臨死体験者が語る〝光の世界〟というのが、その向こうにあるものをかいまみた体験なのでしょう。その向こうが本当のところどうなっているかは、本当に死なないかぎりわからないことだと思います。いずれにしろ、その向こうの世界は、純粋にスピリチュアルなエネルギーに支配された世界だろうと思います。では、臨死体験が起こる境界領域はどういう世界なのかというと、サイキック（心霊的）・エネルギーに支配された世界だろうと思うのです。我々の住むこの世界は、よく知られているように物理的エネルギーで支配されています。結局この世とあの世とその境界の三つの世界はそれぞれに異なるエネルギーで支配された世界で、それぞれ異なるリアリティを持っているということです。いわゆる超常現象が起こるのは、サイキック・エネルギーの世界です。それは、表現を換えれば、サイキック・エネルギー世界のリアリティが、物理的エネルギーの世界では、超常現象と見なされるということです。サイキック・エネルギーの世界では、物理的エネルギーの世界では考えられないようなことが起こります。サイキック・エネルギーの世界では、現実のあり方が物理的世界とは全く変わっています。物理的世界では、存在は客観的で普遍的ですが、サイキック・エネルギー世界では、存在は客観的でも普遍的でもなく、主体によって作り出されるものです。現実は主観的なのです。臨死体験のリアリティは、体験者が作り出しているリアリティなのです。だから、人によって体験内容がちがってくるのは当り前なのです」

存在は体験者主体が創造（create）したものだというのだ。これはもう、ほとんど、脳内現象説に近いが、彼女はそれはあくまで実在であると主張する。こういう考えは実は彼女のユニークな考えではない。哲学史をひもとくと、これと同じような唯心論哲学の存在論が昔からあるのである。

自分の死の実況放送

――いつごろから、そういう考えに導かれるようになったのですか。臨死体験に出会ってすぐなのですか。

「いえ、徐々にです。徐々にわかってきたのです。私はもともとサイエンティストとしてトレーニングを受けた人間です。物理的リアリティ以外のものに対しては疑いの目を向けるように訓練された人間ですから、サイキックな、あるいはスピリチュアルな世界について語ることには抵抗がありました。科学者とか医者は、そういう領域に足を踏み入れてはならないものとされていました。そういう領域の現象は、基本的に証明することも、確認することもできないことだからです。しかし、現実に体験者の話を次々に聞いていくと、逆に、そういう現象に目を向けようともせず、耳を傾けようともしないほうが科学者として誤りだと思うようになったのです。そして、医者が幻覚とか精神異常といったレッテルを貼るだけで、それ以上相手にしない患者の話を真面目に聞いてみると、その中に無視しがたい真実があるということがわかってきました。しかし、それが本当に真実であるとわかったのは、やはり自分自身で臨死体験をしてからです」

――えっ、ご自分で体験なさっているんですか。

「ええ。してるんです」

これは初耳だった。私の知るかぎり、彼女が自分も臨死体験をしたことがあると語ったのは、これがはじめてである。

――いつ、どこで？

「正確な日付は覚えていないんですが、スイスに久しぶりに帰ってきて、妹と会ったときです。私は実は三つ子の三人姉妹の一番上なのです。妹二人はスイスに住んでいます。そのとき、ドイツの大学で四週間の集中講義をして、数日後には、カナダのモントリオールで開かれるホスピスに関する国際セミナーに参加することになっていました。その間の二日間を利用して、妹に会いに、チューリッヒにやってきたのです。三人で夜遅くまで楽しくおしゃべりして、その夜は、片方の妹のところに泊りました。その翌朝、スーツケースを詰めて、部屋の掃除もすませ、あとは空港に行くばかりというところまで準備をととのえた上で、朝食のコーヒーに手をのばしました。それを一口すすって、タバコを一服したとたん、私は急に意識が薄れ、そのまま倒れてしまいました。あ、私は死ぬところなんだ、というのが直観的にわかりました。そのとき、私の目の前に妹がいました。私は、せっかく妹の前で死ぬのだから、自分の死のプロセスがどういう風に進行していくのか、逐一言葉にして彼女に伝え、エリザベス・キュブラー・ロスがいかに死んだかを、彼女に語り伝えてもらおうと思ったのです。そこで、大声で妹に、『ねえ、わたし死ぬのよ！』と叫びました。足先から体の上のほうに、熱い波のようなものが上昇してきました。この波が上まできたら、きっと私は死ぬと思いました。そのとき私はまだ自分の寿命がきているとは思っていませんでした。あと十年か十五年かは生きるだろうと思っていました。しかし、私は死を恐れてもいなければ、忌み嫌ってもいませんでした。死は、この世を卒業することだと思っていましたから、むしろ、喜び祝うべきことだと思っていました。だから、自分が死に近づきつつあるということが嬉しくて興奮しきっていました。そして、大声を出して早口で妹に、自分の心境や刻一刻変わっていく生理的感覚の変化などを、まるで競馬の実況放送でもやっているかのようにしゃべりつづけました。とても暖かくていい気持ちだとか、とても嬉しい、大感激しているとか、自分の死の実況放送をしたのです。そして最後に、臨死体験の領域を飛びこえて、まるで、滑走するスキーのジャンプ選手のように身がまえました。すると次の瞬間、私は、花でいっぱいの峠の山道に立っていました。それはスイスの山道でした。臨死体験では、必ず生と死の境界ともいうべき場所に出ますが、それがどういう場所になるかは、文化によって、個人によってまちまちです。川である場合もあれば、橋である場合もあります。私の場合はいかにもスイス的な峠の山道だったわけです。そこで、私は人生のパノラマ回顧も体験しました。私の人生のすべての行為、すべての言葉、すべての考えがよみがえりました。それから、その向こうに光り輝く光の世界があり、私はそこに一直線に飛び込んでいきました。そこは本当に安らぎと愛に満ちた世界でした。

しかし残念ながら、次の瞬間、私は意識を回復していたのです。私の時はまだ来ていなかったのです。妹が真っ青な顔をして私をのぞきこんでいました。

『私の実況放送、聞いた？』ときくと、彼女はキョトンとして、私が発したのは、最初の、『ねえ、わたし死ぬのよ』の一語だけで、あとは一言も言葉を発しなかったというのです」

——でも、そういう話を聞いても、医者や科学者は、それは幻覚にすぎないというんじゃありませんか。

「ええ、いうでしょう。事実、いっています。しかし私は、それが幻覚ではないということを知っています。そして、そういう医者や科学者たちにしても、自分たちが死ぬときになったら、ああ、やっぱり、キュブラー・ロスがいっていた通りだったと思うでしょう」

キュブラー・ロスを、ターミナル・ケアの権威としてしか知らない人は、彼女のこういう一面を知って、驚かれるだろう。彼女は、自分の著作の中では、こういうことをほとんど語っていない。彼女の著作は邦訳されているものだけで五冊もあるが、そのうち、臨死体験について書いているのは、『新・死ぬ瞬間』（一九八三）の一章だけである。臨死体験に関する論述が少ないのは、こういう問題について積極的に発言することは、彼女の医者としての名声に傷をつけることになるからである。『新・死ぬ瞬間』の中で、次のように書いている。

「医学の『科学的』トレーニングを受けたのに、『霊の問題にかかわっている』と私を非難する人がいる。また私の霊への感知（awareness）が深まるのに反応して、私の研究を一蹴し、『ロスは死ぬ子供をあまりに多く見すぎたので精神病になってしまったのだ！』とはっきり言う人までいる。私は反キリストからサタンに至るまで、あらゆる名前で呼ばれている。私はレッテルを貼られ、ののしられ、公然と非難されている。私はこれらのことを賛辞と受けとめている。というのは、これは、われわれが働いている領域が、攻撃するほか防ぎようのないような、多大の恐怖を人びとに抱かせる分野であることを明らかに示しているからである。

しかし、死にゆく患者——子供も大人も含めて——と私が分かち合った幾多の話を無視することは不可能である。私を啓発してくれたこれらの事実は、科学用語で説明することはできない。彼らの経験に耳を傾け、それらの多くを分かち合った以上、講演会やワークショップのなかで霊的な体験に触れないことは偽善的であり、また事実に忠実でもないと思われる」

この一文を読むと、臨死体験を正面から取り上げて、それは幻覚ではなく、現実だといい切ることが、医学界の主流ではまだかなり抵抗があるということがわかる。

しかし彼女は、もっと抽象的に死を語るという形では、前から似たような見解を披瀝していたのである。たとえば、『続・死ぬ瞬間』（一九七五）では、次のように書いている。

「死はこの生における成長の究極段階である。トータルな死というものはない。ただ肉体が死ぬだけなのだ。自己《セルフ》といい、霊《スピリット》というもの、その他あなたがどういう名で呼ぼうとも、このものは永遠である。（中略）死はカーテンだ。われわれが意識しているところの存在と、われわれから隠されている存在とを仕切るカーテンである」

肉体は死んでも、霊魂は不滅であり、存在の次元を変えて永遠に生きつづけるという、ギリシア哲学からキリスト教に受けつがれた古典的な霊魂不滅説がキューブラー・ロスの中で生きつづけているのである。

盲目者の臨死体験

――いろいろな臨死体験を知ることで、科学では説明しきれないスピリチュアルな世界の存在を信ずるようになったということですが、具体的にいっていただくと、どういう体験ですか。

「たとえば、さっきの例でも、心肺蘇生術を受けながら体外離脱してその場を上から見ていた患者がいたという話をしましたね。その記憶が客観的事実と一致していたということを科学でどう説明しますか。それは幻覚ということでは片づけられないのです。あるいは、この例だと、薄い意識の中で見たり聞いたりしていたのだという説明が成り立つかもしれません。そこで私は、そういうことでは説明がつかない例を見つけようと思いました。そして見つけたのが、盲目の臨死体験者です。その人は十年前から完全に視覚を失っていて、何も見えないのです。ところが、臨死体験中のことを聞いてみると、彼が見なければわからないことをちゃんと知っていたのです。その場で誰がどういうTシャツを着ており、誰がどういうネクタイを締めていて、誰がどういう目の色をしていて、誰がどういう腕時計をしていたということを全部あてたのです。臨死体験中はちゃんと目が見えていたというのです。こういうことは科学的に説明をつけようと思っても、どうしてもつきません。物理的リアリティ以外のリアリティがあると考えなければ、説明がつかないのです。彼の実体は確かに体外離脱していたということ、そして、その実体は物理的日常世界における彼とはちがって、目が見えていたということ、これをどうやって説明しますか。他にも、私は身体障害者の臨死体験を沢山知っていますが、不思議なことに、みんな臨死体験中は、障害がなくなっています。脚がない人は脚を持ち、走ったり、踊ったりしています。臨死体験の世界は、〝盲《めし》いは見、耳しいは聞き、足なえは歩く〟という世界なのです」

この盲目の臨死体験者の話は、確かに不思議な話である。しかし、ひとつひっかかるのは、その人が生まれつき目が見えなかったわけではなく、十年前までは見えていたということである。生まれつき目が見えない人であればどうか。実は私が取材した体験者の中には、生まれながらの全盲者がいる。しかし、彼の場合は、臨死体験の中で何も見ていないのである。

私が会った盲目の体験者のフレッド・バリーさんは、アメリカ、コネチカット州のハートフォード近郊の教会で、オルガン奏者をしている。

「私が体験したのは、八歳のとき、ボストンの盲学校の寄宿舎に入っているときでした。多分風邪をこじらせて肺炎になったのだと思います。真冬の寒い日の夜中でした。急に悪寒がして、息苦しくなり、全身が痙攣して、身体が硬直した感じになりました。自分は死ぬんだなと思いました。激しくあえいでいるうち呼吸ができなくなり、気を失ったと思ったら、トンネルの中にいました。はじめはその中を歩けるぐらい広かったのですが、どんどん狭くなり、しかも急な上り坂になっているので、とても歩きにくく、息切れがしました。そのうちトンネルがうんと狭くなったので、四つんばいになって這っていかなければなりませんでした。さらに行くと、もっと狭くなって、四つんばいも無理になり、腹ばいになって行きました。そのとき、ズズズ、ムムム、というような音が跡切れなく聞こえていました。それから急に、トンネルを抜けて、広い空間に出ました。そこは野原で、まわりには大きな木があり、背丈の高い草がいっぱい生えていました。野生の花がいっぱい咲いていました」

——木や草があるのはどうしてわかったんですか。見えたんですか。さわったんですか。

「私は生まれてから一度も見たことがありません。そのときも何も見ていません。ただ、見なくてもわかったのです。木も草もそこにあることが感じとれたのです。それに、いい匂いがしました。木の匂い、草花の匂い、それに新鮮な空気の匂いがその辺に立ち込めていました。そして、向こうのほうから、とてもきれいなコーラスが聞こえてきました。何千人という人がいっしょに歌っているようでした。歌の内容は覚えていませんが、一度に何カ国語もの言葉で歌われていました。とても美しく、心が洗われるような音楽でした。そちらに近づいていくと、石でできたアーチがありました。今度はさわってみたので、それが石だというのがわかりました。急に私の胸のところを、大きな手がさわってきました。とても大きくて、ほとんど私の胸全体をおおうくらいでした。その手にさわってみると、暖かくて筋肉質の手でした。その手の主は、声は聞こえないのですが、私の心に直接語りかけてきて言いました。まだお前の時は来ていない。だから、このアーチを通り抜けずに、引き返すべきだ。しかし、お前がこっちに来たいのなら来てもよい。お前の好きにしてよい。さあ、どうする。こっちに来るか。引き返すか。私は、そっちに行きたい気持ちも強かったのですが、友達や家族のことを思い出すと、帰りたい気持ちになったので、『帰ります』と小さな声で答えました。その途端、私はベッドの上で意識を取り戻していました。盲学校の先生たちが心配そうに看護していました」

バリーさんの場合は、触覚、嗅覚、聴覚は働いていたが、視覚は全く働いていなかった。キュブラー・ロスのいっていた、向こう側の世界では、身体障害者も健全な肉体を取り戻すという説は、彼にはあてはまらないことになる。キュブラー・ロスの話をつづける。

科学では決して説明できない

「科学ではどうしても説明できない現象が確かにあります。いい例があります。スイスの体験者なんですが、この人は、アルプスをイタリアに抜けるゴタール峠で、車が次々に何台も衝突する多重衝突事故にまきこまれて、重傷を負いました。三人の医師が彼を診て、この男は死んだといい、毛布をかけて立ち去りました。しかし彼は死んだのではなく臨死体験をしていました。体外離脱して事故現場の周辺を見ると、事故のため上下線ともストップして大渋滞が起きており、何千台という車がつながっていました。彼にはその車に乗っている人たち一人一人の考えていることがわかりました。ほとんど全部の人が、渋滞にいらだち、怒り、腹を立てていました。しかし、そのうち一人だけ、事故で怪我した人のために一所懸命お祈りをしている女の人がいました。どうか一人でも多くの人が助かりますようにと一心不乱に祈っていました。彼はそれに感激して、その女の人が乗っている車のナンバーを覚えました。結局、彼は死んでいないことがわかり、病院にかつぎこまれて助かるのですが、九カ月後に病院を退院してからその女の人を車のナンバーを頼りに探し当て、会いにいくのです。そして、あのときあなたはこう祈っていたというと、その通りだったのです。これはスイスではとても有名な話で、本にもなっています。こういう例は、どうしたって、幻覚説では説明できないのです。

もう一つ例をあげましょうか。これは、アリゾナのハイウェイで起きた話です。アメリカ・インディアンの若い女性がひき逃げされ、道端にひっくり返っていると、親切な男が車を止めて、助けてくれました。男はすぐに病院に連れていこうとしたのですが、娘はしばらくこのままにしておいてくださいといって目を閉じました。十五分か二十分してから目を開き、インディアン保護区に住んでいる母親に自分の死を報せてほしいといいました。『私は死ぬ。だけど、安心してほしい。私はもうお父さんといっしょにいるのだから』と告げてほしいといいました。娘のいったインディアン保護区はそこから千キロも離れていましたが、男はわざわざそこを訪ね、母親を見つけて伝言を伝えました。伝言を聞くと母親は大きくうなずいて、別室のお棺のところに案内しました。娘が向こうの世界で会ったという父親は、死んだばかりだったのです。普通の手段では娘は父の死を知らなかったはずなのです。これなんかも、人が死んだ後、臨死体験と同じリアリティの世界に入ると考えなければ説明できない話です。この別のリアリティの世界では、人は光のスピードでどこにでも動くことができるのです」

プレヤデス星団へも行って来た

——ロスさん自身は、臨死体験以外に、体外離脱をしたという経験はありませんか。

「あります。何度もあります。好きなときに好きなように離脱できるというわけではありませんが、十五年ほど前に、宇宙意識セミナーに出て、人間は誰でも体外離脱能力を持っており、訓練によってその能力を引き出すことができるということを学び、それができるようになったのです。そういうことができる人が、何千人、何万人といるのです」

——体外離脱してどこに行くんですか。

「いろんなところに行きます。その辺の屋根の上にとどまっていることもあれば、別の銀河まで行ってしまうこともあります。ついこの間は、プレヤデス星団（すばる）まで行ってきました。そこの人たちは、地球人よりずっと優れた文明を持っていて、『地球人は地球を破壊しすぎた。もう元に戻らないだろう。地球が再びきれいになる前に、何百万人もの人間が死ぬ必要がある』といってました」

——その宇宙意識セミナーについてもう少し説明してもらえませんか。

「それはやめときましょう。話しはじめたらとても長い話になります。それはかなり途方もない話で、またパーソナルな部分を含んだ話なんです。短時間で理解してもらえるとは思いません。私には昔から幾つかのスピリチュアルな体験がありました。それを全部話さないとわかってもらえないと思います。いずれ、そういう話を全部まとめて一冊の本にしたいと思っていますので、それを楽しみにしておいてください」

キュブラー・ロスとのインタビューは、この奇妙なやりとりで終わった。どんなに説得しても、この問題に関しては、それ以上話してくれなかった。

しかし、それにしても、彼女がついこの間体外離脱してプレヤデス星団に行ってきたといいだしたときにはびっくりした。思わずまじまじと彼女の顔に見入ってしまった。あるいは彼女がこの問題についてそれ以上話そうとしなくなったのは、それが原因かもしれない。彼女は、この男は私の話を信用していないようだと素早く感じとったのかもしれない。

しかし、こういう話は、信じろといわれても、そう簡単に信じるわけにはいかない。実は私は、他にも、何度でも体外離脱ができ、自由にいろんなところに飛んでいけるという人を何人か知っているが、よくよく聞いてみると、体外離脱が起きるのは、夜、寝床に入ってからなのである。キュブラー・ロスの場合もそうなのである。どう考えても、これは夢ないし入眠時幻覚(寝入りばなに起きる幻覚)なのではないかと私は考えている。

しかし、ここでキュブラー・ロスが述べている、彼女には、昔から何度か説明しがたいスピリチュアルな、あるいはサイキックな体験が起きているというのはまた別の事実なのである。

(下巻へ続く)

文春文庫

臨《りん》死《し》体《たい》験《けん》 上

定価はカバーに
表示してあります

2000年3月10日　第1刷
2023年3月25日　第14刷

著　者　立《たち》花《ばな》 隆《たかし》
発行者　大沼貴之
発行所　株式会社 文藝春秋

東京都千代田区紀尾井町3-23　〒102-8008
TEL 03・3265・1211㈹
文藝春秋ホームページ　http://www.bunshun.co.jp

落丁、乱丁本は、お手数ですが小社製作部宛お送り下さい。送料小社負担でお取替致します。

印刷製本・凸版印刷

Printed in Japan
ISBN978-4-16-733009-5

（　）内は解説者。品切の節はご容赦下さい。

阿川佐和子
強父論
94歳で大往生、破天荒な父がアガワを泣かした34の言葉。故人をまったく讃えない前代未聞の追悼に爆笑するうち、なぜか胸が熱くなる。ベストセラー『看る力』の内幕です。（倉本　聰）
あ-23-25

青木新門
納棺夫日記　増補改訂版
〈納棺夫〉とは、永らく冠婚葬祭会社で死者を棺に納める仕事に従事した著者の造語である。「生」と「死」を静かに語る、読み継がれるべき刮目の書。（序文／吉村　昭・解説／高　史明）
あ-28-1

秋元良平　写真・石黒謙吾　文
盲導犬クイールの一生
盲導犬クイールの生まれた瞬間から温かな夫婦のもとで息を引き取るまでをモノクロームの優しい写真と文章で綴った感動の記録。映画化、ドラマ化もされ大反響を呼んだ。（多和田　悟）
あ-69-1

相澤冬樹
メディアの闇
「安倍官邸VS.ＮＨＫ」森友取材全真相
森友事件のスクープ記者はなぜＮＨＫを退職したのか。官邸からの圧力、歪められる報道。自殺した近畿財務局職員の手記公開へとつながった実録。文庫化にあたり大幅加筆。（田村秀男）
あ-86-1

石井妙子
日本の血脈
『文藝春秋』連載時から大きな反響を呼んだノンフィクション。政財界、芸能界、皇室など、注目の人士の家系をたどり、末裔ですら知りえなかった過去を掘り起こす。文庫オリジナル版。
い-88-1

生島　淳
奇跡のチーム
ラグビー日本代表、南アフリカに勝つ
二〇一五年九月、日本ラグビーの歴史を変えたＷ杯南アフリカ戦勝利に至る、エディー・ジョーンズＨＣと日本代表チームの闘いの全記録。『エディー・ウォーズ』を改題。（畠山健介）
い-98-2

植村直己
極北に駆ける
南極大陸横断をめざす植村直己。極地訓練のために過ごした地球最北端に住むイヌイットとの一年間の生活、彼らとの友情、そして大氷原三〇〇〇キロ単独犬ぞり走破の記録！（大島育雄）
う-1-7

（　）内は解説者。品切の節はご容赦下さい。

上野正彦
死体は語る
もの言わぬ死体は、決して嘘を言わない——。変死体を扱って三十余年の元監察医が綴る、数々のミステリアスな事件の真相。ドラマ化もされた法医学入門の大ベストセラー。　（夏樹静子）
う-12-1

上野正彦
死体は語る2
上野博士の法医学ノート
「砂を吸い込んだ溺死体」は何がおかしい？　首吊り自殺と見せかけた他殺方法とは？　二万体を超す検死実績を持つ監察医が導き出した、死者の声無き声を聴く「上野法医学」決定版。
う-12-2

上原善広
日本の路地を旅する
中上健次はそこを「路地」と呼んだ。自身の出身地から中上健次の故郷まで日本全国五百以上の被差別部落を訪ね歩いた十三年間の記録。大宅壮一ノンフィクション賞受賞。　（西村賢太）
う-29-1

内田洋子
モンテレッジォ　小さな村の旅する本屋の物語
何世紀にも亘りその村の人達は本を籠一杯担ぎ、国中を売って歩く行商で生計を立ててきた——本を読むこと売ることの原点を思い出させてくれると絶賛された、奇跡のノンフィクション。
う-30-3

上橋菜穂子・津田篤太郎
ほの暗い永久《とわ》から出でて
生と死を巡る対話
母の肺癌判明を機に出会った世界的物語作家と聖路加国際病院の気鋭の医師が、文学から医学の未来まで語り合う往復書簡。未曾有のコロナ禍という難局に向き合う思いを綴る新章増補版。
う-38-1

江藤　淳
閉された言語空間
占領軍の検閲と戦後日本
アメリカは日本の検閲をいかに準備し実行したか。眼に見える戦争は終ったが、アメリカの眼に見えない戦争、日本の思想と文化の殲滅戦が始った。一次史料による秘匿された検閲の全貌。
え-2-8

榎本まみ
督促ＯＬ　修行日記
日本一ツライ職場・督促コールセンターに勤める新卒の気弱なＯＬが、トホホな毎日を送りながらも、独自に編み出したノウハウで年間二千億円の債権を回収するまでの実録。　（佐藤　優）
え-14-1

（　）内は解説者。品切の節はご容赦下さい。

榎本まみ
督促ＯＬ　奮闘日記
ちょっとためになるお金の話
督促ＯＬという日本一辛い仕事をバネにし人間力・仕事力を磨くべく奮闘する著者が、借金についての基本的なノウハウを伝授。お役立ち情報、業界裏話的爆笑4コマ満載！（横山光昭）
え-14-2

奥野修司
ナツコ　沖縄密貿易の女王
米軍占領下の沖縄は、密貿易と闇商売が横行する不思議な自由を謳歌していた。そこに君臨した謎の女性、ナツコ。誰もがナツコに憧れていた。大宅賞に輝く力作。（与那原　恵）
お-28-2

奥野修司
心にナイフをしのばせて
息子を同級生に殺害された家族は地獄の苦しみの人生を過ごしていた。しかし、医療少年院を出て、「更生」した犯人の少年は弁護士となって世の中で活躍。被害者へ補償もせずに。（大澤孝征）
お-28-3

沖浦和光《かずてる》
幻の漂泊民・サンカ
近代文明社会に背をむけ〈管理〉〈所有〉〈定住〉とは無縁の「山の民・サンカ」はいかに発生し、日本史の地底に消えていったか。積年の虚構を解体し実像に迫る白熱の民俗誌！（佐藤健二）
お-34-1

小川三夫・塩野米松　聞き書き
棟梁
技を伝え、人を育てる
法隆寺最後の宮大工の後を継ぎ、共同生活と徒弟制度で多くの弟子を育て上げてきた鵤《いかるが》工舎の小川三夫棟梁。後世に語り伝える技と心。数々の金言と共に、全てを語り尽くした一冊。
お-55-1

小野一光
新版　家族喰い
尼崎連続変死事件の真相
63歳の女が、養子、内縁、監禁でファミリーを縛り上げ、死者11人となった尼崎連続変死事件。その全貌を描く傑作ノンフィクション！　新章「その後の『家族喰い』」収録。（永瀬隼介）
お-71-1

小野一光
連続殺人犯
人は人を何故殺すのか？　面会室で、現場で、凶悪殺人犯10人に問い続けた衝撃作。『家族喰い』角田美代子ファミリーのその後、〝後妻業〟筧千佐子との面会など大幅増補。（重松　清）
お-71-2

大竹昭子
須賀敦子の旅路
ミラノ・ヴェネツィア・ローマ、そして東京

旅するように生きた須賀敦子の足跡を生前親交の深かった著者がたどり、その作品の核心に迫る。そして、初めて解き明かされる作家・須賀敦子を育んだ「空白の20年」。（福岡伸一）

お-74-1

大杉　漣
現場者《げんばもん》
300の顔をもつ男

若き日に全てをかけた劇団・転形劇場の解散から、ピンク映画で初めて知った映像の世界、北野武監督との出会いまで――。現場で生ききった唯一無二の俳優の軌跡がここに。（大杉弘美）

お-75-1

小田貴《たか》月
高倉健、その愛。

孤高の映画俳優・高倉健が最後に愛した女性であり、養女でもある著者が、二人で過ごした最後の17年の日々を綴った手記。出逢いから撮影秘話まで……　初めて明かされる素顔とは。

お-79-1

角幡唯介
極夜行

太陽の昇らない冬の北極を旅するという未知の冒険。極寒の闇の中でおきたことはすべてが想定外だった。犬一匹と橇を引き、4カ月ぶりに太陽を見たとき、何を感じたのか。（山極壽一）

か-67-3

梯　久美子
愛の顚末《てんまつ》
恋と死と文学と

三角関係、ストーカー、死の床の愛、夫婦の葛藤――小林多喜二、近松秋江、三浦綾子、中島敦、原民喜、中城ふみ子、寺田寅彦など、激しすぎる十二人の作家を深掘りする。（永田和宏）

か-68-2

春日太一
あかんやつら
東映京都撮影所血風録

型破りな錦之助の時代劇から、警察もヤクザも巻き込んだ『仁義なき戦い』撮影まで。熱き映画馬鹿たちを活写し、東映の伝説秘話を取材したノンフィクション。（水道橋博士）

か-71-1

春日太一
仲代達矢が語る日本映画黄金時代
完全版

80歳を超えてなお活躍する役者・仲代達矢。岡本喜八、黒澤明ら名監督との出会いから夏目雅子、勝新太郎ら伝説の俳優との仕事、現在の映画界に至るまで語り尽くした濃密な一冊。

か-71-3